SIGNS OF INTELLIGENCE
understanding intelligent design

edited by William A. Dembski & James M. Kushiner

with contributions by Phillip E. Johnson, Michael Behe, Nancy Pearcey, and others

위대한 설계, 그 흔적들

자연과학에 대한 지적 설계론의 이해

윌리엄 뎀스키, 제임스 쿠쉬너 엮음

필립 존스, 마이클 베히, 낸시 피어시 외 지음

현창기, 도명술 옮김

Holy
WavePlus

현대사회가 보여주는 어그러지고 거스르는 세대의 모습 배후에는 진화론이라는 무신론적 믿음이 과학이란 이름으로 버티고 서 있다. 진화론의 족쇄를 찬 현대인들은 어디로 가는지 알지 못한 채 경쟁과 생존을 위한 지친 싸움으로 얼룩진 삶을 살아간다. 슬프게도 이 진화론은 교육 현장에서 과학으로 가르쳐지고 사회 전반에서 용인되면서, 마치 불변하는 진리라도 되는 것처럼 절대적인 힘을 가지고 사람들을 미혹하고 있다. 게다가 현대 과학의 눈부신 결과물들은 과학이라는 우상을 낳고 형이상학적 자연주의로서 진화 사상은 인간이 깨달아야 할 창조주의 참된 진리를 철저하게 가리고 있다. 과학은 더 이상 자연주의와 진화론의 도구로 왜곡되어서는 안 된다. 세상 만물에 깃든 설계의 흔적들을 밝혀내고 하나님의 영광을 드러내는 것이 과학이 가져야 할 본연의 모습이다.

지금 세대의 어그러진 사상적 흐름 속에서 1990년대 초 유신론적 과학 운동인 지적 설계 운동이 시작된 것은 그 의미가 매우 크다. 창조주 하나님을 선포하고 과학적 관점에서 창조 세계를 분석하는 창조 과학과는 방법적으로 다르고, 창조주의 존재 그 자체에 대해서는 다루지 않지만 우주 만물에는 설계의 흔적들이 존재하는 것을 논리적으로 증명하는 지적 설계의 접근 방식은 매우 효과적이라 생각된다. 사도 바울도 세상 철학과 우상에 물들어 있던 아테네에서 이방인들을 향해 우주 만물과 인간을 지으신 창조주 하나님만이 참된 신이라고 강조했다(행 17:16-31). 진화론과 자연주의에 사로잡힌 현대인들이 눈을 떠서 창조주를 발견하게 도우려면 그들에게 익숙한 과학과 논리라는 언어를 사용하여 접촉점을 찾아야 한다. 이런 의미에서 지적 설계는 무신론에 가려진 눈을 뜨게 해주는 강력한 도구로 역할하게 될 것이기에 우리가 좀더 연구하고 다듬어가야 할 귀한 이론이자 과학 운동이라 하겠다.

지적 설계의 개념을 비롯하여 이 이론에서 논증하는 다양한 내용들을 소개한 *Signs of Intelligence*라는 귀한 책이 『위대한 설계, 그 흔적들』이라는 제목으로 번역되도록 인도하신 하나님께 감사드린다. 지적 설계와 관련된 대표적인 짧은 논문을 모아 다양한 측면을 보여주면서도 전체적인 이해를 도와줌으로써 지적 설계의 훌륭한 입문서가 될 것이라고 믿는다. 이 번역서가 현재 우리 사회의 왜곡된 관점들을 바로잡고 유신론적 세계관을 회복시키는 데 큰 기여를 하리라고 기대한다.

한동대학교 전 총장

김영길

1859년 출간된 찰스 다윈의 『종의 기원』 이후로 생명 기원에 대한 유일한 과학 이론으로 받아들여지고 있는 "진화론"에 대해서, 새로운 과학 패러다임으로서 지적 설계 이론(Intelligent Design Theory)이 연구되고 있다.

지적 설계 운동은 U. C. 버클리의 법학 교수 필립 존슨이 1991년에 출간한 『심판대의 다윈』(*Darwin on Trial*)이 그 시작이다. 이 책에서 필립 존슨은, 진화론이 과학적인 증거보다는 자연주의 철학에 기반한 이론으로서 현재 생물학에서는 이에 대한 학술적인 비판이 불가능함을 통찰력 있게 지적했다. 그 후로 마이클 베히, 스티븐 마이어, 윌리엄 뎀스키, 폴 넬슨 등 많은 과학자와 철학자들이 합세하여 생명체의 복잡성과 생명정보에 대한 설계론 연구를 진행하고 있으며 진화론자들과의 다양한 학술적인 논쟁이 이루어지고 있다.

국내에서는 2004년에 지적 설계 연구회가 설립되어 관련 세미나와 심포지움을 개최하고 관련 서적들을 번역 출판하고 있다. 그동안 국내에서는 마이클 베히의 『다윈의 블랙박스』(풀빛사), 윌리엄 뎀스키의 『지적 설계』(IVP), 『심판대의 다윈』(까치사), 『진리의 쐐기를 박다』(좋은씨앗) 등 여러 관련 서적이 출간되었으나, 다양한 지적 설계의 관점을 대중적으로 일목요연하게 정리한 서적은 아직 번역되지 못했다.

그런데 이번에 다양한 전공의 지적 설계론자들의 주옥같은 글을 편집하여 정리한 『위대한 설계, 그 흔적들』이라는 책이 번역되어 너무 기쁘고 감사한 마음이다. "자연과학에 대한 지적 설계론의 이해"라는 이 책의 부제가 말해주듯이 『위대한 설계, 그 흔적들』은 필립 존슨, 윌리엄 뎀스키, 마이클 베히, 조나단 웰스, 스티븐 마이어 등 15명의 지적 설계 이론을 대표하는 학자의 글로 구성되어 있어서 지적 설계를 이해하는 데 아주 적합한 책이라 할 수 있다. 특히 윌리엄 뎀스키의 서론과 필립 존슨의 지적 설계 운동에 대한 소개는 독자들에게 지적 설계의 정의와 의미에 대한 기초적인 이해를 제공할 것이다. 그외 다양한 저자는 지적 설계에 대한 생물학, 지질학, 천문학, 정보 이론, 과학철학, 신학, 사회학, 언어학 관점에서 독자들에게 새로운 통찰력을 제시해줄 것이다.

이 책이 이번에 한국어로 번역됨을 다시 한 번 기쁘게 생각하며 번역을 위해 수고하신, 지적 설계 연구회에서 활동하시는 한동대학교의 현창기 교수님과 도명술 교수님에게 깊이 감사를 드린다. 이 책이 국내에서 진화론에 대한 학술적인 토론과 지적 설계에 대한 대중적인 관심과 이해를 높이는 데 사용되기를 바란다.

지적 설계 연구회 회장
서강대학교 교수
이승엽

차례 SIGNS OF INTELLIGENCE

| 추천사 1 | —— 5

| 추천사 2 | —— 7

| 머리말 | —— 13

| 서론 | 지적 설계가 아닌 것 _윌리엄 뎀스키 —— 15

41 1장 **지적 설계 운동** _필립 존슨
과학에 대한 모더니즘의 독점에 도전한다

67 2장 **지적 설계와 분별력 있는 대중** _낸시 피어시
보통 사람들에게 들어보기

81 3장 **오만한 장애물들과 합리적인 희망** _제이 웨슬리 리처즈
지적 설계의 변증론적 가치

93 4장 **과학과 문화의 회복** _존 웨스트 주니어
과학적 유물론과 지적 설계의 문화적 의미

107 5장 **텍스트로서의 세계** _패트릭 헨리 리어던
과학, 문학, 의미의 회복

121 6장 **하나님께 입장권 드리기** _존 마크 레이놀즈
과학, 신학 그리고 지적 설계의 이해

137 7장 **다윈의 몰락** _마이클 베히
생명 기초의 환원 불가능한 복잡성과 지적 설계

153 | 8장 **글자 맞추기 게임** _스티븐 마이어
DNA, 설계, 지성

173 | 9장 **생물학의 의미 이해하기** _조나단 웰스
발생이 설계에 의해 이루어진 증거

189 | 10장 **생존을 위한 부적응** _폴 넬슨
자연 선택의 결정적 결함들

215 | 11장 **캄브리아기 대폭발** _로버트 드한·존 위스터
화석 기록과 지적 설계

231 | 12장 **"바로 그" 우주** _월터 브래들리
우주에서 상수와 조건의 미세 조정

251 | 13장 **지혜의 흔적들** _윌리엄 뎀스키
지적 설계의 식별에 대한 입문서

281 | 14장 **지적 설계는 과학인가?** _부르스 고든
지적 설계의 과학적 위상과 미래, 그 이론적 설명

| 주 | ── 315

『위대한 설계, 그 흔적들』(*Signs of Intelligence*)은 1998년에 윌리엄 뎀스키
(William Dembski)와 내가 케임브리지 대학교에서 열린 C. S. 루이스(C. S.
Lewis) 탄생 100주년 기념 학회에 참석하면서 마음에 품게 된 작은 프로젝트
의 결과물로 나온 것이다.

내가 뎀스키를 만났을 때 그는 이미 성장 단계에 있던 지적 설계 운동의
주요 활동가였다. 간단하게 설명하자면 지적 설계는 물질적 우주와 그 우
주 내의 생명이 보여주는 본성과 구조가 지적으로 설계된 증거를 보여주는
가, 그렇지 않는가에 대해 묻는다. 뎀스키 박사는 그의 학문적 전문성으로
이런 오래된 질문에 과학적이고 수학적인 엄밀한 적용을 새롭게 시도했는
데, 이는 특별히 그의 최근작, 『설계 추론』(*The Design Inference*)과 『지적 설계』
(*Intelligent Design*)에 잘 나타나 있다.

지적 설계에 대한 뎀스키 박사와 나의 공통적인 관심으로 케임브리지에
서 우리는 지적 설계에 대한 열두 편의 논문을 「터치스톤」(*Touchstone*)에 싣
기로 동의했다. 이 논문들은 서로 다른 분야의 다양한 저자들이 쓴 것으로
서 내가 편집장을 맡고 있는 「터치스톤: 순전한 기독교 저널」에 발표하기로

한 것이다. 이렇게 해서 나오게 된 것이 「터치스톤」 1999년 7/8월호인 "지적 설계" 특집호다.

나중에 이 특집호에 대한 재판(再版) 요청이 증가함에 따라 더 오래갈 수 있는 책으로 출판해야 할 명분이 분명해졌다. 그래서 『위대한 설계, 그 흔적들』이 잉태되었다. 이 책에는 원래의 특집호에 더하여 브루스 고든(Bruce Gordon)의 논문과 뎀스키의 실질적이고 새로운 내용으로 쓴 서론이 추가되었다.

여러 저자를 모으는 일부터 시작된 빌의 역할과 그의 편집 및 지원의 수고에 감사한다. 그리고 이 책이 나올 수 있도록 도와준, 책의 내용에 기여한 저자들에게도 감사를 드린다. 또한 처음에 저널 형식의 편집을 만드는 데 도움을 준 아니타 쿤(Anita Khun), 샘 토로드(Sam Torode)와 내 아내 패트리샤(Patricia)에게도 감사한다. 마지막으로 이 책이 출판되도록 도와준 브라조스 출판사(Brazos Press)의 편집국장 로드니 클랩(Rodney Clapp), 인내심과 주의 깊은 조력으로 도와준 브라조스 출판사의 레베카 쿠퍼(Rebecca Cooper)에게도 감사한다.

우리는 이 책이 일반인은 물론 목회자, 교사, 학생들에게 많이 읽히기를 소원한다. 또한 이 책이 과학과 과학적 자연주의, 지적 설계에 대한 여러 관점을 가진 독자들에게 배움의 기회를 줄 뿐만 아니라 세상에 대한 그들의 상상력을 넓히고 그들의 이해를 깊게 할 수 있기를 바란다.

제임스 쿠쉬너(James M. Kushiner)

「터치스톤」 편집장

지적 설계가 아닌 것
_윌리엄 뎀스키

최적의 설계를 의미하지 않음

주후 1세기경의 라틴 수사학자인 퀸틸리아누스(Quintilian)는 저술가들에게 다음과 같은 충고를 했다. "당신의 글이 사람들에게 이해되도록 글을 쓰는 것이 아니라 당신의 글이 잘못 이해되지 않도록 글을 쓰라." 퀸틸리아누스의 이 충고는 최근 증가하는 지적 설계에 대한 사회적 논쟁과 관련하여 특별히 더 적절하다고 하겠다. 최근에 라디오 인터뷰를 하면서 이런 면들이 나에게 더 분명하게 인식되었다. 나는 국가 공영 라디오(National Public Radio) 방송 인터뷰에서 회의론자인 마이클 셔머(Michael Shermer)와 고생물학자인 도널드 프로데로(Donald Prothero)와 토론하게 되었다. 인터뷰가 진행되면서 나는 이들이 사용하는 "지적 설계"의 의미와 지적 설계 공동체에서 사용하는 "지적 설계"의 의미 사이에 놀랍게도 상당한 차이가 있는 것을 발견했다.

　지적 설계의 의미에 대한 논란의 초점은 "지적 설계"라는 문구에서 "지적"이라는 형용사가 무엇을 의미하느냐 하는 것이다. "지적"이라는 것은 지적 행위자(intelligent agent)의 행위의 결과만을 의미할 수 있다. 설령 지적 행위자가 어리석게 행동하더라도 말이다. 반면 지적이라는 말의 또 다른 의미는 기술과 숙련성과 명성을 가진 지적 행위자가 행동하는 것을 의미할 수도 있다. 마이클 셔머와 도널드 프로데로는 "지적"이라는 형용사를 두 가지 중후자의 것으로 이해했고 따라서 지적 설계는 최적의 설계 결과를 가져와야만 한다고 가정했다. 반면 지적 설계 공동체에서는 "지적 설계"에서 "지적"이라는 것을 단순히 지적인 행위자(가진 기술과 숙련 정도와는 상관없이)를 가리키는 것으로 이해한다. 따라서 자연히 지적 설계를 설계의 최적성(optimality of design)으로부터 구별하여 취급하고 있다.

그러면 왜 설계라는 명사 앞에 지적이라는 형용사를 붙여놓았을까? 이미 설계라는 단어에 지적 행위자의 사고가 포함되어 있지 않은가? 따라서 지적이라는 단어와 설계라는 단어 두 개를 나란히 붙여놓는 것은 중복 아닌가? 그렇지 않다. 왜냐하면, 지적 설계는 외견상의 설계(apparent design)나 최적의 설계라는 양극단으로부터 구별되어야 할 필요가 있기 때문이다. 외견상으로의 설계라는 것은 설계된 것처럼 보이지만 실제는 그렇지 않은 것을 의미한다. 반면 최적의 설계라는 것은 완전한 설계를 의미한다. 따라서 최적의 설계는 어떤 이상적인 영역[때로 "플라톤적인 천국"이라고 불린다] 밖에서는 존재할 수 없다. 지적 설계와는 달리 외견상의 설계와 최적의 설계는 실제적인 의미의 설계를 무의미하게 만든다.

그러면 생물학에서 예를 들어보도록 하자. 많은 생물학자들은 생물계가 실제로 설계된 것이 아니라고 주장한다. 따라서 모든 생물학적 설계를 외견상의 설계 혹은 최적의 설계와 같은 것으로 동화시키려고 한다[스티븐 제이 굴드(Stephen Jay Gould), 리처드 도킨스(Richard Dawkins), 프란시스코 아얄라(Francisco Ayala)와 같은 사람들이 이런 전략의 대가다]. 이것은 주로 실제로 이루어진 설계와 같은 중심이 되는 질문들을 회피하는 전략이다. 미국 디트로이트 시에 있는 자동차 생산 공장에서 조합라인을 지나가는 자동차들을 보면, 사람의 지능이 이런 자동차 생산에 관여한다는 것을 알게 되며, 따라서 자동차는 지적으로 설계된 것이다. 그렇더라도, 디트로이트의 자동차 공장이 세상에서 가장 좋은 차를 생산한다고 생각할 수는 있지만, 이 공장이 최적의 차를 생산한다고 말하는 것은 맞지 않을 수 있다. 반대로 이 차들이 단지 외견상으로만 설계된 차들이라고 말하는 것도 맞지 않다.

사람이 만든 인공물과 관련하여 지적 설계를 말하는 것에는 반대하지 않으면서도, 지적 설계를 생물계에 적용하는 것에 대하여 사람들은 깜짝 놀란다. 지적 설계의 생물학적인 이론은, 복잡하고 정보가 풍부한 생물계의 구조를 설명하기 위해 이런 복잡한 생물계를 설계할 수 있는 지능이 필요하다고 주장한다. 그러나 동시에 이런 설계 지능의 본성에 대해 생각해보는 것은 거부한다. 최적의 설계는 모든 것이 올바르게 되어야 하기 때문에 완벽하고 꼼꼼한 설계자를 필요로 하지만, 지적 설계는 우리의 일상적인 설계에 대한 경험들과 잘 맞는다. 왜냐하면, 지적 설계는 언제든지 상황의 필요에 따라 조정되기 때문에, 일부 이상적이면서도 총체적인 최적정에 늘 미치지는 못하기 때문이다.

실제로 어떤 설계자도 완전한 설계라는 것을 만들기 위해 최적정의 설계를 시도하지는 않는다. 그리고 완벽한 설계와 같은 것은 존재하지 않는다. 실제로 설계자는 **제약조건이 있는 최적정**(constrained optimization)을 찾으려고 노력하는데 이것은 모든 면에서 완벽한 설계와는 완전히 다르다. 듀크 대학교의 공학자이며 역사가인 헨리 페트로스키(Henry Petrosky)는 『설계에 의한 발명』(Invention by Design)에서 다음과 같이 언급하고 있다. "모든 설계는 서로 충돌하는 목적들이 연관되어 있어서 절충하게 된다. 그리고 가장 좋은 설계는 항상 가장 좋은 절충안을 가지고 나온다."[1] 제약 조건이 있는 적정화는 충돌하는 목적들 사이를 잘 절충해내는 솜씨라 할 수 있다. 이것이 바로 설계에 대한 모든 것이다. 스티븐 제이 굴드는 항상 생물학적 설계에서 오류를 발견하려고 한다. 그런데 생물학적 설계에는 이상적인 적정성이 없으므로 이런 노력은 불필요하다. 설계자의 의도를 정확히 알지 못한다면, 설계자가 이런 목적들 사이에서 과실이 있는 절충을 제안했는지 아닌지에 대해 굴드는 말할 수 없다.[2]

그럼에도 생물학적 설계가 최선은 아니더라도 차선으로라도 적정하다 (suboptimal)는 주장은 매우 성공적으로 지적 설계에 대한 토론을 닫아버리게 했다. 흥미롭게도 이런 성공은 특정의 생물학적 구조를 분석함으로 이 생물학 구조를 만드는 데 필요한 "제약조건이 있는 적정화"가 어떻게 개선되어왔는지를 나타내는 방식을 통해 만들어진 것이 아니다. 제안된 개선책들이 구체적으로 보완될 수 있다면, 그리고 소원성취(wish-fulfillment)의 수준 정도로 퇴색되지 않는다면, 이것은 합법적인 과학적 연구들을 성립시킬 수 있다. 단지 소원 성취 수준의 개선 같은 경우는 이것이 어떻게 실행될 수 있는지, 혹은 이것이 다른 어딘가에 빈틈이 있을지에 대한 정확한 생각은 없이 약간의 개선만을 상상하는 그런 수준의 것이다. 언제든지 설계된 것 중의 일부가 개선될 수 있다고 생각한다고 해서, 우리가 의문으로 삼는 그 구조가 설계되지 않았음을 의미하는 것은 아니다. 그리고 그 개선된 것이 작동될 수 있다거나, 혹은 그 개선된 것이 작동되더라도 다른 곳에서 부족함을 수반하지 않는다 해서 그 구조가 설계되지 않았음을 의미하는 것도 아니다. 그리고 물론 서투른 설계에 대한 비난은 단순한 오해로 인하여 생긴 것일 수도 있다.[3]

차선적 적정성을 주장함으로써 지적 설계를 반대하는 데 성공하게 된 것은 과학적인 방법에 따른 것이 아니고, 단지 토론의 말투를 과학적인 말투에서 신학적인 말투로 바꾼 덕분이다. "존재하는 구조가 어떻게 특정하게 개선될 수 있는가?"라는 질문의 자리에 "어떤 신이 이런 구조를 만들겠는가?"라는 질문이 대신 자리 잡게 된 것이다. 예를 들면 다윈은 설계를 받아

위대한 설계, 그 흔적들

들이기에는 "세상에는 너무 많은 정신적 불행이 있다"라고 말한다. "나는 자비하시고 전능하신 하나님이, 기생말벌들이 살아 있는 애벌레 안에서 살도록 고의적으로 설계하셨다는 것, 혹은 고양이가 쥐를 가지고 놀도록 설계하셨다는 것을 이해할 수가 없다."[4] 그가 지적한 다른 예는 "개미가 노예를 만드는 것"과 "어린 뻐꾸기가 자기의 배다른 형제를 둥지에서 밀어내는 것" 등이다.[5] 차선적 적정 설계의 문제를 악에 관한 문제로 변환시킨 것이다. 지적 설계에 대항하여 악의 문제를 끌고 나오는 비평가들은 과학을 버리고 철학과 신학에 의존하려는 사람들이다.

지적 행위자에 의한 설계는 악을 배제하지 못한다. 고문 도구로 가득 찬 고문실은 누군가 설계한 것이다. 그리고 그 설계자에 의해 만들어진 악은 고문실의 설계를 약화시키기 위해 아무것도 할 수 없다. 설계가 존재한다는 것과 설계의 도덕성, 미적 감각, 선함, 적정성, 완벽함은 완전히 별개다. 더욱이 설계가 이런 추가적인 특징들을 가지는가와 별개로, 우리 주위에는 신뢰할만한 실제적 설계를 암시하는 것들이 있다(이 책에서 베히, 브래들리, 마이어 그리고 내가 서술한 장들을 참고하라).

그러나 미국 학술원(National Academy of Science) 회원인 일부 과학자들은 과학과 종교가 분리되어 있고 서로 배제하는 영역이라고 인정하면서도, 실제로는 과학과 종교를 융합하기를 좋아한다. 예를 들어 스티븐 제이 굴드가 설계에 대해 다음과 같이 비평한 것을 생각해보라.

만일 하나님이 자신의 지혜와 능력을 반영할 수 있는 아름다운 기계를 설계하셨다면, 그분은 일반적으로 다른 목적을 위해 만들어진 부품들을 수집하여 사용하지 않으셨음이 틀림없다.…이상한 배열들과 우스꽝스러운 해결법들은 진화의 증거다. 이것들은 지각이 있으신 하나님이라면 결코 밟지 않았을 과정이지만, 자연 선택에서는 역사에 따라 통제되면서 필요에 따라 거치게 된 과정이다.[6]

여기서 굴드는 판다의 엄지발가락을 예로 들어 비판하고 있다. 판다의 엄지발가락에는 뼈로 된 돌출 부위가 있어서, 이것이 판다로 하여금 대나무의 딱딱한 껍질을 벗겨 대나무를 먹을 수 있게 한다.

판다의 엄지발가락과 관련된 첫 번째 질문은 판다의 엄지발가락이 정보의 분명한 특징을 나타내느냐 하는 것이다. 지적 설계론자들이 모든 생물학적 구조 전체를 다 설계와 연관 짓는 것은 아니다. 자연의 역사 가운데에는 생물체가 환경에 적응하기 위한 돌연변이와 자연 선택이 분명하게 작동한다. 아마 판다의 엄지발가락도 단순히 이런 적응의 결과일 뿐 설계된 것이 아닐 수도 있다.

비록 어떤 구조에서 지적 설계의 특징이 확실시된다고 하더라도, 이것과 지혜롭고 능력 있으며 자비가 많으신 하나님이 복잡하고 정보가 풍부한 구조를 어떻게든 설계해야만 한다는 것은 별개의 일이다. 굴드가 말하듯이 논증을 위해 설계된 특정한 구조가 "이상하거나" "우스운" 것이 아니라, 더 나아가 잔인하다고 생각해보자. 그래서 어떻다는 말인가? 전능하고 자비로운 하나님이심을 유지하면서도 악의 문제를 다룰 수 있는 많은 풍부한 근거들이 철학적 신학 안에 있다.

내가 발견한 가장 신뢰할만한 구절은, 악은 언제나 선에 "기생한다"는 것이다. 실제로 우리가 사용하는 악에 대한 모든 언어는 변질된 선을 전제로 한다. 불순함은 순결함을, 불의는 의로움을, 일탈은 우리가 떠나온 길(즉, a via)을, 죄(hamartia)는 목표에서 빗나가는 것을 전제로 한다. 보에티우스(Boethius)는 이것을 『철학이 주는 위로』(Consolation of Philosophy)에서 다음과 같이 말한다. "만일 하나님이 존재한다면 악은 어디서 왔는가? 그리고 하나님이 존재하시지 않는다면 선은 어디서 왔는가?"[7]

우리가 일부 생물학적 구조를 볼 때 그 구조에 나타난 악도 보게 된다. 그렇다면 생물학적 구조가 악으로 시작되었다는 것인가? 선하고 전능하신 하나님이 생물학적 구조를 창조하셨을 때 악의 기능도 창조하신 것인가? 선한 목적을 위해 발명된 것들은 종종 그 목적을 선회하여 악한 목적으로 사용되기도 한다. 고통을 완화하려고 만든 약이 약물 중독의 원인이 되거나, 빵을 자르기 위해 만든 칼이 사람을 죽이는 도구가 되기도 한다. 법과 질서를 유지하기 위해 만든 정치력이 시민들을 노예화하는 데 사용되기도 한다.

유대 기독교 전통에 의하면, 세상에는 하나님이 처음에 의도하시고 만드신 선이 더는 완전하게 남아 있지 않다. 많은 부분이 왜곡되었다. 설계에서의 왜곡을 의미하는 무목적론(dysteleology)은 실제로 존재한다. 우리 주위에는 이에 대한 많은 증거가 있다. 그런데 이런 것을 어떻게 설명할 수 있는가? 과학적 자연주의자들은 자연에서의 설계가 외관상으로만 그렇게 보일 뿐이며, 돌연변이와 자연 선택 혹은 다른 자연적 메커니즘에 의해 그런 일이 발생하는데 이런 메커니즘으로 인해 불완전함, 잔인함, 낭비 같은 것이 충분히 일어날 수 있다고 주장함으로써 무목적론을 설명하려고 한다.

그럼에도 돌연변이와 자연 선택은, 겉으로 그렇게 보일 뿐 실제로 설계된 것을 나타내는, 즉 지적 설계를 보여주는 자연에 존재하는 매우 특수하고 복잡하고 정보가 풍부한 구조를 만들 수 없다. 생물체들은 지적으로 계획된 하이테크 시스템의 특징을 나타낸다. 정보의 저장과 전달, 기능 제어 코드, 분배와 운반 시스템, 자기 조절과 길항작용, 신호전달 회로, 어디에든지 하나의 기능을 위해 상호 의존적이고 잘 맞는 부분들의 복잡한 배열과 같은 것이 바로 이런 하이테크 시스템을 구성한다. 이런 이유로 시카고 대학교 분자생물학자인 제임스 샤피로(James Shapiro)는 지적 설계론자로 간주되기를 거부하면서도, 다윈주의는 생물학적 복잡성을 이해하는 데 전혀 설득력을 주지 못하며 자신은 정보 처리 모델(information processing model)을 선호한다고 말한다.[8] 지적 설계론자들은 여기에서 한 단계 더 깊게 들어가 정보 처리는 프로그램 제작자를 필요조건으로 한다고 주장한다.

지적 설계는 과학적으로 거부할 수 없다. 이것을 신학적으로 거부할 수 있는지는 또 다른 문제다.[9] 자연에서 설계는 우리가 원하는 것 이상으로 더 자주 왜곡되었다. 그러나 설계의 왜곡은 설계를 완전히 부인함으로써 이해되는 것이 아니라, 먼저 설계의 실재를 받아들이고 그 앞에 있는 악의 문제를 정면으로 대면할 때 설명될 수 있다. 악의 문제는 신학적인 문제다. 이런 문제를 해결하기 위해 자연에 있는 모든 설계를 외견상으로의 설계라고 치부하는 것은 책임 회피다. 이것은 지적 설계로 제기된 과학적 도전을 회피하는 처사다. 또한 이는 하나님의 진리의 빛에 초점을 맞추고 악의 그림자들을 쫓아내는 것을 사명으로 하는 신앙의 견고한 일을 피하는 것이다.

종교적인 동기에 의해 추진되는 것이 아님

지금까지의 토론이 과도하게 신학적으로 보였다면, 이것은 지적 설계에 대한 비평가들이 악의 문제와 같은 신학적 관심사의 선입견에 사로잡혀 있었기 때문이다. 하지만 지적 설계를 비판하는 사람들은 오히려 지적 설계론자들이 신학적 관심사에 사로잡혀 있다고 비판한다. 실제로 그들은 지적 설계론자들이 다윈주의에 반대하는 것이 진리에 대한 관심 때문이 아니라, 다윈주의가 전통적인 도덕성과 종교적 신념을 약화시켰기 때문이라고 보고 있다.[10] 이런 사람들이 볼 때에는, 한때 다윈의 이론에 충분하게 노출되었던 사람들이 다윈의 이론을 의심한다는 것은 상상조차 할 수 없다. 다윈의 이론은 마치 즉각적인 동의를 강요하는 데카르트의 명석하고 판명한 사고들 중 하나처럼 보인다. 이런 데카르트식 사고에 따르면 다윈의 이론을 반대하는 지적 설계론자들에게는 일부 숨겨진 동기가 필요한데, 이런 숨겨진 동기는 전통적인 도덕성을 지지하거나 꽉 막힌 근본주의자가 되고자 하는 것이다.

그러므로 지적 설계론자들이 다윈 이론에 대해 공식적으로 반대하는 이유는 무엇보다도 순전히 과학적 근거에만 의존하고 있음을 분명히 하자. 그렇다. 우리는 다윈주의가 신속히 사라지고 지적 설계가 다윈주의를 대체하게 되는 일의 신학적·문학적 의미에 대해 관심이 있으며, 이에 대해 자주 글을 쓰기도 한다(이 책의 제1장을 참고하라). 그러나 우리가 이런 의미들을 매우 진지하게 생각하는 이유는 다윈주의에는 실제보다 너무 높은 가치가 부여되었으며, 또 그것이 과도하게 확고한 위치를 주장하는 과학 이론이라고 확신하기 때문이다.

다윈주의는 신성불가침적 위상에 오른 과학이 되었다. 결과적으로, 지적 설계론자들은 다윈의 이론에 도전함으로써 과격한 독단주의를 직면하게 됐다. 그러나 문제는 단순하지 않다. 문제는 다윈주의자들이 그들의 이론의 모호성을 인정하지 않는다는 데 있다. 자신들의 과학적 이론에 인생을 바친 과학자라면 누구라도 자신의 이론을 쉽게 포기하지 않을 것이다. 과학자들이 모호하게 주장하지 않는 것 자체가 과학에 위협이 되지는 않는다. 그러나 이것이 독단주의로 빠질 때 위험하다. 과학자들이 특정한 이론에 대해 망설이지 않는다는 것은, 일반적으로 그 이론이 사실상 옳다고 확신한다는 의미다. 과학자들에게는 이런 확신을 할 수 있는 충분한 권리가 있다. 반면 자신들의 이론을 독단적으로 주장하는 과학자들은 그 이론이 틀릴 수 없다고 주장하게 된다. 더욱이 독단주의에 빠진 과격한 과학자들은 그들의 이론은 신성하며 이를 비판하는 사람들은 도덕적으로나 지적으로 부족하다고까지 간주한다.

그러면 과학자들이 독단주의에 빠지는 것을 어떻게 막을 수 있을까? 내가 아는 유일한 방법은 거울을 정면으로 바라보고 다음과 같이 계속해서 스스로 확언하는 것이다. 나는 틀릴 수 있다.…나는 심각하게 틀릴 수 있다.…나는 희망이 없으며 돌이킬 수 없을 만큼 틀리다고 확언하고, 실제로 그대로 따르는 것이다. 이런 것을 그냥 입으로만 말하는 것으로는 충분치 않다.

우리는 이런 것을 진지하게 고려하고 이것이 자신의 가장 소중한 과학적인 신념에도 적용될 수 있음을 인정할 필요가 있다(이것은 다원주의자나 지적 설계론자 모두에게 똑같이 유효하다). 인간이 틀릴 수 있다는 것은 사실이다. 그리고 우리는 가장 예상치 못했던 부분에서 이런 실수를 발견하게 된다.

과거의 과학적 실패들로부터 내릴 수 있는 단순한 결론만으로도, "틀릴 가능성"은 절대적으로 옳은 유일한 것이라고 확신하기에 충분하다. 이런 급진적인 회의론은 데카르트의 회의론(Cartesian skepticism)보다 더 깊게 우리의 가슴을 찌른다. 데카르트의 회의론은 우리가 의심할 수 없는 특권적 지식 영역이 있다는 것을 항상 인정한다(데카르트에게 수학과 신학이 이런 영역에 속한다). 동시에 이 급진적인 회의론은 인간 연구에 대한 변치 않는 믿음과, 이런 것들이 세상을 지적으로 만들 수 있는 능력이 있다는 믿음과도 조화를 이룬다. 실제로 과학자들이 자신들의 과학적 이론을 확신하고 주장하는 것은, 이것이 독단주의로 치우치지 않는 한, 믿음에 대한 다른 표현을 하고 있는 것이다. 이런 믿음은, 비록 과학적 기획(scientific enterprise)의 특정한 주장과 이론들이 일부 소멸한다 할지라도, 근본적으로 이 기획이 가치 있다고 간주한다.

과학적 기획에서 믿음의 자리에 독단주의가 자리를 잡게 되면, 특정한 과학의 주장과 이론들을 비합리적인 특정성이 대신하게 된다. 독단주의는 항상 자기기만의 형태를 취한다. 소크라테스가 우리에게 가르친 것이 있다면, 우리는 우리가 안다고 생각하는 것보다 훨씬 더 조금 알고 있다는 것이다. 독단주의는 우리가 이미 궁극적인 정통함의 수준에 이르렀으며, 따라서 의견의 일탈과 같은 것은 쓸데없다고 생각하도록 우리를 속인다. 자기기만은 원죄다. 리처드 파인만(Richard Feynmann)은 다음과 같이 적고 있다. "첫 번째 원칙은 당신이 스스로 속이지 말아야 한다는 것이다. 그리고 바로 당신 자신이 바로 속이기에 가장 쉬운 사람이다." 파인만은 특별히 이런 원리를 과학의 일반적 이해에 적용하는 데 관심이 있었다. "당신은 과학자로서 말을 할 때 일반 아마추어들을 속이지 말아야 한다.…나는 단순히 거짓말하지 않는 것보다 구체적이고, 추가적 형태의 진실성에 대해 말하고 있는데, 바로 이것은 당신이 얼마나 틀릴 수 있는지 보여주기 위해 비상한 노력을 해야만 한다는 것이다."[11]

하지만 슬프게도, 다윈의 이론이 도전받을 때는 파인만의 건전한 충고가 예외없이 사라지게 된다. 생물학자 리처드 도킨스가 "진화론을 믿지 않는다고 주장하는 사람을 만나면 그 사람은 무지하거나, 멍청하거나, 정신이 상(혹은 "위험인물" 그러나 나는 이것을 고려하지는 않겠다)이라고 말하는 편이 절대적으로 안전하다"[12]라고 주장을 할 때, 우리에게는 자유롭고 열린 사고의 교환을 할 기회가 거의 없다. 그리고 철학자 마이클 루스(Michael Ruse)가 "진화는 사실이다. **사실, 사실이다!**"[13]라고 떠벌릴 때나, 스티븐 제이 굴드를 돕는 후배, 마이클 셔머가 "이 분야에서 일하는 사람들은 정말로 아무도 자연 선택이 진화의 추진력인지 아닌지에 대해서는 토론하지 않는다. 진화가 일어났는지 아닌지에 대해서는 말할 것도 없다"[14]라고 발표한 것과 같이, 마찬가지로 자연 선택에서 나타나는 다윈의 메커니즘으로 통찰력을 증진하기 위한 주장을 할 때에도 우리에게는 자유롭고 열린 사고의 교환을 할 기회가 거의 없다.

이런 표현과, 이런 표현 뒤에 있는 진화론자들의 과도한 자신감은 현재 진행되고 있는 다윈의 진화론에 대한 논쟁을 약화시킬 수 없다. 갤럽의 여론조사에 의하면 미국 시민의 10퍼센트만이 도킨스와 루스, 셔머에 의해 옹호되는 다윈의 자연 선택 메커니즘에 의해 추진되는 진화론을 받아들인다고 계속해서 밝히고 있다. 나머지 부류의 사람들은 지적 설계의 어떤 형식을 지지한다.[15]

과학은 물론 여론조사로 결정되지 않는다. 그럼에도 전체 국민 대부분이 압도적으로 다윈의 진화론을 거부하는 것은 깊이 생각해볼 필요가 있다. 비록 마이클 셔머가 어떤 생물학자도 자연 선택의 힘을 의심치 않는다고 주장하는 것은 과장된 면이 있지만, 생물학자들 사이에서 대부분이 "그렇다"는 그의 주장은 맞다.

그렇다면 왜 생물학계는 자연 선택이 진화론의 추진력이며, 그렇게 고안된 진화론이 생명 전체의 다양성을 성공적으로 설명할 수 있다는 신뢰를 일반인들에게 주는 데 실패했는가? 이것은 깊이 생각해볼 가치가 있다. 왜냐하면, 다른 모든 과학 분야에서 일반 대중은 과학계에서 숙고하고 내린 판단을 인정하기를 좋아하기 때문이다(결국 과학은 우리 문화에서 상당한 권위를 갖고 있다). 그렇다면 왜 진화론 영역에서는 인정을 못 받는가? 아마 여기에 대한 일반적인 답은 우리 문화가 근본주의자(fundamentalist)와 모더니스트(modernist) 사이의 논쟁에 흠뻑 빠져 있기 때문에, 종교적인 근본주의자들이 그들의 독단적인 편견에 눈이 가려서 다윈 진화론의 압도적인 상황을 인지하는 것을 고의로 거부하기 때문이라고 할 수도 있다.

이런 주장에도 일리가 있지만, 다윈의 진화론이 대중에 의해 압도적으로 거부되는 책임을 근본주의자들의 타협하지 않는 태도에만 돌릴 수는 없다. 그 이유로는 첫째, 근본주의가 순전히 성경의 문자적 의미를 따른다는 것을 의미할 때 종교적인 신자들 사이에서도 근본주의자들은 소수에 속한다. 둘째, 대부분의 종교적 전통은 문화와 관계가 소원해지는 것을 원하지 않는다. 종교계는 대부분 과학계와 조화를 이루며 살기를 바랄 것이다. 포스트모더니스트들의 침입에도 불구하고 과학은 엄청난 문화적 권위를 간직하고 있다. 더욱이 대부분의 종교 신자들은 종들이 자연의 역사를 통해 심각한 변화를 겪었으며, 그러므로 어떤 의미에서 진화가 일어났을 수 있었음을 받아들인다(예를 들면 교황 요한 바오로 2세가 최근 진화론을 인정하는 승인서에 서명한 것을 생각하라). 종교 신자들, 더 일반화해서 일반 대중이 생각하고 있는

위대한 설계, 그 흔적들

문제는, 변화를 이끄는 진화론적 변화의 정도와 이런 진화론적 변화의 기저에 있는 메커니즘, 특히 우연과 필요만으로 이런 모든 생명의 발생을 설명할 수 있느냐 하는 것이다.

나는 일반 대중이 다윈의 진화론에 지속해서 저항하는 진짜 이유가 다윈의 진화 메커니즘인 우연에 의한 변이와 자연 선택이 모든 종류의 생명현상을 설명하기에 부적절하기 때문이라고 제안한다. 미국 학술원, 미국 과학 교육 센터(National Center for Science Education), 미국 생물 교사 협의회(National Association of Biology Teachers)에서 출판되는 내용을 읽어보면, 대중이 다윈의 진화론을 받아들이지 않는 것은 바로 교육의 실패 같다는 느낌을 받게 된다. 우리가 생각하기로는, 사람들이 만일 다윈의 이론을 올바르게 이해할 수 있게 된다면 오히려 이 이론을 더 쉽게 포기하게 될 것이다.

진화론이 받아들여지지 않는 것이 교육의 실패 때문이라고 억지를 부리다가, 이런 억지가 실패로 돌아가자 이제는 근본주의의 책임으로 돌아오게 되었다. 이런 종교적 편견 말고 대중이 다윈주의를 즉각적이고 즐겁게 받아들이는 것을 무엇으로 막을 수 있다는 말인가? 그들 자신의 이론에 오류가 있으므로 대중이 이런 이론에 내재한 오류를 찾아냈을지도 모른다고 하는 것은, 다윈주의로 세뇌된 다윈주의자들에게는 어리석은 일일 것이다. 그런데 바로 이런 일이 실제 그대로 일어나고 있다.

대중은 다윈주의를 불신하고 공개적으로 비판하는 것에 대해 부끄러워할 필요가 없다. 요즘 대부분의 과학 이론들은 처음에는 특정 저널과 전공 단행본으로 출판된다. 그런 다음 상당한 과학적 배경을 가진다고 생각되는 전문가들에게 보내진다. 그렇지만 다윈의 이론은 그렇지 않았다. 그의 책 『종의 기원』(Origin of Species)은 다윈 이론의 **표준구**(標準句, locus classicus)로 남아 있다. 여기서 다윈은 그의 이론을 곧장 대중에게 가지고 갔다. 마찬가지로 현대적 다윈주의자들도 그들의 이론을 곧장 대중에게 가지고 간다. 리처드 도킨스와 다니엘 데닛, 스티븐 제이 굴드, 에드워드 윌슨(Edward O. Wilson) 등 많은 생물학자와 철학자의 책은 회의하는 대중에게 다윈 이론의 장점을 말하며 이들을 설득하는 것을 목표로 하고 있다. 이 저자들은 대중이 자신들의 주장이 신빙성 있다고 여기면 대중을 칭찬한다. 그러나 대중이 설득되지 않으면 칭찬이 저주로 바뀐다. 다니엘 데닛은 사람이 자연 선택에 의한 진화의 산물이라고 자녀에게 가르치지 않는 부모에게 다음과 같이 경고하고 있다. "언론의 자유가 있는 우리는 거리낌 없이 당신의 가르침이 거짓의 확산이라고 표현한다. 그리고 이것을 당신의 자녀에게 가장 빠른 시기에 보여주려고 시도할 것이다."[16]

어떻게 대중이 다윈주의 진화론을 받아들일 때는 과학적으로 총명하다고 칭찬을 받고, 어떻게 같은 이론을 의심하면 과학적으로 무감각하다고 비방받을 수 있는가? 순응하는 사람에게는 상을 주고 반발하는 사람에게는 벌을 주는 것이 바로 독단주의의 특징이다. 만일 현대 과학이 진정으로 합리적인 대화법의 문화에 속한다면 모든 형태의 변장된 독단주의와 권위주의를 거부해야만 한다. 만일 다윈주의를 평가할 수 있는 책임이 대중에게 맡겨졌고 다윈주의자들이 책을 출판할 때 암묵적으로 대중이 가진 책임을 인정했다면, 바로 이 대중이 다윈주의가 그들에게 설득력이 없다고 결정한다고 해서 대중에게 반감을 품는 것은 불공정하다.

왜 사람들은 다윈주의가 설득력이 없다고 생각하는가? 근본주의자들은 별도로 생각하더라도, 우연에 의한 변이와 자연 선택이 모든 범위의 다양한 생물을 만들 수 있다고 하는 다윈주의 메커니즘이 사람들에게 거부되는 것은, 실제로 이런 다윈주의의 메커니즘이 작용할 수 있는 제한된 범위의 변화를 넘어서 부당한 추정(extrapolation)을 적용하기 때문이다. 다윈주의의 메커니즘에 힘을 실어주는 실험적 증거들은 사실 매우 제한적이다(핀치새 부리의 다양성, 살충제에 저항성이 있는 곤충, 항생제 저항성이 있는 세균의 예 등). 예를 들면, 핀치새의 부리의 크기는 환경에 따라 변한다. 이러면 분명하게 다원주의의 메커니즘이 작동하고 다윈의 메커니즘이 우리가 관찰하는 변화를 설명한다. 그러나 이런 다윈주의의 메커니즘이 핀치새가 처음에 어떻게 생겼는지도 설명할 수 있어야 한다. 이것은 추정의 적용이다. 다윈주의를 완전히 신봉하는 사람들에게는 이것이 그럴듯하게 보이겠지만, 대중은 아직 여기에 대해 회의적이다.

그렇지만 결국 대중은 이런 일을 그냥 과학자의 결정에 맡겨야 하는 게 아닌가? 결국은 과학자가 전문가다. 그렇다면 어떤 과학자를 말하는가? 과학계의 주류는 다윈주의를 받아들인다는 것이 분명하다. 그러나 과학은 투표로 결정되는 것이 아니다. 그리고 과학자들이 다윈주의를 용인하는 것도 일반적이지는 않다. 지적 설계 이론은 인문학과 과학 분야에서 빠른 속도로 매우 수준 높은 학자 사회의 옹호를 얻고 있다.

과학자들이 직면한 이슈는, 지적 설계가 궁극적으로 다윈주의를 붕괴시킬 이론이냐 아니냐가 아니다. 진정한 이슈는 과학계가 독단주의를 피하고 자신의 가장 소중한 견해도 틀릴 수 있다는 가능성을 생생하게 인정하느냐 아니냐다. 과학자들은 자질구레한 세밀한 사항부터 넓은 개념적 주제에 이르기까지 과거에도 틀려왔고 앞으로도 계속 틀릴 것이다. 다윈주의는 생명의 역사를 설명하려고 시도하는 과학적 이론 가운데 하나다. 그러나 이것이 생명의 역사를 설명하는 유일한 시도는 아니다. 이것은 널리 논쟁이 되고 있는 이론이다. 그리고 지금까지보다 더 많은 신랄한 비판을 받고 있고, 다른 과학적 이론과 마찬가지로 정기적인 진실성 검사를 필요로 하는 이론이기도 하다.

메커니즘도 아니고 마술도 아님

마지막으로 지적 설계가 메커니즘(mechanism)을 마술(magic)로 대체하고 있다고 말하는 사람들의 오해에 대해 나는 분명하게 하고 싶다. 다른 말로 하자면, 지적 설계가 상식적인 자연 원인을 적용할 수 있는 자리에 초자연적인 원인을 적용한다는 것이다. 이런 오해는 로버트 페녹(Robert Pennock)의 작품에 널리 퍼져 있다. 페녹은 과학을 지적 설계로부터 안전하게 보호하려는 사명을 가진 철학자다. MIT 출판사에서 출판된 그의 최근작 『바벨탑』(Tower of Babel)은 퓰리처상 후보에 거론되기도 했다.[17] 이 책에서 페녹은 대놓고 지적 설계 창조론(Intelligent Design Creationism)을 표적으로 비판한다.

이 비판을 이해하기 위해 우리는 먼저 지적 설계를 주장하는 편에서는 지적 설계를 어떻게 이해하고 있는지 더 자세히 생각해볼 필요가 있다. 지적 설계 찬성론자들은 지적 설계를 지적 원인의 결과를 연구하는 과학적 연구 프로그램이라고 한다. 여기서 지적 설계가 지적 원인 그 자체가 아니라, 지적 원인의 결과들을 연구한다는 것에 주목하자. 지적 설계는 지능을 설계하는 책임자와 관여하는 것을 도모하지 않는다. 지적 설계는 설계하는 지능이 무엇을 하는지 알아내고 거기로부터 추론을 이끌어낸다.

지적 설계는 오래된 동시에 새로운 것이기도 하다. 오래되었다는 의미는 특정한 분야의 많은 과학이 이미 지적 설계의 범주 아래에 있었기 때문이다. 범죄수사학, 지적재산관련법, 암호학, 난수생성, 외계 지능 탐사(Search for Extraterrestrial Intelligence, SETI)는 모두 세상의 특징들을 조사하고 이런 특징들의 지적 원인을 추론하려 한다. 인간의 상황과 변이 가운데서 지적 설계 방법론을 그런 식의 지성의 구현이나 물화나 진화가 있을 수 없는 자연 과학에 적용하려 할 때, 지적 설계는 논쟁을 가져온다. 예를 들어 지적 설계의 방법들이 생물학에 적용되어 생물 체계가 실제로 설계되었음을 보

위대한 설계, 그 흔적들

여준다면 어떻게 될까? 자연과학에 지적 설계를 적용하는 것은 새롭기도 하고 위협적이기도 하다. 따라서 이런 시도와 자극 때문에 페녹과 같은 사람들이 전면적으로 지적 설계에 대해 반격하게 되었다.[18]

왜 지적 설계가 과학계에 위협이 되는가? 다윈 이래로 과학은 창조와 그 과정에서 신적 건축가를 가정할 필요가 없었다. 결과적으로 우리를 포함한 설계를 하는 설계 행위자는 스스로 설계되지 않은 오랜 진화 과정의 결과로 와야만 한다. 그러므로 우리를 포함해서 설계하는 행위자는 설계되지 않은 자연적 과정의 마지막에 나오며, 그 이전에는 존재할 수 없다. 그러나 생물학과 우주학에 설계가 있었다면, 이 설계는 진화된 지성의 산물일 수 없다. 오히려 이것은 초월적인 지성의 산물임에 틀림없다. 하나님을 뜻하는 영어 단어 "God"에는 첫 번째 알파벳을 대문자 "G"로 넣어야 한다. 만일 생물학과 우주학의 배경에 설계자가 있다면, 이 설계자가 될 수 있는 선택의 범위는 상당히 제한적일 것이며, 하나님만이 가능하게 된다. 하나님이 과학에서 실제적인 역할을 한다면 그것은 우리의 문화적 엘리트들이 처리할 수 있는 수준 그 이상이다.

이런 이유 때문에 지적 설계에 대한 공격이 증가하고 있다. 이런 비판의 밑바탕에는 다음과 같은 한 가지 주된 염려가 깔려 있다. 그것은 과학에 초월적인 하나님을 허용하게 되면, 현대 과학이 추방해버린 모든 종류의 마술과 미신, 신비스러운 존재에 대한 것들을 세상에 대한 이해 방식으로 다시 고맙게 받아들임으로써 종래에는 과학을 파괴하리라는 염려다.

페녹은 특별히 필립 존슨(Phillip Johnson)을 비판하면서 이런 우려와 관련된 발언을 했다. 페녹에 따르면 지적 설계에 대한 존슨의 견해는 특별히 우려할만한 법적 결과를 가져올 수 있다고 한다. 존슨은 변호하기를, "바로 과학이 우리 세상의 매일의 일들에 초자연적인 영향력이 실재함을 인정하고 있다." 그러나 존슨이 과학에 들여놓으려고 노력하는 이런 같은 이유가, 존슨 자신의 전공인 법에 적용된다면 어떨까? 바로 이것이 페녹이 『바벨탑』에서 보여주고 있는 염려다.

> 법률이 존슨의 견해를 진지하게 받아들이려면, 법률은 신학적이고 신비스러운 간섭의 범위에 근거한 가능한 소송과 변호에 모두 열려 있어야만 한다. 법정에서 이런 종류의 법적 이론들을 받아들임으로써 생길 수 있는 문제를 상상해보자. 그녀의 눈이 자신을 실족하게 해서 하나님이 눈을 뽑아버리라고 했다고 주장하며 자신을 훼손한, 이미 알려진 정신이상 환자를 정신병동으로 보내야 할지 말지를 어떻게 법정에서 판단할 것인가? 신앙을 증명하기 위해 자기 아이를 살해하라고 하는 하나님의 명령을 따르기 위해 아들 아이크를 살해하려고 시도한 피고인 아베를 판사는 어떻게 다룰 것인가?[19]

우리가 앞의 문장과 페녹의 책 전체에 내재한 내용을 받아들이는 것은, 메커니즘과 마술 중 한 가지를 선택하도록 강요당하는 것과 마찬가지다. 이 세상은 두 가지 중 하나인데, 신성한 자연법칙들에 순응하고 연속적인 자연의 원인의 사슬을 깨지 않고 인정하는 일련의 메커니즘들이 작동하는 세상이거나, 아니면 대혼란이 일어나고 과학과 일반적인 세상(특별히 법률 연구)에 대한 우리의 이해를 파괴하는 초월적인 간섭을 인정하는 세상, 이 둘 중 하나다. 페녹은 독자들에게 메커니즘을 제공하고, 존슨은 마술을 제공하고 있다. 누구든지 합리적인 사람이라면 어떤 것을 선택해야 할지 안다.

그러나 대부분의 강요된 선택 말고도, 페녹이 편리하게 무시한 **세 번째** 선택(tertium quid)이 있다. 그리고 이 세 번째 선택을 잘 이해한다면 진짜 마법사는 존슨이 아니라 페녹이라는 것을 알 수 있다. 이 세 번째 선택은 지적 설계다. 이것은 마술과는 완전히 구별된다. 훈련된 철학자로서 페녹은 설계라는 것이, 마술도 기적도 창조자도 필요로 하지 않는 우리에게 오래된 개

넘인 것을 알고 있다. 예를 들면 고대 스토아 철학자들은 초자연적인 간섭이나 초월적 신의 존재 없이 설계를 말했다. 지적 설계는 탐지할 수 있다.[20] 우리는 실제로 탐지한다. 우리는 탐지할 수 있는 신뢰할만한 방법들을 가지고 있다. 그리고 이런 탐지는 초자연적인 것에 의지하지 않는다. 앞으로 이 책의 각 장에서 볼 수 있는 것처럼, 설계는 상식적이고 합리적이며 객관적이다.

설계 이론가들은 설계를 탐지하기 위해 진정한 정보 이론(information-theoretic)의 기준을 가지고 있다. 그렇다면 페녹과 그의 동료, 진화론적 자연주의자들은 무엇을 가지고 있는가? 나는 이들이 잘 설명되지 않는 과학적 이론을 과학적 이론으로 가장하는 일종의 마법을 가지고 있다고 주장한다. 실로 페녹의 『바벨탑』에서, 진짜 마술가는 필립 존슨과 그의 동료 지적 설계론자들이 아니라 페녹과 그의 동료들인 진화론적 자연주의자들이다.

그러면 이들은 어떤 모습을 하고 있는가? 적어도 세 가지 형식의 마법이 있다. 하나는 환상의 기술이다. 여기서 그 모습은 실재의 모습과 상충하도록 정교하게 만들어져 있다. 오락으로서 이런 형식의 마법은 전혀 흠잡을 데가 없다. 다른 형식의 마술은 물질적 사건을 설명하기 위해 초자연적인 것을 불러들이는 것이다. 이것을 마술이라고 부르는 것은 분명히 최근의 발견이다. 왜냐하면, 이런 설명은 대부분의 신학자를 마술가로 만들기 때문이다[토마스 아퀴나스가 예수님의 부활이라는 역사적 사건을 받아들였다고 해서 마술가인가? 그리고 마이모니데스(Moses Maimonides, 1135-1204)가 그와 동명이인인 사람이 홍해를 갈랐다고 생각한다고 해서 마술가인가?]. 페녹에 의하면 지적 설계가 이런 마술이라고 하는 죄를 범한다고 한다. 그러나 페녹이 전문적인 철학자라면 지적 설계가 이런 고소를 피할 수 있다는 것을 인정해야만 한다.

그러나 페녹은 그 자신이 마술의 형식으로 죄를 범하고 있다. 이 세 번째 마술의 형태는 아무것도 없는 것으로부터 무엇인가를 만들 수 있다는 견해다. 이런 형태의 마술은 미묘한 의미를 띠고 있다. 여기서 말하는 아무것도 없는 "무"라는 것이 절대적 무가 될 필요는 없다. 그리고 무로부터 유로의 변환에는 작은 노력이 소비될지도 모른다. 예를 들면, 마술가는 아브라카다브라 혹은 호쿠스포쿠스 같은 주문을 입 밖으로 내뱉을 필요가 있다든지 한다. 마찬가지로 복잡하고 정보가 풍부한 생물 구조를 설명하기 위한 시도로 제안되는 다윈주의의 "그랬을 것이라는 이야기"(just-so stories)들은, 문제를 해결하는 것 같은 환상을 주지만, 알고 보면 단지 무지에 가면을 씌우는 주문에 지나지 않는다.

예를 들면 다윈주의자들은, 사람의 눈의 반점이 빛에 민감하고 점점 복잡한 것으로, 그리고 이로 인하여 증가하는 시각의 예민함이 생물체에서 번식능력의 증가를 주는 것처럼 진화되어왔다고 설명한다.[21] 이처럼 "그랬을 것이라는 이야기"는 눈의 구조에 대한 모든 역사적이고 생물학적인 상세한 설명을 모두 잃게 만든다. 어떻게 반점이 신경을 자극해 빛에 민감하게 되었는가? 어떻게 렌즈가 정확하게 카메라의 작은 구멍 안에서 형성되었는가? 발생학과 관련해서는 빛에 민감한 얇은 층이 빛에 민감한 컵 모양이 되는데, 여기에는 어떤 발생학적 변화가 필요한가? 그중에 어떤 질문도 다윈주의의 용어만으로는 답을 얻을 수 없다. 다윈주의의 "그랬을 것이라는 이야기"는 어떻게 코끼리의 코가 형성되었는지, 어떻게 기린의 목이 길어졌는가와 같은 것을 다룬 러드야드 키플링(Rudyard Kipling)의 "아마 그랬을 것"이라는 이야기보다 덜 교훈적이다. 이런 이야기들은 재미있기는 하나 깊은 통찰로 나아가지는 못한다.

세 번째 마술의 형식 뒤에 있는 큰 매력은 거래를 제공하는 것인데, 이 거래는 정말 어떤 분량의 창조적인 설명도 해결할 수 없는 실로 엄청난 거래다. 아무것도 없는 것으로부터 무엇인가를 만든다는 사고는 과학에서 상식이다. 우주론에서 앨런 구스(Alan Guth)와 리 스몰린(Lee Smolin), 피터 앳킨스(Peter Atkins)는 모두 이 놀랄만한 우주가 전혀 놀랍지 않은 시작으로부터 생길 수 있다고 주장한다. 여기서 전혀 놀랍지 않은 것들이란 구스의 티스푼 하나 분량의 일반 먼지, 스몰린의 블랙홀 형성, 앳킨스의 공집합에서 집합 이론적 연산(set-theoretic operations)과 같은 것이다.[22] 생물학에서 자크 모노(Jacques Monod)와 리처드 도킨스, 스튜어트 카우프만(Stuart Kaufman) 같은 사람들은 생명의 장대함이 아주 간단한 메커니즘들로 설명될 수 있다고 주장한다(모노는 우연과 필연, 도킨스는 축적된 선택, 카우프만은 자가촉매작용을 말하고 있다).[23]

우리는 이런 공짜의 사고방식에 너무 익숙해 있어서 이것이 얼마나 마술적인지를 깊게 인식하지 못한다. 예를 들면, 에모리 대학교의 인류학자이며 신경전문의인 멜빈 코너(Melvin Konner)가 신경 구조를 진화론적으로 다음과 같이 설명하는 것을 생각해보자. "신경 구조는 많은 종에서, 그중에서도 특히 우리와 같이 뇌를 가진 종에서는, 다양한 동물이 다양한 시기에 매우 다양한 목적을 가지고 5억 년에 걸쳐 진행되어온 우연하고도 엉성한 과거의 산물이자, 부분적으로 통합되었으나 각각 분리된 기관들의 진화 산물이다."[24] 따라서 사람의 의식과 정보는 사람의 신경 구조로부터 유래되었기 때문에, 이것들은 엉성한 진화적 과정의 산물이라는 결론이 난다.

그러나 이런 견해가 무엇을 의미하는지를 생각해보라. 여기서 "조심스러운", "미세하게 조정된", "잘 통합된"이라는 어휘를 참고하지 않고서 "엉성한", "부분적으로 통합된"이라는 것을 어떻게 이해할 수 있는가? 엉망진창의 무질서한 구조를 말한다는 것은 우리가 이미 조심스럽게 설계된 것에 대한 개념을 미리 가정하고 있다는 의미다. 물론 우리는 그렇게 가정하고 있다. 인간은 모든 종류의 공학 기술을 이용하여 경이로운 것들을 설계했다. 이것은 크레이(Cray)사의 슈퍼컴퓨터에서부터 고딕 양식의 대성당에 이르기까지 모든 것을 총망라한다. 우리가 멜빈 코너를 믿는다면, 그에 의하면 눈먼 진화론적 과정(리처드 도킨스는 이것을 "눈먼 시계공"이라고 부름)이 인간의 신경 구조를 조잡하게 끼워 맞추었고, 이것이 다시 사람의 의식을 생성했으며, 그리고 이것이 다시 슈퍼컴퓨터와 같은 인공물들을 만들었다는 것이다. 그런데 이 슈퍼컴퓨터는 우리가 알고 있는 것처럼 전혀 조잡하게 짜 맞추어진 것이 아니고 조심스럽게 설계된 것이다. 우연한 목적으로부터 정보가 나오고, 아무런 목적이나 지능 혹은 설계 없이 시작한 과정으로부터 설계가 나온다는 것이다. 바로 이것이 마술이다.

물론 이것을 마술이라고 하는 것이 반드시 틀리다는 의미는 아니다. 이것은 결국 목적, 지능, 설계가 처음에는 이런 기술이 없던 물질적 우주로부터 순전히 기계적인 방법에 따라 출현할 수 있다는 논리적인 가능성을 말한다. 예를 들면, 지능은 생존에 도움이 되지만 그 자체는 지적으로 인도되지 않은 진화 과정에 의해 우리에게 주어진 생존 도구일지도 모른다. 자연의 기초적인 창조 능력에는 지능이 존재하지 않았는지도 모른다. 만일 그렇다면 우리가 이것을 어떻게 알 수 있는가? 그리고 이것이 그렇지 않다면, 이것 또한 어떻게 알 수 있단 말인가? 목적과 지능과 설계가, 그렇지 않았더라면 없었을 우주의 창발적 속성이라고 단순히 가정하는 것도 도움이 안 된다.

자연에서 목적과 지능과 설계가 전면에 배치되어 있었느냐 아니냐 하는 논쟁은 새로운 것이 아니다. 고대의 에피쿠로스학파와 스토아학파 철학자들은 이 논쟁에 분명하게 관련되어 있다. 스토아학파 철학자들은 우선-설계(design-first)의 개념, 즉 우주가 설계로 시작되고 그 다음 설계는 이 처음의 설계에서 기인하지만 이를 능가하는 설계로 얻어진 결과라는 개념을 주장한다(이들은 새로운 설계가 이후에 새로 들어갔다는 견해를 반대했다). 반대로 에피쿠로스학파들은 나중-설계(design-last)가 이루어졌다는 이론, 즉 우주가 설계 없이 시작되었다가 설계는 그후에 우연과 필요의 상호작용으로 나타난

결과라고 주장한다.[25]

　　적어도 계몽주의 시대 이래로 새롭게 나타난 견해는, 우선-설계(design-first)를 평판이 좋지 않고 미신적이며 비합리적이라고 의심하고, 나중-설계(design-last)를 조화적이고 경제적이며, 이것만으로도 최고로 합리적이라 여기는 견해로, 이것이 오히려 더 지적으로 설득력 있다고 생각되어 왔다. 내가 여기서 설명한 것처럼, 실로 마술에 대한 고소는, 오늘날의 전형적인 반대도 나중-설계에 대한 것이 아니라 우선-설계 때문에 생긴 것이다.

　　그렇다면 왜 우선-설계가 마술이라는 비난을 받는가? 역사적으로 서구에서 설계는 주로 유대-기독교 유신론과 연결되어 있다. 유대주의와 기독교의 하나님은 원인이 되는 구조에 간섭함으로써 세상에 설계를 도입했다고 일컬어진다. 그러나 이런 간섭은 기적에 지나지 않으며 기적은 마술의 재료가 된다. 이런 식으로 주장이 이어지는 것이다. 이런 주장에는 오류가 있다. 왜냐하면, 하나님이 세상에 설계를 도입하신 것과, 그분이 그 원인이 되는 구조를 침해하면서 세상에 간섭하셨다는 주장 사이에는 꼭 필요한 연결 고리가 없기 때문이다. 예를 들면, 유신론자인 리처드 스윈번(Richard Swinburne) 같은 사람은 하나님이 자연법칙들을 설계하심으로써 설계를 우주의 전면에 넣으셨다고 주장한다.[26] 폴 데이비스(Paul Davies)도 비슷한 노선을 취하고 있다.[27] 설계를 자연법칙들을 구축하는 것으로 제한하게 되면, 이런 법칙들을 침해하는 것으로부터 설계를 제외하게 되며 따라서 자연의 원인적인 구조를 침해하는 것 또한 제외한다.

　　설계가 마술이라는 비난은 그런대로 쉽게 이겨낼 수 있지만, 원천적으로 설계를 배제해버리는 것은 더 견디기 어렵다. 나중-설계야말로 태생적으로 마술이다. 하버드 대학교의 생물학자인 리처드 르원틴(Richard Lewontin)이 「뉴욕 책 리뷰」(New York Review of Books)에 기고한 다음의 설명을 생각해보라.

일부 과학이라는 구조의 명백한 불합리성에도 불구하고, 또한 건강이나 생명에 관한 터무니없는 약속들이 이루어지지 않음에도 불구하고, 입증되지도 않은 "그랬을 것이라는 이야기들"에 대한 과학계의 관용에도 불구하고 우리는 과학의 편을 든다. 왜냐하면 우리는 유물론에 대한 책무, 즉 우선적인 책무(commitment)를 가지고 있기 때문이다. 현상적 세상에 대한 물질적 설명을 우리가 받아들이도록 강요하는 것은 과학적인 방법과 제도가 아니다. 오히려 반대로 유물론적인 설명을 만들기 위한 조사 방법과 일련의 개념에 대한 우리의 경험 이전의 집착이 이렇게 강요한다. 이런 것이 특별한 지식이 없는 사람들에게도 얼마나 직관에 위반되는지, 얼마나 미신적인지는 상관이 없다.[28]

»만일 이것이 마술이 아니라면 무엇이 마술?

그럼에도 과학계는 설계에 계속 회의적이다. 과학계가 가진 한 가지 염려는 설계 이론이 과학을 포기하게 할 것이라는 데 있다. 즉 설계는 아무것도 없는 것에서 무엇인가를 만들어내는 마술의 자리를, 모든 것을 설명하는 설계자로 대체한다. 마술은 아무것도 없는 것에 무엇인가를 가져다줌으로써 거래를 제의한다. 설계는 상상할 수 없을 만큼 큰 무엇인가를 전제함으로써 우리에게 무언가를 가져다준다. 따라서 우리로 하여금 과학적인 정신을 팔아버리도록 한다. 적어도 이렇게 이야기가 진행된다.

그러나 설계는 거래할 수 있는 상점을 잃지 않고도 설명될 수 있다. 이런 것들은 바로 사람이 만든 인공물의 경우를 통해 분명하게 알 수 있는데, 이 인공물을 적절히 설명하는 데 설계가 보증이 될 수 있다. 설계가 모든 것을 다 설명할 수 있는 것은 아니다. 잉크 얼룩이 무작위로 퍼지는 것을 설명하기 위해 설계를 끌어들일 필요는 없다. 그러나 뒤러(Dürer)의 목판화는 완전히 다르다. 지적 설계 연구 프로그램의 요점은, 지적 설계의 범위를 사람의 인공물의 범위에서 자연과학들의 분야로 넓히자는 것이다. 이 프로그램은 궁극적으로 실패할지도 모른다. 그러나 이것은 이제 막 시작되고 있으며 계속 시도할 가치가 있다. 더욱이 왕성한 정보 이론들이 이 프로그램의 든든한 지지대가 되어준다.

진리가 투표함에서 투표의 결과에 따라 결정되지 않는 것처럼, 진리는 사람이 지급하는 가격에 의해서도 결정되지 않는다. 거래라는 것은 모두 훌륭하고 좋은 것들이다. 그리고 당신이 아무것도 없는 것으로부터 무엇인가를 얻을 수 있다면 그렇게 할 수 있도록 하자. 그러나 당신이 지급한 것을 얻고 난 후, 마지막 날에 당신의 치부책에 기록된 결산이 있을 것이라고 말하는, 대안적인 과학의 사조가 있다. 일부 과학의 분야들은 저가 매수의 거래를 할 수 있으나 다른 분야는 그렇지 않다. 예를 들면, 자기 조직화하는 복잡한 시스템들(Self organizing complex systems)은 과학적 저가 매수를 할 수 있는 좋은 장소다. 베나르(Bénard)의 대류 세포, 벨루소프−자보틴스키(Belousov-Zhabotinsky)의 반응, 다수의 다른 자기 조직화 체계는 복잡한 조직화하는 시스템들을 즉각 가져다준다.[29] 그러나 이런 과학의 저가 매수에 눈살을 찌푸리는 다른 분야의 과학이 있다. 예를 들면 물리학의 보존 법칙은 저가 매수를 허용하지 않는다. 지적 설계가 직면하고 있는 큰 문제는, 싸구려의 차를 탈 것인가 아니면 정당한 대가를 지급하느냐 하는 것이다. 지적 설계론자들은 설계가 거래를 허용치 않는다고 주장한다.

페녹과 그의 동료 진화론적 자연주의자들은 헐값의 거래를 찾아다니는 사람들이다. 이들은 실제로 존재하는 설계를 인정하지 않으면서도 자연에서의 설계의 출현을 설명하기를 원한다. 바로 이것이 리처드 도킨스가 『눈먼 시계공』(The Blind Watchman)에서 "생물학은 목적을 위해 설계된 것처럼 보이는 겉모습만을 보여주는 복잡한 사물들에 대한 연구다"[30]라고 말한 이유다. 이런 이유로 도킨스는 왜 생물학이 단지 설계의 나타남에 불과한지를 보여주기 위해 350쪽이라는 분량을 추가적으로 요청하고 있다.

나는 페녹과 그의 동료인 진화론적 자연주의자들이 궁극적으로 거래를 찾는 데 성공하기를 바란다. 이들이 맞을지도 모른다. 그러나 꼭 이들이 맞을 것이라는 보장은 없다. 이들은 자기들이 옳다는 것을 증명하지도 못했다. 실로 이들은 모자에서 토끼를 꺼내려는 마술의 근처에도 미치지 못하고 있다.

이 책은 현명한 투자가 지적 설계 쪽인 것을 보여주고 있다.

1장

과학에 대한 모더니즘의 독점에 도전한다

지적 설계 운동
_필립 존슨

◆ 필립 존슨(Phillip E. Johnson)은 시카고 대학교에서 법학 박사 학위를 받았고 버클리의 캘리포니아 대학교에서 법학 교수로 30년간 가르쳐왔다. 강연 활동을 활발히 하는 그는 『심판대의 다윈』(*Darwin on Trial*, 까치글방 역간), 『위기에 처한 이성』(*Reason in the Balance*, IVP 역간), 『다윈주의 허물기』(*Defeating Darwinism by Opening Minds*, IVP 역간), 『진리의 쐐기를 박다』(*The Wedge of Truth*, 좋은씨앗 역간), 『이의를 인정합니다』(*Objections Sustained*) 등의 책들과 두 권의 형법 교과서를 저술하기도 했다. 현재 미국 장로교회의 장로이기도 하다.

1992년 3월, 미국 남감리교 대학교에서 과학자와 철학자가 함께 참여한 학술 회의에서 새로운 운동이 처음으로 등장했다. 이 학술 회의는 내가 쓴 책 『심판대의 다윈』의 출판 직후에 열렸는데, 마이클 베히(Michael Behe), 스티븐 마이어(Stephen Meyer), 윌리엄 뎀스키와 나까지 주요 인물을 강사로 초청했다. 또한 마이클 루스를 필두로 하여 영향력 있는 다윈주의자들도 함께 초청되었다. 토론의 주제는 다음과 같았다. "우리 사회에서 일반적으로 받아들여지는 것처럼 다윈주의와 신다윈주의는 그 자체에 형이상학적 자연주의에 대한 **태생적** 책무(*a priori* commitment)를 내포하고 있다. 이런 책무는 그들 편에 확신을 심어주기 위해서는 필수적이다." 나는 이 학술 회의에 제출한 논문의 서론에서 이렇게 언급했다.

나는 이 이슈가 한 번도 이 질문 앞에 제대로 직면했던 적이 없다고 생각한다.…
반다윈주의자들이 형이상학적 자연주의라고 부른 것을 다윈주의자들은 "과학"
이라고 불렀다. 다윈주의자들은 주장하기를, 과학이 자연주의적이기를 포기하
는 것은 과학이기를 포기하는 것이라 했다. 그들은 이런 문제 제기에 대해, "아
니다. 그 말은 잘못되었다. 왜냐하면 다윈주의적 주장은 자연주의적 관점을 가
정하지 않고도 만들어질 수 있기 때문이다"라고 반응하지 않고, "그래서 어쨌다
는 것인가? 당신이 여러 가지를 말하지만 결국 모든 것은 다윈주의가 과학이라
는 결론에 도달하게 된다"라고 대답했다.

얼핏 보면, 논쟁은 마치 교착상태에 빠진 것처럼 보인다. 하지만 놀라
운 것은, 이 학술 회의는 학문적으로 주목받는 학자들의 학술 모임이면서
도, 본질에서는 파격적인 주제를 다루기 위해 소집되었다는 사실이었다. 이
런 종류의 주제로 길게 토론하는 것은 다윈주의에는 치명적이다. 왜냐하면
이런 토론은 결국 다윈주의 이론이 스스로 정당성을 과학이 아닌 철학에서
찾고 있음을 보여줄 것이기 때문이다. 생물학자들은 자기 분야와 자기 실험
실에서 관찰되는 사실들을 우리에게 말해줄 수 있는 정당한 권위를 가진다.
하지만 그들에게 우리가 어떤 형이상학적 가정을 채택해야 할지 말해줄 권
위는 없다. 일단 다윈주의 이론이 증거의 무게에 근거를 두지 않고 독단적
인 철학에 의존한다는 사실이 명백하게 드러나면, 이 이론에 반대하는 의
견도 공평한 발언 기회를 얻을 길이 열릴 것이다. 간단히 말해서 바로 이것
이 전략이다. 그로부터 수년이 흐르고 21세기가 시작된 지금, 그 전략이 어
떻게 성장하고 진척되었는지를 돌아보고, 우리가 얼마나 멀리 왔는지를 평
가하며 앞으로 10년간 이루고자 하는 것을 미리 계획할 때가 되었다. 그러
기 위해서 여기서는 우선 그 지적인 배경에 대해서 더 자세하게 설명하고
자 한다.

위대한 설계, 그 흔적들

배경

지금까지 창조와 진화에 대해서 글을 써온 사람들 대부분은, 그들이 사실과 증거에 대한 논쟁의 영역으로 들어가 있으므로, 그들의 목적은 사실이라고 판단되는 것들을 구체적으로 말하고 증거에 기초하여 결론을 지지하는 것이라고 가정했다. 다윈주의 진화론 과학자들은 다음과 같이 자신 있게 단언한다. 즉 창세기 이야기는 신화이며, 지구의 나이는 수십억 년에 이르고, 최초의 생물체는 우연과 화학 법칙의 어떤 조화로 원시 수프(soup)로부터 발생했고 이 생명체는 오늘날의 다양성에 이르기까지 자연적인 방법에 따라 진화해왔다고 말이다. 물론 그것은 하나님이 아니라 자연 선택에 의해서다. 유신론적 진화론자들도 기본적으로 같은 주장을 지지하지만, 진화 과정이 과학적 관찰로는 관측되지 않는 어떤 방식으로 하나님에 의해 유지되고 인도됐음을 덧붙인다. 반면, 성경적 창조론자들은 창세기의 주장을 지지함과 동시에, 다윈주의적 진화는 나쁘거나 비뚤어진 과학이라고 주장한다. 그러면서도 그들 가운데서도 창세기에서의 "날들"(days)이 24시간 하루인지 아니면 지질학적인 한 기간인지, 노아의 홍수가 전 지구적이었는지 아니면 지역적이었는지를 주장함에 따라서 서로 나뉘어 있기도 하다. 이런 논쟁은 결코 결론에 도달할 수가 없겠지만 말이다.

다윈주의자들은, 그들의 주장만이 공교육에서 교육되고 전국적인 언론 매체에 의해 소개된다는 면에서 지배적인 위치를 점하고 있다. 그럼에도 그들은 특히 북미 대륙에 적지 않은 저항이 남아 있다는 사실에 실망과 우려를 금치 못한다. 과학자와 교육자, 박물관 감독자 및 기타 여러 사람이 대중을 이해시키려고 노력해왔지만, 여론조사의 결과는 대중이 그 메시지를 받아들이지 않고 있음을 보여준다. 40퍼센트 넘는 미국인들이 명백한 창조론자이며, 나머지 중 대다수도 하나님이 이끄는 진화를 믿는다고 말한다. 인간을 비롯한 모든 생물체가 하나님이 아무런 역할도 하지 않는 자연주의적 과정에 의해 진화했다고 보는 정통적인 과학 학설에 동의를 표하는 사람은 10퍼센트에도 미치지 못한다. 최근의 여론조사로부터 얻어진 이런 수치들은 1980년대 초에 시행된 이전의 여론조사 결과와 거의 다르지 않다. 다윈주의자들은 당분간 권력을 행사하는 위치를 차지하고 있겠지만, 그들은 일반 대중에게 확신을 심어주지 못했다. 1998년에 미국 국립과학원이 "진화와 과학의 본질을 가르치기 위한 지침서"(이하 "지침서"라 부른다)를 발표하여 지역적인 반대를 무릅쓰고서라도 공립학교 교사들로 하여금 "진화를 가르치도록" 할―신다윈주의 이론을 장려하도록 할―필요성을 발견하게 되었을 만큼, 그들은 상황을 상당히 불안하게 받아들이고 있다.

미국 국립과학원이 말하는 "진화에 대해 가르친다"는 것은, 교사가 학생에게 이 주제가 왜 그렇게 논쟁거리가 되는지에 대해 공정하게 알려주어야 한다는 의미가 결코 아니다. 오히려 국립과학원은 학생들이 진화에 동의하지 않는 논증에 대해서 알게 되는 것을 원치 않는다. 칼 세이건(Carl Sagan)이나 스티븐 제이 굴드 같은 다윈주의자들이 풍자적으로 반대 논증을 표현하는 경우만 제외하고는 말이다. 대신 이 "지침서"(Guidebook)는 교사들에게 "종교적 믿음과 과학적 지식은 둘 다 유용하고 중요하지만 서로 다른 것이다"라는 애매한 확신을 갖고 종교적인 사람들을 달래도록 격려하고 있다.[1] 또한 교사들로 하여금 "과학계에서는 진화가 일어났는지 아닌지에 대한 논쟁이 없으므로" 어떤 논란이 실제로 있다는 자체를 거부하도록 격려하기도 한다.[2] "지침서"는 논란이 사라지도록 만들기 위해, 아기가 태어날 때마다 "진화는 일어난다(변형되면서 유전된다)"라고 하면서 진화에 대해서 아주 폭넓게 정의하고 있다. 아기들이 태어나고, 개들이 새끼를 낳고, 유전자의 집합이 끊임없이 변형되고 있다는 것을 누가 부인할 수 있겠는가? 그것은 사실이다. 하지만 문제는, 진화를 그런 사실들과 연관시켜 확대 정의함으로써

위대한 설계, 그 흔적들

진화를 자연스러운 사실처럼 묘사하고 있다는 것이다.

　이렇게 문제 자체를 하찮게 만드는 전략은, 과학 교육자들과 그들의 동맹자들이 완전하게 의사 전달의 채널들을 통제한다면 효과적이었을 것이다. 그러나 점점 많은 수의 고등학교와 대학교 학생들이, 진화에 이의를 제기하는 논리적인 입장들이 있으며, 그런 입장들이 인상적인 과학적 업적으로 학문적 신임을 얻고 있는 개인들(이 책의 저자들처럼)에 의해 지지되고 있음을 이미 잘 아는 상태에서 강의실로 들어오고 있다. 이런 상황을 잘 알아차린 학생들은 리처드 도킨스, 칼 세이건, 에드워드 윌슨, 다니엘 데닛과 같은 저명한 저자들이, 과학적인 체계 조직의 명백한 지지를 바탕으로 하여 진화의 과학이라는 이름으로 무신론을 조장하고 있음도 알고 있다(스티븐 제이 굴드 같은 다른 권위자들은 "종교적인 믿음"에 좀더 친근해지라고 주장하지만, 이것은 종교적인 권위자들이 도덕적 가치에 대한 의문을 계속 던지며 실제의 모든 문제에 대한 판단을 과학에 맡긴다는 조건 아래에서 그렇다). 국립과학원이 계속해서 회피적인 상투어들을 가지고 모든 까다로운 질문을 교묘하게 피해간다면, 독립적인 사고를 하는 학생들로 하여금 과학 교사의 견해를 정치적·상업적 광고와 다름없이 대하도록 가르치는 결과를 초래하고 말 것임이 틀림없다. 결국에 가서 과학계는 이 속임수 운동으로 인해 큰 대가를 치르게 될 것이다.

"과학"의 두 모델

과학 교육자들은 부정직하기를 원치 않는다. 하지만 그들은 우리 존재가 진화로 가장 잘 설명될 수 있다는 것을 부인하는 불합리한 사람들을 다룰 수 있는 다른 방법을 알지 못한다. 또한 이 교육자들은 그들이 정직하게 할 수 있는 만큼 종교적인 믿음에 대해서 경의를 표하고 있다고도 생각하며, 이 문제에 대해 더 노골적이 되는 것은 단지 불필요한 공격만 일으키며 정서적인 반발만 유발할 것이라고도 생각한다. 결과적으로 그들은 정직한 의견 교환이 불가능하다고 가정하고, 따라서 반대편을 협박과 회피와 선전 활동 등의 전략으로 대하는 것 외에는 대안을 생각하지 않는다. 이와 유사하게 진화론 통설에 반대하는 사람들은, 종종 많은 과학자가 다윈주의에 반대되는 진정한 과학적인 사례가 있음을 모르는 데 대해 놀란다. 또한 이들은 진화론에 대한 광범위한 반대론이 무지와 편견의 결과라는 이유로 제풀에 지쳐 포기되는 그런 것이 아님도 잘 알고 있다. 왜 저명한 과학자들은, 핀치새 부리의 변이로는 새들을 만들어내는 과정을 희미하게나마 설명조차 할 수 없다는 명백한 요점을 좀처럼 간파하지 못할까?

이런 수렁의 이유는 꽤 간단하다. 우리 문화에는 명백히 다른 두 가지 과학적 정신의 모델이 존재하고 있으며, 다윈주의 진화의 주장이 얼마나 설득력을 가지는가는 전적으로 당신이 그중 어떤 모델을 받아들이는가에 달려 있기 때문이다.

첫째, **유물론적** 모델이 있다. 과학은 그 자체로 철학적 자연주의 또는 유물론에 기초한다고 보는 모델이다. 현재의 목적에 대해서는 자연주의나 유물론이나 결국 동일하게 귀결된다. 자연주의는 자연이 존재하는 모든 것이라고 주장하고, 유물론은 거기에 덧붙여서 자연이 물질(즉 물리학자들이 연구하는 입자)로부터 만들어졌으며 "**다른 것은 없다**"라고 주장한다. [철학자들은 좀더 낯선 **물리주의**(physicalism)라는 용어를 선호하는데, 그 이유는 일상언어가 물질과 에너지 간의 차이를 뚜렷이 구별해주지 못하기 때문이다. 에너지도 물리적 실재니까 말이다.] 어떤 용어를 사용하든지 간에 결정적으로 내려지는 가정은, 모든 사건 또는 현상이 물질적 원인을 가지고 있으며 최소한 궁극적인 기원 이후에 그러하다는 것이다. 이 모델 내에서는, 어떤 사건에 대해 비물질적인 원인—진화와 무관한 지혜 또는 생명력 같은 것—을 가정하는 것은 전체적으로 과학을 떠나서 "종교"의 영역으로 들어간다. 과학적 유물론자에게 이는 객관적 실재를 떠나 주관적 신앙으로 들어가는 것과 동일하다. 이런 설명에 의하면, 우리가 생물학에서 지적 설계를 말하는 것은 본질에서 과학과 정면으로 반대되는 것이며, 따라서 그에 대한 어떤 증거도 생각해볼 수조차 없다.

　두 번째는 **경험적** 모델이다. 이것은 과학을 엄밀하게, 가설을 검증하는 인정된 절차―반복 가능한 실험들처럼―라고 정의하는 것이다(나는 여기서 "경험적인"이라는 말을 사전적인 의미로 "관찰과 실험으로부터 나오는"이라는 의미로 사용하는데, 이것은 철학적 원리로부터 연역적으로 추론해서 얻는 것과 반대되는 개념이다). 물론 과학적인 유물론자도 이런 검증 절차를 사용하지만, 어디까지나 유물론 그 자체가 문제가 되는 지점까지만 그렇게 한다. 진정한 경험주의자에게는 과학적 방법으로 검증할 수 있는 모든 것이 고찰의 대상으로 적합하다. 이 입장에 의하면, 과학의 범위 내에서는 고대의 전통이나 신비한 경험에 기초하여 초자연적 창조(또는 다른 그 무엇)에 대해서 논할 수 없다고 본다. 그러나 비지성적인 물질적 원인들이 생물학적 창조를 이루어내기에 적합하지 않았다는 증거를 제시할 수는 있다. 질문의 대상이 되는 현상이 유사 이전의 유물, 우주에서 날아온 무선 신호, 생물학적 세포 등 어떤 것이든 간에, 그 현상이 비지성적인 물질적 원인으로 일어날 수 있는지, 아니면 지적인 원인을 가정해야 하는지 두 가지 착상이 모두 연구 대상이 될 수 있다.

　만일 당신이 유물론적 모델을 채택한다면, 신다윈주의를 적어도 대충은 닮은 유물론적 진화 과정은 그 증거와 관계없이 사실상 연역적인 논리를 따르게 된다. 그렇지 않으면 어떻게 복잡한 생물체가 존재할 수 있겠는가? 생물체들이 진화와 무관한 지혜에 의한 설계의 결과물이라고 말하는 것은, 심지어 그 지혜가 진화를 통해 작용한다고 가정한다 하더라도, 유물론을 부인하고 과학을 포기하는 것을 의미한다. 생명이―특히 지적인 생명이―존재할 수 있기 이전에, 그것은 비지성적인 물질로부터 본질상 비지성적인 자연주의적 메커니즘에 의해 진화되어 나와야 한다. 이 메커니즘은 무작위적인 변이와 물리적 법칙(일종의 법칙이 된 자연 선택의 원리)의 조합을 적용해야 하는데, 왜냐하면 이 외의 다른 아무것도 이용할 것이 없었기 때문이다.

이런 종류의 연역적인 논증은 유물론자에게 워낙 강렬해서, 때때로 다윈주의자들은 그들의 이론이 마치 산수 계산의 기본 원리와 같이 자명하다고 말하기도 한다. 진화생물학자 폴 이월드(Paul Ewald)는 이런 다윈주의적 논리의 예를 다음과 같이 제시한다.

> 다윈은 단지 두 가지를 기본적인 신조로 삼고 있었다.…당신은 유전될 수 있는 변이를 가지고 있다는 것과, 당신은 변이체 중에서 생존과 번식에서의 차별성들을 얻게 된다는 것이다. 이것이 바로 아름다움이다. 이것은 마치 산수 계산처럼 진리다. 만일 다른 별에 생명이 존재한다면, 자연 선택은 그곳에서도 유기체의 기본적인 원리가 될 것이다.[3]

여기서 잘못된 추론은 바로 "유전될 수 있는 변이와 차별적인 생존이 일어난다"라고 주장하는 부분인데, 이런 요인들은 어떤 실제적인 창조의 힘도 없다는 점에서 잘못되었다.

과학적인 경험주의자들은 고려해야 할 원인이 두 가지가 아닌 세 가지 종류라고 주장한다. 우연(chance)과 법칙(law) 외에도 작인(作因, agency)도 있는데 이 작인이란 지성(intelligence)을 의미한다. 지성은 신비스러운 존재가 아니라, 일상생활과 과학적 실천에 연관되는 친숙한 일면이다. 컴퓨터나 자동차와 같은 일반적인 인공물이 지성의 산물임을 부인하는 사람은 없으며, 그런 사실 때문에 이 인공물을 과학의 영역에서 제외시키고 종교의 영역으로 편입시키는 사람도 없다.

과학적 사실에서 어떤 관찰할 수 없는 것[찬 암흑 물질(cold dark matter,

암흑 물질로 생각되는 것 중 구성 입자 운동이 광속과 비교하여 무시할 수 있는 것으로서 우주 진화에 중요한 역할을 했다고 생각되는 것—역자 주)이나 석화되지 않은 멸종된 조상 등]의 존재를 추론하는 것 또한 보편적인 일이다. 왜냐하면 그것들은 관찰 가능한 현상들을 설명하는 데 필요하다고 생각되기 때문이다. 예를 들어, 칼 세이건의 외계 지능 탐사 전파 망원경은 우주의 외계인에게서 오는 무선 신호의 증거를 찾기 위해 하늘을 조사한다. 만일 영화 "컨택트"(Contact)에서 그려진 대로 소수(素數)의 배열을 가진 신호를 받는다면, 그것이 지적인 존재에게서 온 것이라고 결론 내려질 것이다. 외계인의 존재와 본성에 대한 독립적인 증거를 찾을 필요도 없이 말이다.

그런 경우에서는 지적 설계의 증거는 받아들일 수 있게 된다. 왜냐하면 그 증거는 유물론적 형이상학, 즉 자연 선택으로 진화된 것으로 추정되는 외계인의 존재와 갈등을 일으키지 않기 때문이다. 생물학적 세포가 지성에 의한 작품이라는 주장은 유물론자에게는 말도 안 되는 것이다. 그런데 그 것은 증거가 있기 때문이 아니라—하버드 대학교의 유명한 유전학자 리처드 르원틴의 말처럼—"[우리들의] 유물론은 절대적이며 그 문으로 신의 발(Divine Foot)도 들여놓도록 허용할 수 없기" 때문이다.

이 두 모델 간의 혼란은 얻을 것이 하나도 없는 소모적인 논쟁의 무대다. 과학적 유물론자들은 지적 설계를 주장하는 자들이 비이성적이며 부정직하다고 생각한다. 왜냐하면 그들은 종교로 제한되어야 마땅한 주장—즉 과학적인 증거는 생명의 기원과 발전에서 어떤 설계 주체가 되는 지성이 실제 존재함을 보여준다는 주장—을 마치 과학처럼 옹호하기 때문이다. 더욱이 유물론으로서 과학이 그런 것은 존재할 수 없다고 규정하고 있는데도 불구하고, 오히려 그들은 생물학에서 지적 설계를 보여주는 증거가 있다고 주장한다는 것이다. 유물론자들은 이런 사람들을 경험주의자로 분류하지 않고 "창조론자"라고 부르는데, 이는 유물론에서 성경의 문자주의(literalism)

가 일종의 은어(허튼소리)이며 비이성과 지성적 부정직의 조합이라 하여 본질에서 경멸적인 것으로 여겨짐을 의미한다. 그래서 유물론자들은 "창조론"—지적 설계를 고려하는 것을 포함해서—은 종교를 과학으로 속여 넘기려는, 비난받아 마땅하고 불법적인 시도이기 때문에, 과학적 토론의 무대는 물론 대중적인 강연으로부터도 추방돼야 한다고 주장한다.

한편 지적 설계의 증거를 고려하려는 우리로서는 우리 자신을 진정한 경험주의자, 즉 과학적 사고의 진정한 개척자라고 생각한다. 우리 관점에서 볼 때, 오히려 유물론자들이야말로 "근본주의자"라 할 수 있다. 왜냐하면 그들은 반대되는 과학적 증거에도 불구하고 하나의 형이상학적인 신조에 집착하고 있기 때문이다. 지적 설계가 컴퓨터, 외계인과의 교신, 동굴 벽 위의 독특한 무늬 등의 경우에서 과학적인 연구의 정당한 실험 대상이라면, 왜 이것은 생물학적 세포 또는 의식적 정신을 다룰 때에는 임의로 제외되어야 하는가? 물론 여기서 쟁점은, 과학적 증거가 실제로 생물학에서 지적 설계 가설을 지지하는가 하는 것이다. 그러나 우리 입장은, 과학적인 유물론자들이 "유물론"과 "과학" 간의 구별을 인정하는 것을 완강하게 거부할 때 실제로 그들은 그 쟁점에서 패배하고 있다는 데 있다. 유물론자들은 그들이 증거를 기초로 하는 논쟁의 몇 가지 수준에서 이길 수 없음을 인식해야 한다. 즉 그들이 이기려면, 증거와 관계없는 그들의 비판은 자격을 상실한 잘못된 과학의 정의를 부과해야만 가능하다.

미국 국립과학원에서 볼 수 있는 두 가지 예

실제적인 과학 연구에서 비판적으로 사고하는 기술은 필수적이다. 그런데 다윈주의와 유물론을 지지하는 정책은, 과학 교사들로 하여금 학생들이 그런 기술을 갖추기 어렵게 하는 방법으로 가르치도록 만든다. 또한 학생들은 사회적 다윈주의나 유전적 결정론과 같은 문제에 대한 대중적인 논쟁을 이해하는 일에도 전혀 준비되지 못하는데, 그것은 교사들이 그들의 이론을 교묘하게 덧칠하여 제시하기 때문이다. 여기서 나는 앞서 언급한 국립과학원의 "지침서"가 보여주는 두 가지 실례를 들고자 한다. 내가 이 특별한 문서를 예로 드는 것은 이것이 간단하면서도 최근 것이고, 미국에서 가장 권위 있는 과학 단체로부터 공식적으로 출판되었기 때문이다. 여기서 나타나는 혼동은 다른 모든 수준의 진화론 서적에서도 얼마든지 나타난다.

이 지침서는 19쪽의 "다윈 핀치새의 계속되는 진화"(Ongoing Evolution Among Darwin's Finches)라는 부분에서 가장 빈번하게 인용되는 자연 선택의 예를 설명하고 있다. 그 전문은 이렇다.

> 이 시대에 일어나고 있는 진화의 특히 흥미로운 한 예는, 갈라파고스 군도에서 다윈에 의해 연구되었던 (현재는 다윈 핀치새로 알려진) 13종의 핀치새에서 찾아볼 수 있다. 프린스턴 대학교의 피터 로즈메리 연구 기금의 지원을 받은 한 연구팀에 의하면, 이 군도에서 단 1년간의 가뭄에 의해 핀치새들의 진화적인 변화가 유발될 수 있음이 밝혀졌다. 가뭄으로 인해 쉽게 깔 수 있는 호두류 견과의 공급이 떨어지고, 더 크고 딱딱한 견과를 생산하는 식물만이 생존에 유리하게 된다. 따라서 가뭄으로 인해 새들은 더 딱딱한 견과를 깨뜨리기 위해 더 강하고 넓은 부리를 가지게 되고, 이런 특성을 가진 새들이 군집을 형성하게 된다. 이 연구에서는 만일 가뭄이 10년에 한 번 꼴로 일어난다면 새로운 종의 핀치새가 단 200년 만에 생겨날 수 있다고 추정했다.

먹이의 변화를 통해 새로운 핀치새가 생겨날 수 있다는 이런 추론의 연장은 일종의 궤변이다. 좋은 과학 교사가 있다면 그는 이에 대해 유머를 동원하면서 이렇게 설명할 것이다. "핀치새 부리의 한 군집 내 평균 길이가 가뭄이 일어나는 해에 5퍼센트씩 늘어나고 가뭄은 10년마다 일어난다면, 부리가 평균 1인치에서 10피트까지 자라려면 또는 핀치새가 독수리로 변하려면 얼마만한 시간이 필요할까?" 동일한 연구 기금에 의해 연구되어 "다윈의 핀치새에 있어서 진동적 선택"(Oscillating Selection in Darwin's Finches)이라는 논문이 1987년 「네이쳐」(Nature)지에 실린 바 있다. 그러나 "지침서"의 저자들은 이 논문을 인용하지 않았다. 왜냐하면, 이 논문은 교사들에게는 물론 명석한 학생들에게, 핀치새 부리의 예가 연속적인 지향적 변화와는 전혀 무관함을 알려주고 있었기 때문이다. 문제의 가뭄이 일어났던 해에서 몇 년 후 몇 차례의 홍수가 뒤따랐고, 부리의 평균 길이는 즉시 원래대로 되돌아왔음이 밝혀진 것이었다. 하지만 이 논문이 발표되지 않았다 하더라도, 즉 핀치새 부리가 일시적으로 *꾸준히* 커졌다는 사실만 가지고 핀치새가 완전히 다른 어떤 종으로 변화했음을 보여줄 수 있겠는가?

이 실례는 전후 문맥을 무시하고 제시된 것도 아니며 유별난 하나의 예도 아니다. 이것은 조나단 와이너(Jonathan Weiner)의 학위 논문 "핀치새의 부리"(The Beak of the Finch)[4]에 나오는 것인데, 이 논문은 1995년에 퓰리처상을 받았고, 국립과학원의 회장을 포함한 저명한 학자들에 의해 대중에게 적극 추천되기도 했다. 왜 다윈주의자들이 이렇게 종합적이지 못하고 한쪽으로 기울어진 방식으로 증거를 제시해야만 하는지에 대한 이유를 생각해내는 것은 그리 어렵지 않다. 어떤 객관적 분석 방법론을 적용하더라도, 다윈주의자들이 새로운 복잡한 기관을 만들어내거나 어떤 종류의 생체 설계(body plan)를 다른 것으로 변화시킬 수 있는 메커니즘을 전혀 발견해내지 못했음이 분명해질 것이다(핀치새 부리의 예가 교과서에서 가장 먼저 제시되는 이유는, 자연 선택의 관찰된 다른 예들은 이보다 훨씬 인상적이지 못하기 때문이다). 다윈주의 교육자들은 교육이라기보다는 설득을 하려고 결심했으며, 따라서 그들의 교과서는 허세를 부리는 속임수를 담고 있을 수밖에 없다.

위대한 설계, 그 흔적들

어느 주식회사의 발기인이 주식 공모를 위한 회사의 안내서를 작성하면서 "지침서"가 핀치새 부리 이야기를 제시한 것과 같이 자산을 불려 쓰고 부채를 숨기는 식이었다면, 주식을 산 사람들은 사기로 인해 입은 손해를 배상받을 권리가 있으며 그 발기인은 감옥으로 가야 할 것이다. 그러나 유물론적 과학자들은 그런 방식이 부정직하다고 생각하지 않는다. 마치 고등학교 교과서에서 많은 동물문(phylum)이 갑작스럽고 불가사의하게 출현하는 캄브리아기 대폭발(참조. 11장)이 전혀 언급되지 않는 것을 부정직하다고 생각하지 않는 것처럼 말이다. 그들은 어떤 유물론적인 일련의 과정이 증거에 상관없이 물질을 생성한 것이 분명하므로, 구체적인 증거의 문제들은 별로 중요하지 않다고 합리화한다. 캄브리아기 대폭발이 아직 완전히 이해되지 않고 있다면 그것은 전문적인 연구자들의 문제라 할 수 있다. 학생들에게 한꺼번에 모든 것을 가르칠 수는 없다. 그리고 학생들을 불건전한 사고 방식으로 유도하는 일을 피하기 위해서는, 의문을 일으키는 증거들은 그들에게 가르치지 않는 것이 최선이라는 식이다.

불나방 이야기

국립과학원의 지침서는 자연 선택에 의한 진화에 대해서 각종 교과서에서 표준적인 예로 들고 있는 잉글랜드 중부 지방 산림지역의 불나방 이야기를 다루지 않고 있다. 이 불나방 집단은 19세기 초까지만 하더라도 밝은 색이 주를 이루고 있었지만, 19세기 말 동안 어두운 색깔로 바뀌었다. 교과서에 나오는 이야기를 보면, 불나방들은 낮 동안에 나무의 줄기 기둥에 앉아 있다가 새들에게 잡혀 먹히는데, 나무줄기가 밝은 색깔이라면 밝은 색 불나방은 위장하기 쉽지만, 산업 오염으로 인해 나무줄기가 어두운 색깔로 변하고

난 후에는 어두운 색 불나방이 살아남는 데 더 유리하다는 것이다. 그리고 나서 1950년대에 대기오염 억제 법령이 만들어진 후에는 밝은 색 불나방들이 되돌아왔다고 설명하고 있다.

액면 그대로만 받아들인다 해도, 이 불나방 이야기는(핀치새 이야기와 같이) 어떤 형태의 혁신이나 방향전환도 내포하지 않는다. 더욱이 1980년대에는 불나방들이 보통 나무줄기에는 앉지 않는다는 사실이 밝혀졌다. 나무줄기 위에 앉아 있는 불나방들을 보여주는 모든 교과서의 사진은, 살아 있는 불나방을(낮 동안에는 둔하여 활기가 없다) 인위적으로 나무줄기 위에 올려놓고 찍은 것이거나 죽은 불나방을 줄기 위에 붙여놓고 찍은 것이다. 교과서에 나오는 불나방 이야기는 이제는 완전히 믿을 수 없는 이야기로 판명된 상태다. 그럼에도 여전히 이 예가 사용되고 있는 것은, 진화론자들이 얼마나 그들이 소중히 여기는 이론에 대해 확증을 갈급해하고 있는지를 보여줄 뿐이다.[5]

나는 다원주의적인 교육 재료들이 과학적인 증거 중에 유리한 것만을 선택적으로 제시하고 있거나 잘못 제시하고 있는 여러 가지 예를 들 수 있다. 하지만 여기서는 국립과학원 "지침서"가 보여주는 두 번째 예로서, 생략의 죄(sin of omission)에 대해 중요하게 다루고자 한다. 오늘날의 독자들은, 저명한 과학 권위자들이 과학의 이름으로 유물론적이고 결정론적인 세계관을 피력하는 책을 통해 사실상 폭행을 당하고 있다. 하버드 대학의 동물학자 에드워드 윌슨의 책『통섭』(Consilience)[6]은, 과학자뿐만 아니라 신학자와 문학가까지도 그들의 연구와 작품을 온전히 다원주의적 가정들 위에 기초시켜야 한다고 주장한다. 철학자 다니엘 데닛은 다윈의 이론을 "모든 전통적인 개념을 삼켜버리고 세계관 변혁을 초래하는 만능의 산(universal acid)"

위대한 설계, 그 흔적들

이라고 묘사했다(하나님이 도덕적 표준의 확실한 원천이라는 관점은 다윈의 이론이 삼
켜버린 전통적인 개념 중 하나이지만, 그럼에도 다윈의 이론에 대한 애매한 확신을 가진
과학 교육자들은 종교적인 부모들을 만들어내게 된다).

저명한 진화론자 스티븐 제이 굴드와 리처드 르원틴은 진화심리학을
편견으로 연마된 가짜 과학이라고 비판하기도 했지만, 스티븐 핑커(Steven
Pinker)나 로버트 라이트(Robert Wright) 같은 영향력 있는 진화심리학자들은
인간의 행동을 자연 선택에 의해 연마된 유전적 프로그램의 산물이라고 설
명했다. 분자유전학자들은 인간 유전체에 변화를 가하는 연구 프로젝트를
시도하고 있는데, 우선의 목적은 특별한 유전적 결함을 제거하는 것이지만
궁극적으로는 인간이라는 생물종 전체를 향상시키는 것을 목표로 삼는다.
그들에게 생물체란 지적인 메커니즘으로 만들어진 것이 아니므로 그 안에
존재하는 설계에 대해 관심을 가질 아무런 이유도 없다.

이 모든 논쟁 배후에는 교육자들이 체계적으로 피해가는 중요한 질문
이 한 가지 있다. 진화론적이며 유물론적인 가정들은 단순하게 과학적 연구
활동으로만 한정된 합의인가? 아니면 모든 목적에 대해 유효한 것인가? 과
학 교육자들이 과학 교과 과정으로부터 비유물론적 생각들을 제외하는 것
을 정당화하려고 노력할 때, 그들은 과학에 대해 단순히 "알 수 있는 하나의
방법"일 뿐이라고 설명하곤 한다. 이 설명은 "알 수 있는 다른 방법들" 역시
동일하게 근거를 갖춘 것이라는 의미를 내포하고 있다. 하지만 그들에게 어
떤 "다른 방법들"이 과학과 마찬가지로 확실한 것인지 예를 들어보라고 한
다면, 그들은 아무런 예도 생각해내지 못한다. 결국 그들이 정말 의미하는
것은, 과학이 "알 수 있는 유일한 방법"이며, 과학 이외의 것은 오로지 주관
적인 믿음과 느낌뿐이라는 것이다. 그들의 전형적인 주장 중 하나는, 우리
가 무지개를 볼 때 그 색깔 스펙트럼이 어떻게 만들어지는 것인지를 과학
적 연구를 통해 그 실체를 알고 있으면서도, 무지개 같은 어떤 대상을 보면

서 경외감이나 아름다움을 "느낄 수 있다"는 것이다. 이런 식으로 종교적인 "신앙", 미학적인 "느낌", 도덕적인 "믿음" 같은 것이 과학적인 "지식"과 계속해서 대조된다. 이런 분리의 뒤에는 오로지 과학만이 모든 사람에게 확실한 진리를 제공할 수 있다는 가정이 깔려 있다.

과학만이 지식으로 갈 수 있는 유일한 통로라고 생각하는 사람들에게는(미국 국립과학원에는 그런 사람들이 많다), 과학의 범위를 가능한 한 확대하는 것이 중요한데, 그 이유는 가치에 대한 질문을 다루는 모든 주제에서 상대주의를 완전하게 피해야 할 필요가 있기 때문이다. 이런 이유로 행동주의(behaviorism), 프로이드주의(Freudianism), 마르크스주의(Marxism), 사회 다윈주의(social Darwinism) 등과 같은 유사과학적인 일시적 유행이 많은 영향력을 끼칠 수 있었고, 또한 의심받을 때마다 새로운 모습으로 다시 나타나는 경향을 보인다. 또한 이것은 과학적 권위를 인정하지 않는 사람들이 "모든 지식은 특정 해석 집단에 대해 서로 상대적이다"라고 가르치는 경향이 있는 이유를 적절히 설명한다. 반대로 오직 과학만이 새로운 지식을 창조해낼 수 있다고 여긴다면, 이 세계관을 주장하는 야심가들은 그들 자신을 과학자처럼 꾸미든지, 아니면 그들의 허무주의 자체가 과학적 지식의 부정할 수 없는 결과라고 말할 것이다. 과학이 객관적인 지식을 얻을 수 있는 유일한 방법이라는 주장이 과연 타당한가? 그리고 과학을 벗어나면 오로지 주관적인 신앙과 믿음밖에 없다는 것이 맞는 말일까? 하지만 안타깝게도 바로 그것이 국립과학원이 분명하게 전달하고자 하는 메시지다. 다만 노골적인 진술보다는 지속적인 암시를 통해 그렇게 함으로써 "종교적 믿음"에 대해서는 중립적인 견해로 보일 뿐이다.

올바른 질문

간단히 말해 이 시대의 과학을 이끌어가는 사람들은 철학적인 혼란 속에 있으며, 협박과 같은 캠페인, 사실에 대한 그릇된 설명, 의미론적 궤변 등을 동원함으로써 사태를 더 악화시키고 있다. 상황을 더 합리적으로 만들려면, 먼저 행해야 할 일은 우선 성경을 논쟁의 틀 밖으로 내어놓는 것이다. 저널리스트를 포함하여 너무나 많은 사람이 영화 "침묵의 소리"(*Inherit the Wind*)를 보고 나서 확신하는 것이 있다. 즉 누군가가 다윈주의에 대해 의문이 있다면, 그것은 생물학 수업으로부터 현미경과 교과서를 없애야 하며 학생들에게는 창세기만을 읽어주어야 한다고 주장하는 것이나 다름없다는 확신이다. 무엇보다 중요한 것은 바로 이런 편견이 옳지 않은 것임을 확실하게 알리는 것이다. 그러므로 논쟁은 반드시 과학적 증거와 철학적 가정들에 관해서만 이루어져야 한다. 이 말은 성경적 주장이 중요하지 않다는 의미가 아니다. 성경적 주장들이 제시되어야 할 시점은, 오히려 우리가 유물론적 편견을 과학적 사실로부터 격리해놓은 후에라야 한다는 의미다.

이제 우리가 던지는 질문은 다윈주의 진화론의 방대한 주장들이 창세기와 갈등을 빚느냐는 것이 아니라, 진화론 주장들이 생물학적 증거들과 갈등을 빚고 있느냐는 질문이다. 이 질문을 명확히 하기 위해서는, 유물론적 편견 없이 증거들로부터 논리적으로 추론한 것과, 유물론적 철학으로부터 나온 지령과 같은 것들을 구별하는 것이 필요하다. 따라서 나는 다윈주의 체제를 향해 다음과 같이 단순한 질문을 던진다. 경험적인 증거와 유물론적인 철학이 서로 다른 방향을 취하고 있다면 우리가 해야 할 일은 무엇인가? 예를 들어, 지적인 원인이 생물학적인 창조에 관여했음을 보여주는 증거가 나왔다고 생각해보자. 우리는 증거를 따라야 하는가? 철학을 따라야 하는가?

과학적 유물론자들에게 이 질문은 대답하기 어려울 뿐 아니라 심지어 이해하기에도 불가능하다. 왜냐하면, 그들에게 유물론은, 과학뿐만 아니라 합리성 그 자체와도 동일시되기 때문이다. 물론 이것은 터무니없는 생각이다. 현대 과학이 성경적 유신론에 따라 인도되어온 세계관으로부터 자라나 왔음이 역사적 사실인 것과 마찬가지로, 자연법칙에 대한 참된 관점은 법칙을 만든 이성적인 존재에 의해 이 세상이 다스려진다고 하는 개념으로부터 나왔다. 유물론이 보여주는 어리석음 중의 하나는, 이 세상이 완전히 비이성적이며 무작위적으로 만들어졌다고 보아야 이성적으로 이해할 수 있다고 가정한다는 점이다. 뿐만 아니라, 과학적 사고 자체를 자연 선택으로 디자인된 것으로 본다는 것 역시 어리석은 생각이 아닐 수 없다. 과학적 사고가 합리성(rationality)과 확실성(reliability)을 갖고 있다는 사실은, 그 사고가 법칙들은 물론 그것들을 이해할 수 있는 우리 능력까지 만들어낸 창조주의 사고 형상으로 디자인되었다는 사실의 근거다.

완고한 유물론자들은 경험적인 과학과 유물론 철학의 지령이 서로 모순된다는 사실에 동의하지 않지만, 더 마음이 열려 있는 지식인이라면 그럴 가능성까지 동시에 받아들일 것이다. 이런 문제를 다시 숙고할 수 있도록 하기 위해, 과학적 유물론을 비평할 때 가장 우선 할 것은, 지적 설계를 주장하는 집단 역시 합리적이라 인식할 수 있음을 보여주는 방식으로 유물론과 자연주의의 문제점을 지적하는 것이다. 과학적으로 관찰된 증거들에 맞서는 권위로서 성경을 내세우는 것은 합리적이지 못하다. 반면에 자신들의 관념이 관찰과 중립적 이성에 기초한다고 주장하는 사람들이, 실제로는 숨겨진 강력한 가정들에 지배받고 있음을 보여주는 것이 매우 합리적인 접근 방법이다. 또한 핀치새의 예와 같이, 어떤 특정한 과학적 관찰이 자연 선택의 창조적인 힘을 가진다는 증거로 사용될 수 있으려면, 그 증거들을 강력한 유물론적 편견으로 해석할 때만 가능하다는 점을 보여주는 것도 합리적인 방법이 될 것이다.

전략

여기가 바로 지적 설계 운동의 전략이 도입되는 곳이다. 이 지적인 세상이 이런 새로우면서도 어찌 보면 환영받지 못할 질문들에 대해 생각하도록 만들려면 단순히 책을 쓰거나 논증을 전개하는 정도로는 충분치 않다. 우리는 많은 사람으로 하여금 지적인 일을 시작하도록 고취해야 한다. 그 지적인 일이란 올바른 질문에 기초를 두는 것으로서, 세상이 그것을 고민하지 않으면 안 되도록 만드는 설득력과 함께 질적으로 높은 수준을 갖춘 일을 말한다. 지식인들은 유물론을 당연시하지 않고 질문의 대상으로 떠올릴 때 일어날 것에 대해 구체적으로 탐구한 책과 논문을 써내야 한다. 논쟁이 진행됨에 따라 이 지적인 세상은 유물론과 자연주의를 절대 비평할 수 없는 암묵적이며 기초적인 가정으로 여기는 것이 아니라, 분석하고 논쟁할 주제로 취급하는 데 익숙해질 것이다. 결국 이 근본적인 질문에 대한 우리의 대답은 더는 의심할 여지 없이 분명해질 것이다. 철학이 실험적 증거에 맞서 갈등을 빚게 된다면 진정한 과학자들은 당연히 증거를 따르게 된다. 또 한 가지 분명한 것은 과학 외 분야의 지식인들은, 과학자들이 과학으로 설명되지 않는 세계에 대해 분명치도 않은 철학적 가정들을 강요하는 식으로 그들의 권위를 남용하지 못하도록 막아야 한다는 사실이다. 일단 논쟁이 올바른 질문으로 제대로 방향을 잡는다면 그에 대한 대답은 저절로 나오게 되어 있다.

"쐐기"(wedge) 비유는 유물론적 가정 위에 서 있는 현대의 과학적이자 지적인 세상을, 꿰뚫을 수 없을 것 같이 두꺼운 하나의 통나무로 묘사하고 있다. 그러나 그런 통나무도 쐐기의 예리한 끝머리가 파고들 수 있는 틈새를 찾아낸다면 쉽게 쪼개질 수 있다. 모더니즘에는 이런 틈새가 많이 있지만, 아마도 그중에 가장 중요한 것은 과학에 대한 유물론자와 경험주의자의 정의 사이에 커다란 간격이 있다는 점이다. 내가 쓴 글과 언급한 말들은 그 쐐기의 끝머리와 같은 것이라 할 수 있다. 내가 하고자 하는 것은, 논쟁에서 이기는 것이 아니라 일련의 질문이 정당한 것임을 보여주는 "먼저 뚫고 들어가기"다. 여기서 성공의 잣대가 되는 것은 지식인들이 현재 내리는 결론이 무엇이냐가 아니라, 이 논쟁에 얼마나 많은 지식인이 참여하게 되는가 하는 점이다.

나를 따라서 이 통나무를 쪼개고 벌리는 일에 동참하고 있는 몇몇 뛰어난 사람들이 있다. 이들은 나 혼자서는 도저히 도달할 수 없었을 수준까지 이 논쟁을 끌어올렸다. 이런 인물의 예로서 처음이자 가장 유명한 사람이 바로 마이클 베히다. 사실 나는 다윈주의적 메커니즘이 당연히 이루어야 할 현상들을 왜 이뤄내지 못하는가에 대해 문외한의 입장에서 설명했다. 하지만 베히는 생물학이 분자 수준에서 어떻게 작동하는지에 대해 우리가 이해해야 할 것을 정확하게 과학적인 용어로 설명해주었다. 베히가 쓴 책『다윈의 블랙박스』(Darwin's Black Box)[7]는 엄청나게 팔려나갔고 많은 평론이 쏟아져 나왔다. 평론들은 내 예상대로 이렇게 말하고 있다. "베히의 과학적 설명은 정확하지만, 그의 논제는 받아들여질 수가 없다. 왜냐하면 유물론자들이 이미 회피하려고 결정한 결론을 제시하고 있기 때문이다." 이 평론을 쓴 사람들의 마음에는 두 가지 모델이 혼재함으로써 철학적으로 아직 진지하지 못한 면이 있다. 그들은 생각하기를, 증거에 충실하다는 것은 그 증거가 어떤 것인지와는 무관하게 유물론에 충실하다는 것을 의미한다고 본다. 그러나 이런 종류의 논리는 유물론 쪽으로 심하게 편향된 사람들은 만족시킬지 모르지만, 유물론을 의심하는 쪽으로 기울어진 사람들에게는 먹히지 않는 논리다.

위대한 설계, 그 흔적들

두 가지 중요한 용어

- 다윈주의(Darwinism): 생물체들은 계통적으로 변화(modification)를 거치면서 내려왔음(descent)을 주장하는 것. 여기서 "내려왔다"는 의미는 하나 혹은 여러 가지의 원시적인 조상의 형태로부터 왔다는 뜻이며, "변화"의 의미는 무작위적인 변이들로부터 자연 선택되었다는 뜻이다.
- 신다윈주의(Neo-Darwinism): 다윈주의와 같으나, 단지 변화의 과정이 유전적이라는 것이 포함됨. 여기서는 유전적 돌연변이가 변이의 근원이 되고, 자연 선택은 유전자 빈도상의 변화를 만들어내는 원인이 된다.

베히 다음으로는 윌리엄 뎀스키가 잔혹하리만치 냉철한 『설계 추론』 (*Design Inference*)[8]이라는 책과 함께 등장한다. 뎀스키의 철학적이면서 수학적인 논증은 매우 정교하다. 그러면서도 그의 근본적인 주장, 즉 지적인 원인들(intelligent causes)은 반지성적인 원인들(unintelligent causes)이 할 수 없는 것을 할 수 있으며, 그 차이점은 과학적인 연구를 통해 밝혀낼 수 있다는 주장은 어디까지나 상식적이다. 나는 어느 명문 대학의 철학과에서 열렸던 뎀스키의 논증에 대한 세미나에 참석한 적이 있다. 거기서 나는 여러 명석한 사람들이 모호한 개념을 들면서 그들의 지적인 민첩함을 보여주려고 하는 공통된 모습을 볼 수 있었다. 그러나 뎀스키는 그들의 지적 지도(map) 위에 지적 설계의 개념을 새겨놓았다. 결국에 가서는 그들도 지적 설계에 익숙해지게 되리라고 믿는다.

뎀스키의 뒤로는 많은 사람이 등장하게 된다. 내 느낌으로는 다윈주의 메커니즘과의 싸움에서 정치적인 수준에서는 아니라 하더라도 지적인 수준에서는 승리한 것이 아닌가 생각된다. 내가 다윈주의자들과 논쟁을 벌일 때 그들은 이제 더는 핀치새 부리의 변이와 같은 예를 방어하려고 애쓰지 않는다. 복잡한 유전 정보를 만들어낼 수 있는 진화 메커니즘이라든지, 베히의 책이 다루고 있는 일종의 분자 메커니즘을 보여주는 데 노력을 기울이지 않는다는 것이다. 대신 그들은 증명의 부담을 회의론으로 옮겨놓고 있다. 즉 바로 지금 만족스러운 메커니즘이 없다는 사실이, 앞으로도 그것이 발견되지 않을 것임을 의미하지는 않는다는 점을 강조한다. 이렇게 방어적으로 나올 때마다 다윈주의자들은, 진화 메커니즘을 단순한 세부 항목 중 하나로 취급하면서 크게 염두에 두지 않는 모습을 보여준다. 그들은 모든 과학자가 비록 진화가 어떻게 일어난 것인지에 대한 정확한 메커니즘에 대해서는 서로 의견이 다를지라도, "진화는 사실이다"라는 명제에는 모두 동의한다고 주장하고 있다. 그러나 특정한 메커니즘이 없는 진화라는 것은 너무 막연하므로 분석하는 것 자체가 불가능하다. 예를 들어 진화론은 조상이 되는 세균이 멀리 떨어져 있는 자손, 즉 벌레나 바닷가재 등의 다양한 생물체를 만들어냈다고 주장한다. 그렇다면 생물체들의 전이(transformation)에 대한 구체적인 내용이 세부적으로 설명되지 않는 상황에서, 어떻게 이런 야심 찬 주장이 옳고 그른 것인지를 판단할 수 있겠는가?

대대적인 진화론적 변화가 일어났다는 주장이 구체적으로 설명되었을 때라야, 분석이 가능한 상태가 된다. 하지만 아직도 진화론적 주장은 그런 상태에 이르지 못하고 있다. 이 책의 저자 중 폴 넬슨(Paul Nelson)과 조나단 웰스(Jonathan Wells)는 바로 이 점을 지적하고 있다(참조. 9장, 10장). 이들은 우선 초기 배아 단계에서 진화론적으로 사촌지간으로 주장되는 생물들이 실제로는 서로 완전히 다르다는 점을 지적한다. 한편으로는 생물학자들이 DNA 돌연변이를 유발해 배아의 발달 방향을 바꿔놓으려고 시도하는 내용의 문헌들을 고찰했다. 이 문헌들이 보여주는 결과를 보면, 돌연변이는 배아의 발달에 아무 영향도 끼치지 않거나 손상을 입히는 결과를 초래하는데, 만일 발달 과정상의 교정(repair) 메커니즘이 그 손상을 치유하지 못할 경우에는 죽게 되든지 선천적 기형이 발생하게 된다. 진화론적 변화가 일어났다면 발생했을 수도 있는 배아 발달 방향의 변경 현상이 결코 돌연변이에 의해 일어날 수 없다는 것이다. 간단히 요약하자면, 대대적인 진화론적 변화가 일어났을 것이라는 철학적 배경에 믿음을 가질 수는 있겠지만, 그 믿음은 어떤 실험적인 증거로도 뒷받침되지 못하고 있다.

미래

진화론적 자연주의의 문화적 영향력만을 고려하고 그것이 현대의 사상을 완전히 지배하고 있다는 사실만을 보는 사람이라면, 과학적 유물론에 대한 비판은 성공을 거둘 수 없는 비현실적인 모험이라 말할 수도 있다. 하지만 나는 반대로, 우리의 성공이 반드시 그리고 당연히 이루어지리라고 믿는다. 우리는 객관적이며 경험적인 분석과, 유물론적이며 철학적인 가정으로부터 나온 연역적 추리를 철저히 구별해야 한다는 주장을 펼치고 있다. 우리는 한번 이해된 후에는 절대 뒤집을 수 없는 기본 논리의 요점을 만들어가고 있다. 돌파구를 마련하는 데 유일한 장애물이 있다면, 그것은 오래 묵은 편견이라 하겠다. 즉 교육과 숙련을 통해 뿌리 깊이 스며든 편견으로서, 유물론과 과학은 같은 것이며, 생물학에서 유물론이 허락하지 않는 한 설계의 증거란 있을 수 없다고 말하는 그런 편견이다. 그러나 이런 식의 편견은 잠깐은 보호받을 수 있을지 모르지만, 결국에 가서는 이성에 의해 돌파되고 말 것이다.

나는 우리의 성공을 두 가지 기준으로 판단한다. 첫 번째는, 수천 명의 고등학생과 대학생들이 우리의 글을 읽고 매우 호의적으로 반응하게 되는 것이다. 공식적인 교과서들이 과학적 증거를 선택적으로 보여주고 심지어는 핀치새 부리의 예처럼 과학적 사실을 왜곡한다는 것을 그들이 배우게 되었을 때, 많은 학생은 부당하게 강요하는 독단적인 교육 체계에 대해 과감히 도전할 용기를 가지게 될 것이다. 이들 중 재능 있는 사람은 미래의 지적 설계 운동의 리더가 될 수도 있다. 두 번째 성공 기준은, 다윈주의자들이 우리 도전에 대해 지적 수준에서 전혀 상대가 되지 못하고 심지어는 그런 노력조차 할 수 없게 되는 것이다. 다윈주의자들의 문헌은 계속해서, 다윈주의에 대한 반대자들이 "진화가 일어났음"을 보여주는 증거에 대해 전혀 알지 못하는 종교적 근본주의자일 뿐이라고 선동할 것이다. 하지만 이렇게 반대 주장을 풍자하는 것은, 반대되는 의견을 직접 들어보지 못한 사람에게만 먹혀들 뿐이다. 홈스쿨링을 포함하여 사립학교 교육은 물론 인터넷 등의 매체가 발달하면서, 학생들이 오로지 교육자를 통해 공식적인 이야기만을 들었던 식의 교육은 이제는 쉽지 않을 것이다. 일단 독립적인 사고를 하는 젊은이들이 반대 견해의 글을 읽고 나면, 그들은 다시는 다윈주의 체제의 둘러대는 설명에 공감하지 않을 것이다.

우리의 운동에서 성공이란 어떤 독단적인 체계를 다른 것으로 바꿔놓음을 의미하지 않는다. 우리 목표는 어떤 해답을 강요하는 것이 아니라, 지적인 의문에서의 가장 중요한 영역을 새로운 사고 체계로 열어놓는 것이다. 만일 다윈주의의 실패가 유물론자들로 하여금 편견 없는 과학적 분석에 상응할만한 새로운 이론을 만들어내도록 영감을 불어넣는다면, 그것은 기다려볼 만한 일이다. 만약 그들이 그것을 해내지 못한다 해도, 그때는 이 세상이 지적 설계의 놀라운 진리 앞에 서게 될 것이다. 그 진리란, 모든 생물체는 물질의 눈먼 힘이 아니라 지적인 창조주에 의해 만들어진 피조물이라고 하는 보편적인 믿음이 생물학적 증거들에 의해 실제로 "지지된다"라는 사실이다. 실재가 충분히 이해되고 나면 그 다음으로 올 지적 설계 운동의 큰 과제는, 왜 그렇게 많은 명석한 사람들이 그렇게 오랫동안 바보스러운 믿음을 갖게 된 것일까를 이해하는 일이다. 이 질문을 탐구함으로써 21세기는 아주 흥미로운 시간으로 흘러갈 것이다.

2장

보통 사람들에게 들어보기

지적 설계와 분별력 있는 대중

_낸시 피어시

◆ 낸시 피어시(Nancy Pearcey)는 커버넌트 신학교에서 문학 석사를 받았고, 현재 디스커버리 연구소의 과학과 문화 회복 센터(Center for the Renewal of Science and Culture, CRSC)의 선임 연구원이다. 지적 설계를 설명하는 보조 생물학 교재인 『팬더곰과 인간에 관하여』(*Of Pandas and People*)[1]에 글을 실었으며, 찰스 택스턴(Charles Thaxton)과 함께 『과학의 영혼』(*The Soul of Science*)[2]을, 찰스 콜슨(Charles Colson)과 함께 『그리스도인, 이제 어떻게 살 것인가?』(*How Now Shall We Live*, 요단출판사 역간)[3]를 저술했다. 1991년부터 1999년까지 공영 라디오 시사해설 프로그램인 "브레이크포인트"(Breakpoint)의 책임 편집자로 일하였다.

진화론은 대중에게 시각적으로 보여주는 엄청난 양의 상품을 가지고 있다. 우리 주변을 돌아보면 곧 이런 사실을 알 수 있다. 이제 막 걸음마를 배우는 어린아이들의 놀이방을 들여다보라. 아이들은 말똥말똥한 눈으로 "공룡 시대"(The Land Before Time) 시리즈 비디오를 보며 앉아 있다. 이 비디오 시리즈가 주는 것은 바로 진화론 여행 자체다. 형형색색의 단세포 생물들이 원시 시대의 청록색 바다에서 발생하여 변하고 변하기를 거듭하다가 결국은 이 이야기의 사랑받는 주인공인 작은 공룡으로 진화한다. 이것은 어린아이들을 자연주의 진화론으로 인도하는 아주 즐거운 동화 같은 이야기다. 일단 아이들의 상상 세계가 그 화려한 이미지로 채워지기 시작하면, 부모로서는 그 이미지를 제거하고 아이들이 더 창의적으로 생각할 수 있도록 가르치기 더욱 어려워지게 된다.

다윈주의 제국에 대한 반응

우리 문화 속에서 진화론과 관련된 것들은 헤아릴 수 없을 만큼 많고 쉽게 찾아볼 수 있다. 그런데 이런 와중에서도 지적 설계는 진화론을 점차 밀어 내고 있다. 그 이유로 다음의 세 가지를 들 수 있다. 첫째, 다윈주의가 점점 일상에 스며들어 지적인 분야들을 장악하며 거대해짐에 따라, 다윈주의의 요구에 대응하기 위해 점점 더 많은 도움이 필요해지고 있다. 이전 세대의 부모는 다윈주의의 도전을 간단하게 무시해버릴 수 있었지만 오늘날의 부모는 그럴 수가 없다. 자녀들은 이제 교실에서뿐만 아니라 책, 비디오, 각종 놀이감으로부터도 다윈주의적 메시지를 접하고 있다. 오늘날에는 기독교 신자들은 물론 모든 형태의 유신론자들이, 과학 수업이 아닌 다른 어떤 곳에서도 다윈주의에 의해 제시되는 자연주의적·기계론적 세계관에 반응하도록 강요받고 있다.

여기서 미국인 중 상당수가 어떤지에 대해서 이야기해보자. 1991년 갤럽 여론조사에 따르면 미국인 중 46%가 아직 인간이 창조주의 손으로부터 직접 나왔다고 믿고 있으며, 다른 40%는 하나님이 진화의 과정을 주도했다고 믿는 것으로 나타났다(완전히 자연의 힘으로 진화가 이루어졌다고 받아들이는 사람은 겨우 9% 정도에 불과했다). 더욱이 1996년 국립 과학 재단(National Science Foundation)의 조사를 보면, "인간이 앞선 생물종에서 진화되어 나왔다"고 믿는 미국인은 절반이 채 되지 않았다. 미국에는 다윈주의의 강력한 주장에 대해 적극적으로 대응하는 일을 도우려는 막대한 후원자들이 확실하게 있는 셈이다.

척 콜슨의 매일 라디오 방송 프로그램인 "브레이크포인트"의 책임 편집

위대한 설계, 그 흔적들

자를 맡고 있던 나는, 이런 주제로 방송할 때마다 청취자들의 전화 참여 횟수가 급증한다는 것을 알게 되었다. 처음으로 이 주제의 연속 프로그램을 진행했을 때 전화 참여는 3배, 4배로 증가했고, 수개월 후 같은 연속 프로그램을 재차 진행했을 때에도 또다시 전화 참여 횟수의 기록을 갈아치웠다. 그후 우리는 버클리 소재 캘리포니아 대학교 법학 교수인 필립 존슨이 쓴 『위기에 처한 이성』[4]을 대중에게 알리는 연속 프로그램을 진행했는데 이때에도 전화 참여는 놀랍게 쇄도했다. 그뿐 아니라, 우리는 청취자들이 다윈주의와 진화론이 던진 질문을 잘 다룰 필요를 느낀다는 것을 알게 되었다.

이것은 사람들이 단순히 과학의 대중화에 관심이 있다는 의미는 아니다. 사실 과학은 이미 대중화되어 있다. 그들이 진화에 관한 좋은 자료들을 그렇게 갈망하는 이유는, 이 문제가 과학 이상의 훨씬 많은 것에 대한 것임을 그들이 느끼고 있기 때문이다. 현재의 과학적 체계는 다윈주의에 동의하지 않는 사람들을, 과학 교실에 종교를 집어넣으려고 애쓰는 촌스러운 얼간이로 취급한다. 하지만 이 체계에 반발하는 이들, 즉 반대론자들이 정확하게 지적하고 있는 것은, 바로 종교가 이미 교실 안에 들어와 있다는 점이다. 심지어 구체적인 과학적 사실들을 잘 알지 못하는 보통 사람들도, 다윈주의가 어떤 형태의 유신론과도 화해할 수 없는 자연주의 철학을 밀매한다는 사실을 잘 알고 있으며 그에 대해 불편한 감정을 느낀다.

뿐만 아니라, 좀더 정직한 다윈주의자들은 이렇게 말한다. 얼바인 소재 캘리포니아 대학교의 프란시스코 아얄라는 "자연 선택은 하나님을 생물체의 명백한 설계의 근원으로 설명하는 것을 배제한다"라고 했다.[5] 터프츠 대학교의 철학자 다니엘 데닛은 전통적인 영적·도덕적 믿음들을 부식시키는 "만능의 산"(universal acid)이라고 다윈주의를 치켜세웠다.[6] 옥스퍼드 대학교의 생물학자 리처드 도킨스는 "다윈은 지적으로 충족된 무신론자가 되는 일을 가능하게 만들었다"라고 말했다.[7]

다윈 자신은 그의 이론이 반종교적인 내용을 가졌음을 분명히 했다. 사실 그의 이론은 생물체에 나타나는 설계의 개념을 제거하려고 정밀하게 고안된 셈이다. 자연 선택의 기능은 결국 해로운 변이를 가려내 없애고 이로운 변이들만 보존하는 것이다. 그러나 우리가 그 과정 속에 하나님을 받아들인다면 다윈은 이렇게 반박할 것이다. "신이 개입한다면 올바른 변이만이 일어날 것이며…자연 선택은 불필요하게 될 것이다."[8] 다시 말해 우리는 하나님과 자연선택 중 하나를 취할 수는 있지만, 둘 다 가질 수는 없다는 뜻이다. 즉, 자연 선택이 주어졌다면 하나님은 없어도 된다는 것이다. 역사학자 자크 바르쳥(Jacques Barzun)이 생물체의 발생에 대해 서술한 것처럼, 다윈 이론의 핵심적인 요소들, 즉 무작위적인 변화와 자연 선택의 임의적인 가려내기가 제시된 것은 생물학에서의 설계 개념과 목적성을 제거하기 위한 것임이 명백하다. "우연적인 변이들의 총체적인 합에 따라 나타난 우연적인 생명들의 총체적인 합은…결국은 완전히 기계적이며 물질적인 시스템을 만들어낸다."[9]

아이들은 교실에서 이런 무신론적인 주장을 너무나 손쉽게 접하고 있다. 프렌티스–홀(Prentice-Hall) 출판사에서 펴낸 고등학교 교과서가 널리 사용되는데, 이 책을 보면 진화에 대해서 "아무런 설계나 목적이 없이" 작동하며 "무작위적이며 방향이 없다"라고 묘사하고 있다. 애디슨–웨슬리(Addison-Wesley) 출판사의 교과서를 보면, "다윈은 생명의 다양성이 초자연적인 창조에 의한 것이 아니라 자연계의 원인들에 기인한다고 밝힘으로써 생물학 분야에 건전한 과학적 기초를 제공했다"고 기술되어 있다. 미국의 공립학교들은 종교에 관하여 중립적이어야 한다고 되어 있지만, 이런 설명은 명백하게 모든 유신론적 종교와 대립된다.

미국 과학자 연맹(American Scientific Affiliation)의 과학 교육 위원회 위원장인 존 위스터(John Wiester)는 "다윈주의는 과학으로 가장한 자연주의적 철

위대한 설계, 그 흔적들

학이다"라고 했다. 또한 하나의 철학으로서 다윈주의의 주장들은 과학의 범주를 넘어선다. 코넬 대학교의 생물학자 윌리엄 프로바인(William Provine)과 필립 존슨의 녹화된 논쟁 토론을 보면, 프로바인은 한 목록을 프로젝터로 비추면서 다윈주의가 인간의 가치를 대해 규정하는 바를 단호하게 설명한다. 다윈주의가 일관성 있게 주장하는 것은 "죽음 이후에는 생명이 없음, 윤리의 궁극적인 근본은 없음, 생명의 궁극적인 의미는 없음, 자유 의지는 없음" 등이다.[10] 프로바인은 사람들이 이것들을 믿는 유일한 이유는 그들이 다윈주의가 주장하는 내용 전체를 깨닫지 못하기 때문이라고 말했다.

이 점에 대해서 토론 상대자였던 필립 존슨은 진심으로 동의한다. 물론 이 문제의 다른 측면에 대해서이기는 하지만 말이다. 존슨은 『위기에 처한 이성』에서 다음과 같이 기술하고 있다. 대학 캠퍼스에서 다윈주의를 비판하는 강연을 하면서 그가 발견한 사실은, "진화 이론의 문제점에 관하여 모더니스트들과 토론을 할 때마다 토론은 곧 정치학 특히 성정치학(sexual politics)에 대한 토론으로 변하고 만다"는 것이다. 왜 그럴까? 그것은 보통 모더니스트들이 "자연주의 진화론에 대한 불신은 여자들을 부엌으로, 동성 연애자들을 외딴 방으로, 낙태 지지자들을 감옥으로 보내게 만든다고" 두려워하는 경향이 있기 때문이다.[11]

다시 말해, 이 논쟁에서 양쪽에 서 있는 대부분의 사람들이 직관적으로 느끼게 되는 것은, 이 문제는 과학적인 이론보다는 다른 영역에서 훨씬 더 심각하다는 것, 물질의 질서와 도덕적 질서 사이에는 어떤 연결이 존재한다는 것이다. 존슨이 발견했다는 그 두려움은 확실히 과장되긴 했지만, 그 기본적인 직관은 옳다. 우리의 기원에 대한 질문은 곧 우리의 운명을 결정짓기 때문이다. 이 질문은 우리가 누구인지, 왜 존재하는지, 어떻게 우리 삶을 사회 속에서 함께 운영해가야 하는지를 말해준다. 기원에 대한 우리의 시각은 윤리와 법과 교육─심지어는 성(sexuality)에 대한 문제까지─에 대한 우

리의 이해를 형성한다. 만일 이 지구상의 생명이 맹목적이며 무의미한 자연
적 원인들의 결과물이라면, 우리 자신의 삶은 우주의 우연적 사건이다. 절
대적인 도덕적 기준들의 근원은 없으며, 인간의 생명이라는 유일무이한 존
엄성도 없다. 그러나 만일 생명이 예측과 설계에 의한 결과물이라면, 당신
과 나는 이 땅에 존재하기로 예정되었던 존재다. 하나님의 계시 안에서 우
리는 도덕성과 목적과 존엄성에 대한 견고한 기초를 갖게 된다.

지적 설계와 대안적 세계관

지적 설계가 옳다고 주장하는 두 번째 이유는, 지적 설계가 편협하게 고안
된 관념적 견해가 아니라 이미 성숙한 과학적 연구 프로그램이라는 점이다.
누군가가 편협하게 고안된 주장을 펼치는 운동에 목숨을 건다면, 거기에는
곧 반대하는 그룹들이 쪼개져 나가고 구체적인 내용에서 의견이 분분해질
위험성이 나타나게 된다. 자연주의 진화론을 반대하는 사람들은 너무나 오
랫동안 서로 나뉘어 있었고, 지구의 나이와 같은 부차적인 문제에 매달려왔
다. 지적 설계의 아름다움은 이 지적 설계가 자연주의의 광범위하고 지배적
인 주장에 대해 반대하는 모든 사람을 하나로 묶을 수 있다는 점이다. 게다
가 부차적인 문제에 대해서도 협력자로서 연구할 수 있도록 하나의 공통적
틀을 제공하기도 한다.

  이런 점은 지적 설계를 대중에게 알림에 있어 특별히 중요하다. 왜냐하
면 평범한 사람들은 자연주의에 대항하는 진영 내부의 다툼으로 인해 흥미
를 잃어버릴 수 있기 때문이다. 또한 자연주의는 하나의 지배적인 철학뿐만
아니라 종교처럼 되어버렸는데, 이들 평범한 사람들이 자연주의의 더욱 거
세어진 도전과 만날 수 있도록 도와주어야 하기 때문이다. 수년 전 칼 세이
건은 자신이 진행하는 "우주"(Cosmos)라는 PBS(Public Broadcasting Station, 미국

공영 방송―역자 주) 프로그램에서, 자연주의를 하나의 대안이 될 수 있는 종교로 소개하면서 엄청난 수의 텔레비전 시청자들을 매료시켰다. 단순히 그가 "Cosmos"의 첫 글자를 대문자로 썼다는(마치 믿음의 성도가 "God"의 첫 글자를 대문자로 쓰는 것처럼) 사실만 보더라도 그가 종교적인 열정에 사로잡혀 있음을 단정적으로 알 수 있다. 사실 당신의 세계관의 기초가 무엇이든지, 기능적으로 말하면 그것이 바로 당신의 종교가 된다.

세이건은 이 "우주"(Cosmos)를 스스로 존재하는 영원한 것으로 보았다. "우주(universe)라는 것은 무한하게 오래되었기 때문에 어떤 창조주(Creator)도 필요치 않다." 기독교 신앙은 우리가 하나님의 자녀라고 가르치는 반면, 세이건은 우리가 "그의 신", 즉 우주(the Cosmos)의 자녀라고 가르쳤다. "우리는 가장 심오한 의미에서 우주의 자녀들이다"라고 그는 억양을 실어 강조하여 말한다. 그 우주가 우리를 존재케 했으며 날마다 우리를 지켜주기 때문이라는 것이다. 심지어 그는 엉터리 신비주의까지 제시한다. "우리 조상들은 태양을 숭배했다. 그들은 결코 어리석지 않았다." 만일 우리가 무언가를 숭배해야 한다면 "태양과 별들을 숭배하는 것이 이치에 맞지 않는가?"라고 그는 강변한다. 그리고는 세이건의 등록상표처럼 된 어구가 나온다. "우주는 지금까지 존재해왔고, 현재 존재하며, 앞으로 존재할 전부다."(텔레비전 시리즈 내용으로 펴낸 그의 책『코스모스』의 서두에 나오는 표제이기도 하다.) 예배 의식이 강한 교회에 나가는 사람이라면 세이건이 소영광송(Gloria Patri; "성부와 성자와 성령께 영광 돌리세, 태초로 지금까지 또 영원토록 아멘")을 대신하는 듯한 찬송을 바치고 있음을 쉽게 알아차릴 수 있다.

사실상 세이건은 우주를 신성시했고, 과학에 종교를 주입하는 것을 조금도 주저하지 않았으며, 이 과학적 확립은 그에게 값진 보상을 주었다. 심지어 1994년 그는 국립과학원(National Academy of Sciences)의 공공 복지 메달(Public Welfare Medal, 국립과학원에서 매년 과학 분야에서 공공 복지에 기여한 사람에게 수여하는 최고 영예의 상-역자 주)을 수여했다. 오늘날 그의 종교는 모든 공공장소에서 가르쳐지고 공공 도서관에서 아이들이 빌려보는 책에까지 나타난다. 어린이들에게 가장 인기 있는 그림책 캐릭터 중에 베렌스타인 베어스(Berenstain Bears)가 있다. 『베렌스타인 베어스의 자연 여행』(*The Berenstain Bears' Nature Guide*)을 읽으면, 베렌스타인 가족과 함께 자연을 산보하는 데 초청받게 된다. 몇 페이지를 지나면, 갑자기 태양이 떠오르는 배경에 큰 대문자들이 태양빛으로 번들거리면서 크게 적혀있는 것을 보게 되는데, 다름 아닌 이런 익숙한 단어들이다. 자연은 "존재하고 존재했고 존재하게 될 것의 전부다!(all that IS, or WAS, or EVER WILL BE!)" 이것은 세이건의 우주를 향한 예찬을 어린아이들을 위해 재포장한 것이다. 게다가 이 책의 저자들은 초점을 가정으로 옮기면서 독자인 감수성이 예민한 어린 아이들을 향해 손가락으로 가리키는 곰을 그려넣었다. 곰들은 이렇게 말한다. "자연은 너야! 자연은 나야!"

오늘날 다윈 자연주의는 우리가 이성적이며 비판적으로 생각하기도 전에 우리 상상 속으로 밀어닥친다. 이 주의는 어디서든지 과학의 지지를 받는 유일한 세계관으로 소개되며 급속하게 종교의 역할을 차지해가고 있다. 지적 설계 운동은 이런 대중이 가장 염려하는, 크고도 절박한 질문들에 초점을 맞추고 있다. 구체적인 것들에 대해서는 추가적인 과학적인 연구를 위해 열어놓으면서 말이다.

설계와 상식

지적 설계가 대중에게 성공적으로 다가갈 수 있었던 마지막 이유는, 지적 설계가 평범한 사람들에게 잘 이해될 수 있는 하나의 과학적 연구 프로그램이라는 점이다. 과거의 창조-진화 논쟁에서 가장 실망스러웠던 점은 쟁점

위대한 설계, 그 흔적들

들을 이해하기 위해 습득해야 할 과학적 사실들—유전자, 돌연변이, 화석, 어떻게 화학 물질들이 원시 수프 안에서 반응할 것인가 등—이 너무 많았다는 점이다. 평범한 사람이 받아들이기에는 너무 많아서, 아무리 많은 사실을 습득하더라도 항상 새롭게 알아야 할 것이 계속적으로 등장했다.

그러나 지적 설계는 하나의 논리적 판단 방법인 만큼, 사실들의 집합이 아니다. 과학적 방법론은 단순히 상식을 성문화한 것이라고 종종 말하는데, 지적 설계가 바로 그런 것이라 할 수 있다. 이런 이유로 약 2세기 전 영국의 성직자 윌리엄 페일리(William Paley)가 아주 간단한 예를 가지고 지적 설계의 논증을 펼 수 있었다. 당신이 해변에서 시계를 발견했다고 생각해보라. 이 시계가 바람과 파도에 의해 만들어졌다고 추정할 수 있는가? 물론 그럴 수 없다. 생물체들은 동일한 구조를 보여주기 때문에 이것들도 지적인 동인(動因)에 의한 산물임에 틀림없다.

지적 설계 운동은 사람들의 직관적 통찰력을 일깨워주기 위해 이와 유사한 실례를 사용하기도 하지만, 이어서 그것들이 실제 여러 과학 분야의 연구에 어떻게 적용되는지를 보여주고 있다. 『생명 기원의 신비』(Mystery of Life's Origin)[12]의 공동 저자인 물리화학자 찰스 택스턴은 나무 몸통 줄기에 새겨진 "John Loves Mary"라는 단어를 실례로 들어 설명한다. 당신은 즉각적으로 이것이 자연적으로 만들어진 것이 아님을 알 수 있다. 이처럼 DNA는 훨씬 더 복잡한 메시지이기 때문에 이 DNA는 지적인 동인의 산물임을 보여주는 최상의 예라는 것이다.

마이클 베히는 『다윈의 블랙박스』에서 생물체가 가진 환원 불가능한 복잡성(irreducible complexity)의 개념을 설명하기 위해 쥐덫을 예로 들었다. 나무 받침대 하나만으로 시작해서 몇 마리 쥐를 잡고, 스프링을 달아서 몇 마리를 더 잡고, 이번에는 망치를 달아서 몇 마리를 더 잡고…. 이렇게 쥐덫의 부품을 하나씩 더해감에 따라 쥐덫의 기능이 점점 나아지게 되는가? 그렇지 않다. 쥐를 잡으려면 처음부터 쥐덫의 모든 부품이 조립되어 있어야 한다. 이처럼 생물체의 많은 구조물들은 상호 의존적으로 만들어져 있으며, 애초부터 모든 부분이 존재하며 상호 협력 관계를 가지고 있고, 그렇지 않으면 아예 작동할 수가 없다. 예를 들어, 박테리아의 편모는 세포 외부로 돌출되어 있는 채찍 모양의 운동기관으로서, 박테리아가 액체 속을 이동할 수 있도록 해주는 회전 모터인데, 다양한 구조물들로 구성되어 있다(편모는 기저부에 짧은 연결 고리가 연결되고 이어서 긴 나선형의 단백질 섬유가 부착되어 있는데, 특히 세포벽에 삽입되어 회전 운동을 일으키는 기저부에는 쌍을 이루는 링 구조물들이 세포벽에 박혀 있는 막대형 단백질을 감싸고 있음―역자 주). 이런 구조물들은 다윈의 진화론에서 설명하는 바와 같은 어떤 점진적인 과정에 의해 하나씩 하나씩 조립되어 갈 수 있는 것이 아니다.

『그리스도인, 이제 어떻게 살 것인가?』라는 책에서 나는 기독교 세계관에서 넓은 범위의 주제 영역 중에서도 창조가 기본적인 바탕이 되는 것에 대해서 설명한 바 있다. 거기서 예로 제시된 것은 뉴잉글랜드 주 화이트 마운틴스 지역의 한 장소다. 이곳은 "산 위의 노인"(Old Man in the Mountain)이라고 불리는데 척 콜슨(Chuck Colson)이 어린아이일 때 자주 찾아갔던 곳이다. 한쪽 각도에서 암벽의 윤곽을 보면 마치 노인의 옆모습처럼 보이는 외형을 볼 수 있다. 이것은 "자연의 불가사의"(natural wonder)의 한 예인데, 바람과 비의 침식 작용이 어떤 익숙한 물체의 모양과 닮은 조각을 새겨낸 것이다.

이와는 대조적으로, 사우스다코타 주를 운전하여 달리고 있다고 생각해 보라. 갑자기 네 명의 미국 대통령임에 틀림없는 형상이 새겨진 산이 나타나게 된다. 누가 이 형상을 바람과 비의 침식 작용에 의한 결과물이라고 생각하겠는가? 당연히 그렇지 않다. 누구든지 이 형상이 예술가들이 정과 드릴을 가지고 새겨낸 작품인 것을 즉각적으로 알게 된다.

우리는 지적 설계의 결과물과 자연적인 힘의 결과물을 직관적으로 알아볼 수 있다. 수학자 윌리엄 뎀스키는 그 직관력을 『설계 추론』에서 형식을 갖추어 설명했다. 뎀스키는 말하기를, 우리는 우연과 법칙을 우선 제외해내는 "설명 여과 장치"(explanatory filter)를 적용함으로써 지적 설계를 발견할 수 있다고 했다. 다시 말해 과학자들은, 우선 어떤 사물이 비정규적이고 불규칙적이며 예측 불가능한지 여부를 판단하여 그것이 온전하게 우연적인 사건에 의한 결과물인지를 결정해야 한다. 만일 우연이 그것을 설명해줄 수 없다면, 그들은 다음으로 그것이 정규적이고 반복적이며 예측가능한지를 판단하여 자연적인 힘의 결과물인지를 결정해야 한다. 만일 이 두 가지 표준 어느 것으로도 설명이 안 된다면—즉 어떤 사물이 불규칙하고 예측 불가능하면서도 "고도로 특정화"(highly specified)되어 있다면—그것은 지적 설계의 특징을 가지고 있는 것이다. 러쉬모어(Rushmore) 산에 새겨진 네 명의 미국 대통령 얼굴은 불규칙하면서(보통 침식 작용의 결과로 일어날 수 있는 그런 것이 아니면서) 특정화된(미리 선정된 특정한 패턴에 맞추어진) 것이다. 설명 여과 장치를 적용하면 이 증거물은 명백하게 지적 설계를 나타내게 된다.

자연주의 과학자는 과학에는 지적 설계의 개념이 자리 잡을 곳이 없다고 주장한다. 그러나 사실 과학의 여러 지류들은 이미 설계 또는 지혜의 개념을 사용하고 있으며, 심지어는 지적인 힘에 의한 작품을 찾아내기 위한 시험 방법들도 고안되어 왔다. 범죄 수사에 사용되는 과학을 생각해보라. 경찰관이 사체를 발견했을 때 처음 질문은 "이 죽음은 자연적인 원인에 의한 것인가? 아니면 부정한 일(지적인 주체에 의해 의도적으로 행해진 일)에 의한 것인가?"일 것이다. 이와 마찬가지로, 고고학자들은 비상하게 생긴 돌을 발굴하였을 때 "이 돌은 풍화작용에 의한 것인가? 아니면 구석기 시대의 사냥꾼이 의도적으로 쪼개서 만든 원시의 도구인가?"라고 질문을 던지게 된다. 어떤 암호 해독가에게 뒤섞인 문자들이 적힌 문서 한쪽이 주어졌을 때, 그는 어떻게 그것이 단순히 임의적인 배열인지 아니면 비밀 암호인지를 알아낼 수 있는가? 우주 공간에서 무선 신호가 포착되었다면 천문학자는 어떻게 그것이 다른 문명에서 보내온 메시지임을 알아낼 수 있는가? 이 모든 경우에서 지적인 동인에 의한 작품인지를 알아내기 위한 올바른 시험 방법이 필요한 것이다.

단지 과학뿐만이 아닌 일상의 삶에서도 우리들은 자연적인 원인과 지적인 원인들을 분간해낸다. 다만 우리들이 그런 것에는 잘 생각을 집중하지 않을 뿐이다. 어린이들의 게임 중에 구름 속에서 모양들을 찾아내는 게임을 생각해보라. 어른으로서 우리는 그 모양들은 단순히 바람의 결과요 물분자에 영향을 미치는 온도의 결과임을 알고 있다. 그러나 만일 우리가 "어떤 메시지가 적어진 구름"을 본다면 어떻게 될까? 1940년대 나치 독일에 점령당한 파리를 배경으로 만들어진 옛 영화 "파리의 재회"(Reunion in France)를 보면 어떤 용감한 비행기 조종사가 파리 상공을 매일 비행하면서 "용기"(COURAGE)라는 단 하나의 단어를 공중에 써 놓는다. 누구도 그것을 보통의 구름으로 잘못 알아보지는 않을 것이다. 비록 그것이 하얗고 솜털 같은 모양을 하고 있지만 우리는 자연적인 힘이 단어를 만들어 낼 수는 없다는 것을 확신하는 것이다. "설명 여과 장치"는 단순히 우리가 일상의 경험을 통해 판단하는 방법을 논리적으로 분석하는 장치일 뿐이다.

지적 설계와 대중의 관심

지적 설계는 단순하고 설명하기 쉬우며 경험에 견고한 바탕을 두는 하나의 개념이다. 바로 이 지적 설계가 일반 대중에게 늘 압박이 되는 관심사에 대해 대답을 제공하기 때문에 대중에게 굉장한 호소력을 갖게 되는 것이다. 더욱이, 지적 설계는 뉴턴 물리학(Newtonian physics)이 첫 번째 과학 혁명에서 그랬던 것처럼 과학을 극적으로 개혁할 각오로 임하고 있다. 우리들의 현재는 과학 혁명이 정점에 달했던 그 시대와 다르지 않다. 그 시대에는 신문들이 아이작 뉴턴(Isaac Newton)의 이론을 대중화시키는 거대한 흐름을 쏟아냈는데, 이런 대중화가 제공한 것은 뉴턴의 이론 그 자체보다는 그 이론으로 인해 파생된 새로운 기계론적 세계관이었다. 당시 볼테르(Voltaire)가 지적한 대로 사실 뉴턴을 "읽은" 사람은 아무도 없었으며 모두가 그에 대하여 "이야기"만 했던 것이다. 달리 말해 대부분의 사람들은 뉴턴 물리학 그 자체를 위해서는 이차적인 관심을 가졌을 뿐이었고, 오히려 인간의 본성, 윤리, 종교, 사회 계급 등과 같은 일반적인 세계관에 미치는 영향에 더 강렬한 관심을 가졌다. 이처럼 오늘날 대중의 대부분은 생물학적 사실들을 습득하는 데 관심이 있는 것이 아니라 다윈주의가 일반적인 세계관에 미치는 영향에 더욱 강한 관심을 가지고 있다.

다윈주의자들은 기원에 대한 논쟁을 마치 성경을 들고 우겨대는 소수의 시대에 뒤떨어진 사람들이 제기하는 소동으로 간주하면서, 찻주전자 안에서 물이 끓는 것으로 묘사하고 주장하는 바에서 득을 보려한다. 하지만 대중은 직관적으로 인간의 존재에 대한 중대한 질문이 위태로워지는 것을 깨닫는다. 필립 존슨은 "다윈주의가 가진 근본적이고 가장 광범위한 가정은, 생명이 비인격적이며 맹목적인 동인에 의해 나온 결과물이며 우주의 우연적인 사건이라는 것이다. 이것은 다윈주의자만이 아니라 대부분의 미국인을 잘못된 모습으로 만들어내는 하나의 철학이다"라고 말했다.[13]

이 논쟁에서 쟁점은, 과연 어떤 세계관이 우리에게 스며들어 문화를 형성할 것인가 하는 점이다. 지적 설계는 과학자에게만 관련되는 비밀스런 질문이 아니다. 지적 설계는, 특히 그것이 세계를 창조하신 하나님과 관련될 때, 그리스도인이 믿는 모든 것의 중심에 위치한다. 한편으로, 다윈적 자연주의자들은 지적 설계를 무력화하기 위해 언제나 모든 문화적 힘을 동원하기 때문에, 오늘날 우리는 이런 세계관적 이슈를 걸음마를 배우는 어린아이에게도 설명할 수 있도록 방법을 연구할 필요가 있다.

3장

지적 설계의 변증론적 가치

오만한 장애물들과 합리적 희망

_제이 웨슬리 리처즈

◆ 제이 웨슬리 리처즈(Jay Wesley Richards)는 프린스턴 신학교에서 철학적 신학으로 박사 학위를 받았다. 현재, 디스커버리 연구소의 과학과 문화 회복 센터의 프로그램 개발 국장이다. 프린스턴 신학교에서 공부하기 전에는 티칭 펠로우로서「프린스턴 신학 리뷰」(*Princeton Theological Review*) 편집장으로 일했으며, 여러 저널에 논문을 게재했다. 최근에 윌리엄 뎀스키[1]와 함께『기독교 변증학』(*Christian Apologetics*)이라는 책을 완성했다.

지적 설계를 단순히 기독교 혹은 유신론의 위장된 변증법으로 보거나 심지어는 가장 주된 것으로 보는데 그것은 잘못된 견해다. 우선 지적 설계는, 사람이 만든 것이든 생물학 시스템이든 그것이 설계되었음을 어떻게 하면 적절하게 도출할 수 있는지를 다루는 이론이다. 지적 설계론자는 설계가 자연과학의 많은 대상을 이해하는 데 효과적이며 매우 필요한 개념이라고 주장한다. 또한 지적 설계론자는 설계가 적절한 설명이 될 수 없다고 배제하는 이론들, 특히 유물론에 대해서 암시적으로 비판한다.

따라서 지적 설계는 기독교의 변증은 아니지만 변증의 귀중한 수단이라 할 수 있다. 긍정의 측면에서 지적 설계는 변증적 논증일 뿐만 아니라, 창조라는 기독교 교리와 잘 조화되는 자연과학적 견해를 제안한다. 부정의 측면에서 이 이론은 자연과학의 틀을 제공함에 있어 과학적 유물론에 비해 더 실험적이고 적절한 체계를 제공할 뿐 아니라, 현대의 기독교 신앙에 반대하는 유물론에 대해 필요한 비판을 제공하기도 한다.

변증론의 간단한 역사

기독교 변증론은 그 주된 뿌리를 적절하고 충분하게 성경에서 찾는다. 예를 들면, 베드로는 소아시아의 무신론자 사이에 흩어져 사는 그리스도인들에게 권고한다. "너희 마음에 그리스도를 주로 삼아 거룩하게 하고 너희 속에 있는 소망에 관한 이유를 묻는 자에게는 대답(*apologia*)할 것을 항상 준비하되 온유와 두려움으로 하고"(벧전 3:15). 테르툴리아누스(Tertullian)를 제외한 많은 교회 교부는 이 말씀을, 그리스도인이 기독교 신앙을 주장하는 데 어떤 방법이든 가능한 무엇이든 전용해야 하는 것으로 받아들였다. 이들은 할 수만 있다면 "이집트인들의 것을 빼앗아야" 했다. 종종 이런 노획물 중에는 당시의 철학적 사상 즉 신플라톤학파와 스토아학파가 있었다.

13세기의 토마스 아퀴나스(Thomas Aquinas)와 300년 후의 개신교 학자들은 세례받은 아리스토텔레스의 철학(baptized Aristotelianism)을 받아들였다. 이것은 그리스도인에게 하나님의 존재에 대한 긍정적인 논증의 수단이 되었다. 따라서 토마스 아퀴나스는 『신학 대전』(*Summa Theologiae*)에서 하나님의 존재를 논증하는 "5가지 방법" 혹은 5가지 논증을 했다. 그리고 나중에 이것을 변증론 저작 『대이교도대전』(*Summa contra Gentiles*)에서 더 자세히 발전시켰다. 이 5가지 방법에서 아퀴나스는 하나님의 존재를 아리스텔레스의 4가지 원인(형상, 질료, 동력, 목적)으로 변호했으며 특히 다섯 번째의 방법은 신플라톤학파 철학의 주제에 의존했다. 이 다섯 번째 방법은 목적론적 혹은 설계적 논증으로 불리는데, 질서의 존재, 설계, 세상의 복잡성으로부터 설계자의 존재로 관점을 옮겨간다.

위대한 설계, 그 흔적들

토마스 아퀴나스는 유일한 진리 되신 하나님의 존재를 특별히 성경 계시에 의존하지 않고도 합리적으로 확립할 수 있다고 믿었다. 따라서 『신학대전』에서 그는 "계시신학"(revealed theology)에 나타난 삼위일체의 하나님(triune God)을 다루기 전에 먼저 "자연신학"에 나타난 하나님을 생각했다. 토마스 아퀴나스가 생각했던 순서는 일반적이거나 비종교적 전제로부터 어느 정도 신학적 논증을 할 수 있을 뿐만 아니라 그것을 적절히 반영한다. 결국 처음부터 하나님이 계신다고 생각할 이유가 없는 불신자들이 성경을 신적 증거로 받아들이는 것을 기대할 수 없기 때문에, 토마스 아퀴나스는 대부분의 변증론자처럼 불신자가 알거나 믿고 있는 것과, 유일하고 진리 되신 하나님을 믿는 것 사이에 가교를 찾았던 것이다.

이런 전략은 성경에 대해서도 이질적인 것이 아니다. 즉 우리는 하나님에 대한 지식을 "성경의 책"(book of Scripture) 이외에도 어느 정도는 전통적으로 "자연의 책"(book of nature)을 통해 얻을 수 있다고 본다. 이런 일반적인 지식은 직접적인 성경 계시의 지식을 좋아하지 않는 사람에게도 우리의 행동을 설명하기에 충분하다. 그러므로 사도 바울은 로마서에서 다음과 같이 말한다.

> 하나님의 진노가 불의로 진리를 막는 사람들의 모든 경건하지 않음과 불의에 대하여 하늘로부터 나타나나니 이는 하나님을 알 만한 것이 그들 속에 보임이라 하나님께서 이를 그들에게 보이셨느니라 창세로부터 그의 보이지 아니하는 것들 곧 그의 영원하신 능력과 신성이 그가 만드신 만물에 분명히 보여 알려졌나니 그러므로 그들이 핑계하지 못할 지니라(롬 1: 18-20, 개역개정)

물론 사도 바울도 이런 진리가 어떻게 우리에게 보여 알게 되는지는 정확하게 말하지 않고 다만 우리에게 보여 알게 된다고만 말한다. 장 칼뱅

(John Calvin)과 같은 신학자도 사람은 하나님에 대한 믿음을 갖도록 **"일반계시의 신의식"**(*sensus divinitatis*)이라는 직관적인 능력이 있다고 덧붙인다. 만일 이런 경우라면 우리가 가진 하나님에 대한 믿음은 그분의 존재 논증 없이도 정당화될 수 있다. 그러나 변증론은 일반적으로 분명한 논증에 대해서만 관심이 있다.

변증론은 하나님의 존재 혹은 예수 그리스도의 성육신과 부활 같은 특정한 신학 원리와 역사적 사건을 변호하려고 분명한 논증의 형태를 취한다. 하나님의 존재에 대한 수백 개의 논증이 제시됐지만 그중 대부분은 "우주론적"(cosmological)이거나 "목적론적"(teleological)이거나 "존재론적"(ontological) 논증 중 하나로 분류된다. 일반적으로 우주론적 논증은 우주의 원인을 우연적인 세상의 존재에 두지 않고 하나님의 존재로 본다. 목적론적(혹은 설계적) 논증은 세상 질서의 존재와 드러나는 설계의 존재에 머무르지 않고, 지적 설계자인 하나님의 존재로 옮겨간다. 존재론적 논증은 존재 가능한 가장 위대한 존재로 정의되는 하나님이 자신의 존재하심을 필연적으로 수반한다는 것을 보여준다.

그러나 불행하게도, 흄(Hume)과 칸트(Kant)와 다윈의 공격 이후로 서구의 지식인들은 이런 논증의 타당성을 의심하기 시작했다. 물론 기독교는 결코 이런 논증에만 의지하지 않았다. 왜냐하면 기독교는 하나님이 자신을 성경에 명확하게 계시하신다고 주장하기 때문이다. 그래서 불신자의 가정에 호소할 수 있는 타당한 신학적 논증은 변증론을 위해 매우 가치 있는 것이다. 기쁘게도 최근 학문의 발달은 특히 우주론적이고 설계론적인 여러 가지의 변증 논증에 새로운 생명을 불어넣고 있다.

위대한 설계, 그 흔적들

제한된 변증론

만일 지적 설계를 전통적인 유신론적 논증 중 하나로 구분한다면, 지적 설계는 의심할 여지 없이 목적론적 혹은 설계적 논증의 분류에 속한다고 할 수 있다. 그러나 이것은 검증을 거쳐야 한다. 왜냐하면 지적 설계에 대한 논증은 전통적인 목적론적 논증에 비하면 훨씬 단순하기 때문이다. 지적 설계 논증들은 거의 연역적(전제가 결론을 수반하는 것)이지 않다. 그리고 적어도 처음에는 하나님의 존재를 지지하기 위한 논증이 아니다.

먼저 마이클 베히가 『다윈의 블랙박스』에서 말하는 논증을 예로 들어보자. 특정한 생물체는 그가 말하는 "환원 불가능한 복잡성"을 보여주며, 그러므로 이들은 설계되었다는 것이다. 어떤 시스템이 서로 연결된 부품들을 가졌고, 그 모든 부품들이 갖추어져 있으며 시스템 자체가 적절하게 작동하기 위해서 모든 부품이 적절하게 작동할 때 이 시스템은 환원 불가능한 복잡성이 있다고 말할 수 있다. 베히는 박테리아의 편모가 다른 많은 생물학적 시스템처럼 환원 불가능한 복잡성이 있다고 주장했다. 왜냐하면 이 편모는 서로 의존적인 구성 요소들을 가지며, 편모가 작동하려면 서로를 필요로 하기 때문이다. 그럴듯하지만 이 주장에는 생물학적 측면에서 논쟁의 여지가 있다. 왜냐하면 현대 생물학에서 모든 생물학적 시스템은, 무작위적 유전자 변이와 자연 선택으로 **축적적으로**(cumulatively) 진화되었다는 대원칙이 있기 때문이다. 생물체의 생존에 이익을 부여하는 이런 변이는 "선택되어" 한 집단에서 퍼지고, 선택되지 않은 것은 집단에서 "퇴화된다"는 것이다. 이런 설명을 신다윈주의(neo-Darwinism)라고 한다.

신다윈주의적인 과정은 반드시 축적적이어야 한다. 그러나 결과적으로 신다윈주의의 축적적 과정은 자신의 부품이 서로 연결되고 서로를 필요로 하는 복잡한 시스템을 만들 수 없다. 왜냐하면 각각의 부품이 제자리에 있기 전에는 생존 경쟁에 이익을 제공할 수 없기 때문이다. 간단히 말하면 그런 과정은 환원 불가능한 복잡성이 있는 시스템을 만들 수 없다. 따라서 만일 신다윈주의가 생물학 연구계에서 강요된 정통성이라면, 이들은 생물체 안에 있는 진정한 환원 불가능한 복잡성의 존재를 용납하지 못할 것이다. 함정(catch)에 걸려든 것이다. 신다윈주의 시스템은 결코 환원 불가능한 복잡성을 가질 수 없다. 신다윈주의는 이런 시스템의 존재에 대해 억지로 눈을 감아야 한다.

그러나 환원 불가능한 복잡성은 생물학뿐만 아니라 어디나 있다. 베히가 가장 좋아하는 예는 쥐덫이다. 나무판과 같은 쥐덫의 한 부품이 쥐덫 전체와 비교할 때 단지 조금 덜 필요하다고 말할 수 없다. 쥐덫 전체가 아닌 나무판만 있다고 해서 전체 쥐덫에 비해 더 적은 수의 쥐를 잡는 것도 아니다. 반대로 나무판이 없다면 스프링과 쥐를 잡기 위한 함정(catch), 지지대들이 모두 다 맞게 구비되어 있어도 쥐를 잡을 수 없다. 따라서 쥐덫은 비록 보기에는 간단하지만 그 기능에 비교해볼 때 환원 불가능하게 복잡하다. 그리고 우리는 누구든지 이것이 어디서 왔는지 알고 있다. 쥐덫은 바로 어떤 지적 행위자(intelligent agent)로부터 만들어졌다.

대조적으로 신다윈주의적인 설명은 비인격적이고 기계적이다. 신다윈주의는 지적 행위자라는 원인을 배제한다. 그러나 무작위적이고 기계적인 과정으로는 미래의 목적을 기대할 수 없다. 미래의 기능을 염두에 두고 기계를 만들 수 없는 것이다. 그 과정은 기껏해야 환원 불가능한 복잡성이 없는 기계를 만들 수 있을 뿐이다. 환원 불가능한 복잡성을 발견할 때 우리는 즉각적으로 지적 행위자에 의해 설계되었다고 결론지을 수 있다. 이처럼 베히도 편모 같은 생물학 시스템이 지적으로 설계되었다고 추론한다. 만일 신다윈주의 원리가 이런 지적 설계의 원리를 수용할 수 없다면 신다윈주의에는 더 손해가 된다. 로마 가톨릭 교회의 신도로서 베히는 자연스럽게 지적

위대한 설계, 그 흔적들

설계의 지적 원인이 하나님이라고 결론 내리고 있다. 그러나 그는 지적 설계 논증만으로는 하나님의 존재 증명이 될 수 없다는 것을 잘 알고 있다. 가장 잘 표현하자면 지적 설계는 좋은 감각과 확률을 근거로 지적 행위자가 생물학적 존재의 원인이라는 논증인 것이다.

베히의 주장은 신학적 결론을 필요로 하지 않는다. 왜냐하면 다른 설명들도 그의 주장과 맥락을 같이 하기 때문이다. 예를 들면 오랜 과거 언젠가에 진보된 문명의 외계 생명체가 완전하게 만들어진, 번식할 수 있는 생물체를 살기 좋은 지구에 심었을 수 있다. 이런 경우에 하나님이 아닌 누군가가 이런 생물계의 특징을 설계했을 수 있다. 물론 이것은 억지를 부린 면이 있지만 가능한 것이다. 이런 이유로 생물학의 지적 설계 논증은, 비록 많은 사람이 하나님이 이 논증의 어딘가에 숨어 있다고 의심하더라도 유신론적 결론을 반드시 수반하지는 않는다.

지적 설계의 확장

윌리엄 뎀스키는『설계 추론』에서, 우리는 일상생활과 고고학, 범죄수사학, 거짓말 탐지, 암호 작성, 외계 지능 탐사와 같은 과학 분야에서도 매일 설계를 추론한다고 확신한다. 베히가 **환원 불가능한 복잡성**이라고 부른 것을 뎀스키는 **특정화된 복잡성**(specified complexity)이라고 부른다. 만일 어떤 것이 특정하게 복잡하다면, 이것은 그냥 생길 수 없고 높은 정보량을 갖고 있으며 독립적인 패턴을 따른다. 다시 말하자면 이런 것을 일으키는 유일하게 알 수 있는 원인은 지적 행위자뿐이라는 것이다. 따라서 생물학과 같은 자연과학에서 설계를 추론하는 것에 대해 특별하게 변호할 필요가 없다. 뎀스키는 어떤 것이 특정한 복잡성의 특성이 있다는 결론에 이른다면, 이것을 지적 행위자가 설계했다고 추론할만한 정당성이 우리에게 있다고 주장한다. 우연과 자연법칙, 설계 같은 가능한 설명들을 생각했을 때 이것이 가장 합리적인 결론이다.

그러면 지적 설계는 어떻게 기독교 변증론과 관련성이 있는가? 지적 설계는 더 확장될 수 있다. 그 확장은 마치 일련의 동심원들의 집합을 연상시키는데, 자연을 설명하는 영역 내에서 지금까지의 설명들 중 가장 폭넓은 것들을 아우르는 확장이다. 베히는 설명하기를, 생물학적 실재들은 상당히 많은 물리적 조건을 필요로 하는데 이것이 너무 정확하므로 많은 과학자들이 생명의 존재를 위해 "미세 조정되었다"(fine-tuned)고 묘사한다고 했다. 이런 조건은 극소에서 극대에 이르기까지 다양하다.

생명체의 존재가 시간에 따라 지속적으로 유지되려면 많은 변수가 복잡하게 조정되어야 한다. 이런 것에는 원자보다 작은 입자들 사이, 양성자, 전자, 전자기적 힘, 우주의 모든 물질 사이의 중력 사이의 끄는 힘 등이 있다. 우주에서의 빅뱅의 증거와 물리학에서의 상대성이 함께 연결되어, 이런 변수가 전체적으로 우주에 적절하게 맞추어져 있다. 이런 사실(그것이 사실이라면)이 우리에게 남긴 것은, 우주는 당연히 존재하는 무한하고 영원한 우주가 아닌 뜻밖의 미세하게 조정되고 유한한 우주라는 견해다. 즉 초월적인 지적 행위자에 우주의 기원이 있다는 생각은 비약이 아닌 것이다.

이런 물리적 특성은 단지 유기적 생물을 위해 필요한 조건에만 해당한다. 왜냐하면 비슷한 물리적 법칙이 작용하는 우주가, 생명체가 없는 상태로 존재할 수도 있다고 상상할 수 있기 때문이다. 그러나 물리학과 화학만으로는 우리에게 생물학을 제공해줄 수 없다. 마치 잉크와 종이의 특성이 셰익스피어의 소네트의 단어나 리듬을 결정할 수 없는 것처럼, 생명의 기초를 이루는 화학적 성분이 DNA의 염기서열이나 배아 발생의 세부과정을 결정할 수 없다. 결국 생물체에 맞도록 우주의 모습이 나타나기 시작하는데, 이 생물체들은 스스로 지적 설계의 절묘한 특징을 보여준다. 더욱이 우주

전체에 적용할 때 지적 설계의 논증은 우주론적 논증의 부류에 포함된다. 왜냐하면 존재하기 시작한 것은 원인이 있다고 생각하는 것이 합리적이기 때문이다. 말할 필요도 없이 이것은 신학적인 것을 연상시킨다.

지적 설계론자들이 항상 대중적인 증거에 호소하고 있음을 주목하기 바란다. 즉 이들은 특정한 성경적 주장보다는 세상의 특정한 관찰 가능한 특징들을 가지고 논증을 한다. 지적 설계를 탐지할 수 있는 특징 있는 특정한 생물 시스템을 보시기 위하여, 물리 상수들이 생명을 위해 미세하게 조절되는 것을 보시기 위해, 태초에 아브라함과 이삭과 야곱의 하나님이 하늘과 땅을 창조하셨다는 것을 미리 가정할 필요는 없다. 물론 모든 다른 추론과 마찬가지로 설계 추론도 몇 가지 전제를 필요로 한다. 그러나 설계 추론은 좁은 신학적 전제조건을 필요로 하지는 않는다. 이런 의미에서 우주로까지 확장되는 지적 설계 논증은 엄격히 성경적이기보다 일반적인 사실과 전제로부터 시작하는 다른 자연신학의 논증과 대체로 유사하다.

증명보다 추론

이런 지적 설계 논증과 그보다 훨씬 앞서 있었던 자연신학 및 변증론과의 주된 차이는 바로, 지적 설계 논증이 하나님의 존재에 대한 연역적 "증명"보다는 가장 잘 설명할 수 있는 "추론"이라는 것이다. 이런 의미에서 지적 설계 논증은 넓은 범위의 과학적 논증과 비슷하다. 하나님의 존재에 대한 몇몇 좋은 연역적 논증은 있을지 모르나, 연역적 증명은 대부분의 경우에 수학과 논리 이외에 어떤 것에도 요구 사항이 너무 엄격하다. 게다가 변증론자는 그를 비판하는 유물론적 비판자의 추리보다 더 강한 추리의 표준을 받아들일 필요가 없다. 따라서 원칙적으로 변증론을 가장 잘 설명하기 위해 추론을 사용하는 것에 의문을 가질 필요가 없다.

그러나 회의론자들은 "그렇다면 대표적인 지적 설계론자 역시 유신론자 아닌가?"라고 집요하게 질문할 것이다. 답은 "그렇다"이다. 아마도 회의론자의 질문은 지적 설계를 신학적 연구에 넘겨줌으로써 지적 설계의 신뢰도를 떨어뜨리려는 의도로 보인다. 그러나 이런 종류의 질문에는 양날의 칼과 같은 면이 있다. 왜냐하면 지적 설계론자들도 다음과 같이 물을 수 있기 때문이다. "대부분의 대표적인 신다윈주의자는 또한 유물론자가 아닌가?" 마찬가지로 답은 "그렇다"이다. 그러니 이런 것은 동기에 관한 질문인 것이다. 이 질문이 적절한 질문이 되기 위해서는, 지적 설계론자를 위한 것이든 신다윈주의자를 위한 것이든 각 증거가 논쟁적인 형이상학적 가정들을 필요로 한다는 것을 보여주어야 한다.

바로 여기에서 지적 설계론이 유물론적 이론에 비해 우월하다는 것을 알 수 있다. 지적 설계론자는 잘 확립된 많은 분야에서 사용되는 추리의 방법을 이용하고 있다. 지적 설계론이 이런 추리를 전체적으로 우주에 대한 설명에까지 확장시킬 때, 전제는 한마디로 자연에 대한 유신론적 설명이 가능하다는 것이다. 그러나 이것이 얼마나 논쟁을 불러일으키는가? 당연히 가장 열광적인 유물론자는 이런 전제를 부인할 것이다. 물론 필립 존슨이 강하게 주장하듯이 일부 유물론자들은 증거가 이끄는 데로 따르기보다 자연에 대한 유물론적인 설명들만을 찾도록 하는 이전의 형이상학적 책무에 의해 속박될 수 있다. 심지어 정직한 유물론자들도 이것을 인정하고 있다. 하버드 대학교의 유전학자인 리처드 르원틴이 최근에 「뉴욕 책 리뷰」에서 다음과 같이 언급했다.

상식에 반하는 과학적 논증을 기꺼이 받아들이려는 우리 노력이 과학과 초자연적인 것 사이의 진정한 싸움을 이해하는 열쇠다. 과학이 건강과 생명에 대한 터무니없는 전제들을 하고 그 이루지 못하는 것을 발견함에도 불구하고, 근거 없이 그냥 그렇다고 말하는 과학계에 대한 관용에도 **불구하고**, 우리가 과학의 편을 드는 것은 이미 우리가 유물론에 마음으로 헌신했기 때문이다. 현상과 세계를 유물론으로 설명하는 것을 받아들이도록 우리에게 강요한 것은 과학의 방법과 제도가 아니라, 얼마나 직관에 반하든지 혹은 풋내기들을 미혹시켰든지 간에 유물론적인 설명을 만드는 조사 방법과 일련의 개념을 만드는 유물론적인 원인들에 이미 우리가 집착했기 때문이다. 더욱이 이 유물론은 절대적이어서 우리가 그 문에 신의 발을 들여놓는 것도 허락할 수 없다.[2]

분명하게 지적 설계론은 르원틴의 유물론에 비해 자연에 내재한 가능성에 더 열려 있다. 왜냐하면 지적 설계는 더 많은 형태의 설명을 허락하기 때문이다. 결국 적어도 지적 설계가 가능하다면, 이에 대한 감추어진 모든 가능한 증거를 활용하는 방법론을 채택하는 것은 얼마나 합리적이고 "과학적"인가? 결과적으로 확장된 지적 설계는 적어도 유신론이 사실일 가능성을 기꺼이 받아들이려고 하는 사람들에게는 효과적인 변증론이 될 것이다. 완고한 유물론자들이 반대한다는 사실은 불행하지만, 이것은 문제가 되지는 않는다. 변증론의 가치는 폐쇄된 마음을 가진 회의론자가 아니라 진리를 추구하는 정직한 불신자에 의해 판단되어야 한다.

또한 지적 설계론은 심지어 창조라는 기독교 교리가 지적 설계를 필요로 하지 않든지 아니면 예견하지 않든지 간에, 창조의 기독교 교리와 조화되는 자연과학을 제공한다. 사실 우주가 창조되었다고 믿는 사람에게는 지적 설계론과 같은 것은 이미 기대하던 바다. 이처럼 지적 설계의 증거는 창조의 교리를 수립하지는 못하더라도 창조의 교리가 사실임을 보여준다. 따라서 가장 넓게 적용한다면 지적 설계는 불신자에게 하나님을 믿을 수 있는 긍정적 이유들을 제공한다. 변증론의 방법으로서 이 이론은 이전 시대의 신플라톤학파 철학이나 아리스토텔레스의 철학보다 더 풍성하다.

그렇지만 지적 설계 이론 논증의 가장 큰 가치는, 과학적 유물론이라는 이 시대의 가장 큰 기독교 신앙에의 장애물을 무너뜨릴 수 있는 잠재성에 있다. 그리스도인에게 유물론이 초래하는 가장 최악의 결과는 현대인의 마음과 가슴에 복음을 받아들이기 어렵게 만드는 경향이다. 우리가 현시대의 영적 불안감의 근본 원인을 물리치지 않는다면 우리는 증상만을 치료할 뿐이다. 프린스턴 대학교의 신학자 J. 그레샴 메이첸(J. Gresham Machen)은 다음과 같이 말하고 있다.

> 잘못된 사고는 복음에 가장 큰 장애물이다. 우리는 개혁가의 열정으로 설교한다. 그러나 우리 국가와 세계의 전체적인 사상이 기독교를 무해한 망상으로 간주하는 논리에 지배받게 된다면, 우리는 단지 여기저기에서 배회하는 낙오자들의 생명만을 구할 뿐이다.[3]

한 세기 이상 우리는 과학적 진보가 기독교 신앙을 쓸모없는 것으로 만들었음을 들어왔다. 과학의 문화적 권위를 고려해볼 때, 이런 사실은 많은 사람들이 기독교 신앙을 마음에 생각해보지 못하도록 방해해왔다. 만일 지적 설계가 자연과학에서 유물론적 해석의 부적절성을 드러낸다면, 유물론적 주장은 쇠하고 이 설계 이론이 21세기에 기독교 신앙의 회복에 기여할 것이다. 이것이 바로 지적 설계의 가장 의미 있는 변증론적 기여가 될 것이다.

위대한 설계, 그 흔적들

4장

과학적 유물론과 지적 설계의 문화적 의미

과학과 문화의 회복

_존 웨스트 주니어

◆ 존 G. 웨스트 주니어(John G. West Jr.)는 클레어몬트 대학원에서 정부학으로 박사 학위를 받았다. 현재, 시애틀 퍼시픽 대학교 정치학 조교수이며 디스커버리 연구소 과학과 문화 회복 센터 선임 연구원이자 부국장이다. 『계시와 이성의 정치학』(*The Politics of Revelation and Reason*)[1]의 저자이며 『미국 정치학에서의 종교 대백과 사전』(*The Encyclopedia of Religion in American Politics*)[2]의 공동 편집인이다.

지적 설계의 문화적 의미를 완전히 이해하려면, 먼저 우리가 대체하려고 하는 패러다임인 과학적 유물론으로 입은 문화적 손실을 이해해야만 한다.

　과학적 유물론은 인간이 생물학, 화학, 환경에 의한 물질적 산물로 전적으로 설명될 수 있다고 주장한다. 유물론의 뿌리는 고대 그리스에서 찾을 수 있지만, 유물론이 서구 문화를 지배하는 철학의 전당이 된 것은 대부분 찰스 다윈의 공로다. 다윈은 인간과 인간의 도덕적 신념이 어떻게 계획되지 않은 자연 선택이라는 과정을 통해 발생했는가를 설명함으로써, 사람들이 유물론을 신뢰할 수 있게 만들었다. 과학자들과 과학 외 분야의 사상가들은 다윈의 진화론에서 그 함축적 의미를 추출해냈다. 독일의 칼 마르크스(Karl Marx)는 사람의 생각이 경제적 조건들의 결과이며, 계급 투쟁은 다윈의 이론이 인간 사회에 나타난 것이라고 주장했다. 미국에서도 행동심리학자 존 왓슨(John Watson)은 인간의 영혼이 신화적 믿음에 불과하며 이성은 단순히 두뇌의 물리적 과정이라고 주장했다.

과학적 유물론은 모호한 과학이며 심지어 불확실하기까지 한 철학이다. 그러나 과학적 유물론은 서구 사회의 광범위한 분야에 영향을 미쳤다. 모든 사람의 생각과 행동은 생물학이나 아니면 환경에 의해 결정된다고 주장함으로써 과학적 유물론은 인간의 자유와 책임에 대한 전통적인 이론들을 훼손했다. 우리의 도덕적 신념은 단순히 유전 혹은 환경의 결과라고 주장함으로써 과학적 유물론은 도덕적 상대주의(moral relativism)의 기초를 놓았다. 과학적 유물론자들은, 물질적 과정들이 사회를 재구성하도록 인간을 만들어내었고, 인간은 그 물질적 과정들을 제어해야 한다고 주장함으로써 유토피아적 이상주의의 치명적이고 강제적인 변형을 촉진했다.

과학적 유물론의 이데올로기는 정치학과 경제학에서 문학과 예술에 이르는 거의 모든 분야에 스며들었다. 그리고 이 사고의 많은 부분이 아직도 공공 분야에서 막강한 영향력을 행사하고 있다. 실제로 과학적 유물론이 현대 문화에 미친 영향의 정도는 아무리 강조해도 지나치지 않다.

과학적 유물론의 문화적 충격

경제와 복지 분야에서 과학적 유물론은 사회적 다윈주의(social Darwinism)와 사회주의라는 두 가지 유산을 낳았다. 대부분의 사람들은 사회적 다윈주의에 어느 정도 익숙하다. 허버트 스펜서(Herbert Spencer)와 윌리엄 그레이엄 섬너(William Graham Sumner)를 비롯한 여러 이론가는 "적자 생존"의 원리를 인간 사회에 적용했으며, 심지어 19세기 자본주의의 최악의 무절제를 정당화시키는 과정에도 적용했다. 하지만 과학적 유물론과 여러 가지

위대한 설계, 그 흔적들

형태의 사회주의 사이의 연관성을 알고 있는 사람은 많지 않다. 마르크스는 엥겔스(Engels)에게 보내는 편지에서, 다윈의 『종의 기원』이 "우리의 견해에 대한 자연사적 기초를 담고 있다"라고 썼다. 또한 사회주의자들의 사고는 경제 결정론(economic determinism)을 지지하기 위해 현대 과학에 상당히 집중되었다. 『야성의 부름』(The Call of the Wild)[3]과 같은 책의 저자이며 양향적(ambivalent) 사회주의자인 잭 런던(Jack London)은 "사회주의 강령은 금지된 원칙인 유물론적 역사관에 근거하고 있다"라고 적절히 요약했다. 사회주의에 따르면 인간은 자기 영혼의 주인이 아니며, 그저 위대한 눈먼 강제력의 꼭두각시다. 이들이 살고 죽는 것은 강요에 의한 것이다. 모든 사회적인 규약은 기존의 경제적 상황의 반영으로 나타나며, 여기에 지난 경제적 상황의 특정한 잔존물들이 더해진다. 사람들이 만든 제도들은 강제적으로 만들어진 것이다. 경제적 법칙들은 특정한 시간에 어떤 제도들이 만들어져야 할지, 이것들이 어떻게 운영되어야 할지, 무엇으로 이 제도들이 교체되어야 할지를 결정한다.

비록 이런 순전한 형태의 사회주의는 미국에서 별로 폭넓은 지지를 받지 못했지만, 그 바탕을 이루는 경제 결정론은 현대의 복지 체제를 만드는 데 도움을 주었다. 대부분의 미국 역사에서 복지 프로그램은 사람 개인의 전체를 돌보아주는 데 초점을 두었다. 즉 미국의 초기 복지 프로그램은 모든 빈곤이 개인이 조절할 수 없는 비인격적인 경제적 힘에 의해 유발된다고 가정하기 보다는, 사람들이 선택하는 것들로 인해 자신의 빈곤을 초래할 가능성이 커진다고 인식했다. 결과적으로 이 초기의 복지 프로그램은 빈곤에 처한 사람들이 자신의 문제를 해결할 수 있도록 돕기 위해 복지 프로그램의 수혜를 받는 사람들의 의무를 강조했다. 초기의 복지 관련 종사자들은 가난한 사람들을 유전과 환경에 의한 수동적 피해자라고 보는 관점보다는, 그들 스스로의 경제적 성공을 도울 수 있는 책임 있는 개인으로 보았던 것이다.

다음은 사회복음주의 운동(socio-gospel movement)의 개척자인 워싱톤 글래든(Washington Gladden) 목사의 말이다.

> 유전은 핑계가 될 수 없다.…여러분의 유전적 요소는 하나님에게서 온 것이다. 하나님은 여러분의 아버지시다. 고대의 모든 다른 경향과 종류보다 더 깊은 것은, 여러분의 본성이 하나님에게서 온 것이라는 것이다.…환경에 대하여도 우리가 변명할 필요가 없다.…여러분이 어디에 있든 간에 하나님은 여러분의 모든 환경 가운데서 가장 위대한 제일인자이시다. 다른 어떤 인간적인 영향보다도, 우리에게 가장 가까이 하나님이 계시다는 것을 의심할만한 것은 아무것도 없다.[4]

그러나 과학적 유물론의 이데올로기가 퍼져가면서, 가난한 사람이 자신의 물질적인 조건을 극복할만한 능력이 있다는 믿음이 점차 사라지게 되었다. 마빈 올라스키(Marvin Olasky)가 『미국적 연민의 비극』(The Tragedy of American Compassion)[5]에서 지적하고 있듯이, 1930년대와 1940년대에는 대부분 사회학자들이 사회적 문제를 거의 완전히 물질적인 원인에 의한 기능으로 보았다. 이후 정부와 사설 복지 프로그램들은 점차 빈곤을 순전히 물질적인 수단으로만 해결할 수 있는 것으로 취급했다. 만일 누군가가 물질이 부족하다면, 가장 설득력 있는 해결책은 단순히 더 많은 물질을 공급해주는 것이었다. 빈곤에 대한 영적이고 도덕적인 측면들은 무시되었다.

형사 사법 제도에서도 과학적 유물론은 개인의 책임감을 훼손시켰다. 형사 사법 제도의 전통적인 모델에 의하면 범죄자들은 그들의 행동에 대해 도덕적으로 책임이 있는 존재로 간주되었다. 처벌도 그들의 범죄에 대한 공평한 대가를 반영했다. 그러나 새로운 관점에서 이런 책임감과 처벌은 범죄자들을 환경과 유전에 의한 어찌할 수 없는 피해자라고 간주하는 모델로 대체되었다. 이런 새로운 모델에 대해 초기에 동조했던 사람이 바로 독일

위대한 설계, 그 흔적들

의 다윈주의자 루드비히 뷔히너(Ludwig Büchner)인데, 그는 19세기에 과학적 유물론의 가장 유명한 전도사 중 한 사람이다. 『힘과 물질』(Force and Matter)[6] 에서 뷔히너는, 현대 과학이 많은 범죄자가 "잘못되고 불완전한 마음과 신체 조직을 따라 죄를 범하도록 운명 지워지고 예정되었다는 사실"[7]을 증명했다고 주장한다. 그리고 그 결과 "많은 범죄자 중 일부는 처음부터, 그리고 다른 일부는 심각한 정신 이상으로 괴롭힘을 당하는 단순히 불행한 사람이다. 이런 이유로 G. 포스터(G. Foster)는 "그러므로 우리는 이들을 판단하거나 저주하지 않도록 최선을 다해야 한다"[8]라고 적고 있다.

1930년대에 뷔히너의 견해는 일반적인 지식이 되어버렸다. 당시의 형사 사법 교과서에 미국의 한 범죄학자는 다음과 같이 과감하게 선포했다.

> 신체 메커니즘의 정연한 과정과 함께 개인적인 실재 즉 영, 혼, 의지, 양심, 혹은 의식이 간섭한다는 괴상한 개념은 생리학과 신경학이라는 학문에 의해 무효화 되었다.…마치 꽃이 붉은 빛을 띠고 향기를 내는 것처럼 사람도 더는 강퍅해지고 죄를 짓는 것에 대해 책임 의식을 가질 필요가 없다. 두 경우 모두에 최종 결과는 이미 원형질의 본성과 우연한 환경에 의해 예정된다.[9]

정신이상자를 위한 변호를 더 넓히고, 심지어 폭력성 범죄자의 투옥을 줄이며 이런 행동들을 마치 공공장소에서 술 취하는 것과 같은 것으로 보고 기소대상에서 제외하기 위해 1960년대에 일어난 법률 운동은, 그 근원을 모두 과학적 유물론에 두고 있다.

또한 과학적 유물론은 의학 분야도 새로운 모양으로 개조하여, 눈먼 사람과 맹인으로부터 매춘과 알코올 중독에 이르기까지 사회 부적응자들을 미국 사회로부터 근절시키기 위해 계획된 활발한 우생학 운동(eugenics movement)을 만들었다. 1930년대 초, 미국 30개 주에서 강제불임법이 법령화되었다. 이 법은 나치 독일 정권에 의해 법령화된 불임법의 모델로 사용되기도 했다. 법률적인 수준에서 미국의 우생학 운동은 미국 대법원의 수치스러운 벅 대 벨(Buck vs Bell) 사건 판결로 극에 달하는데, 여기서 담당 판사 올리버 웬델 홈스(Oliver Wendel Holmes)는 "백치는 삼대로 충분하기" 때문에 정신지체아를 강제적으로 불임시키는 것은 합헌이라고 선언한다.

나치의 유대인 대학살의 영향으로 미국의 우생학에 대한 열정은 식었지만 배후에 깔린 논리는 지금도 수십 년 동안 성분별을 위한 낙태, 장애아를 갖지 않기 위한 영아살해, 안락사의 증가 등에서 다시 살아나고 있다. 이런 경향의 심각성은, 현재 프린스턴 대학교 생명윤리학 교수이자 진화심리학자인 피터 싱거(Peter Singer)가 심각한 육체적 장애를 가진 인간은 더는 살 가치가 없다고 보아야 한다고 주장할 정도로 지나치다. 그는 다음과 같이 말하고 있다. "우리가 심각하게 장애가 있는 아기를 사람이 아닌 개나 돼지와 같은 동물과 비교하면…종종 사람이 아닌 것이 더 우수한 능력을 갖춘 것을 발견하게 된다.…단지 이 장애아가 인류의 종인 호모 사피엔스에 속한다는 사실이, 이 어린 아기를 개나 돼지와 다르게 취급되게 할 뿐이다. 그러나 인류의 종에 속한다는 것만으로 이 아기가 다르게 취급되는 것은 도덕적으로 타당하지 않다."[10]

가족과 결혼에 대한 전통적인 믿음도 유물론적인 습격으로 고통받고 있다. 진화심리학자 로버트 라이트는 『도덕적 동물』(The Moral Animal)[11]에서, 간음은 번식의 성공률을 높이기 위한 자연 선택으로서 남자들에게 프로그램화돼 내재해 있다고 주장했다. 이런 종류의 환원주의는 클린턴 대통령의 혼외정사를 공개적으로 토론하는 곳에서도 나타났다. 유력 신문의 여러 기사는 간음에 대한 진화론적 주장이 대통령의 전통적인 규범을 비꼬는 설명과 피할 수단을 제공했다는 글을 실었다.

그러나 진화심리학자들이 교묘하게 변명하고 발뺌하려고 찾는 행동은 간음이 전부가 아니다. 매사추세츠 공과대학교(MIT)의 스티븐 핑커는, 영아 살해가 진화로 새로 태어난 아이를 죽이도록 엄마에게 프로그램된 것이라고 주장한다. 진화생물학자들은 문명화된 사람들에게 이런 일부지만 극히 무서운 행동이 왜 일어나는가에 대해서는 보기에도 쉽게 설명하지만, 이타주의와 같은 긍정적인 형질의 존재에 대해서는 잘 설명하지 못한다. 생물학자 제프리 쉴로스(Jeffery Schloss)가 지적했듯이, 대부분의 진화심리학자는 자신을 부인하는 행동이 자연 선택으로 만들어질 수 있다는 생각을 받아들일 수 없다고 한다. 그래서 그들은 이타주의로 보이는 것을 단순히 다른 형태의 이기주의라고 설명해야 한다. 이런 상황에서는 심지어 테레사 수녀의 행동도 자기중심적인 표현이 되고 만다.

과학적 유물론은 교육의 분야에도 상당히 많이 침투해 있다. 여기서 중요한 영향 중 하나는 자연과학과 사회과학 분야에서 토론을 수용할 수 있는 범위가 줄어든 것이다. 이것은 현대 사회에서 가장 큰 아이러니 중의 하나임이 틀림없다. 자유로운 질문이 우리 문화의 몇 남지 않은 보편적 실재로서 중시되는 이 시대에, 과학 분야에서는 일상적으로 근본적인 질문을 추구할 자유가 거부되고 심지어는 조롱받고 있다. 예를 들면 리처드 도킨스는 다윈의 진화론을 믿지 않는 사람은 누구나 "무지하거나 멍청하거나 아니면 정신이상자다"라고 주장한다. 학문 세계의 엘리트가 이런 견해를 가지고 있다면, 다윈과 그의 계승자들에게 도전되는 생각들이 처음부터 아예 배제된 것은 이상한 일도 아니다.

대학 캠퍼스에 편만한 다문화주의와 남녀 평등주의의 극단의 형태들은 과학적 유물론의 더 나아간 변형물이라 할 수 있다. 이런 이데올로기의 지지자들은 유물론을 더 밀어붙여서, 인간이 주로 인종이나 성별로 지배받기 때문에 정치적 견해, 도덕성, 종교적 신념은 단순히 기계적인 부산물에 지나지 않는다고 주장한다.

과학적 유물론은 학계의 지성 운동과도 관계있는데 그중 하나가 포스트모더니즘(postmodernism)이다. 그런데 포스트모더니즘은 얼핏 보기에는 이들과 반대되는 것처럼 보인다. 포스트모더니즘은 겉으로는 과학적 유물론으로 편입된 인위적이고 불완전한 이성주의를 거부하는 것처럼 보이지만, 이것은 시작부터 유물론적 설명을 차용하고 있다. 미국 포스트모더니스트들의 대표자라 할 수 있는 리처드 로티(Richard Rorty, 1931- , 서구 철학사를 정면으로 비판하면서 신실용주의를 제창한 미국 철학자—역자 주)는 심지어 "다윈과 믿음을 같이하는 것"의 중요성을 강조한다. 이것은 인간을 정확하게 유물론적으로 설명하기에는 근거가 너무 약해서 오히려 포스트모더니즘이 자랄 수 있는 비옥한 토지를 제공하기 때문이다. 니체(Nietzsche)의 통찰력 있는 문구에 의하면 다윈의 가르침은 "사실이지만 죽은 것 같다." 만일 인간과 그들의 믿음이 물질적 존재의 분별없는 산물이라면 인간의 삶에 의미를 주는 모든 것, 즉 종교, 도덕, 아름다움 등은 객관적 기초가 없는 것으로 드러난다. 또한 이런 드러냄의 결과로 허무주의에 빠지는 것을 피하고자 포스트모더니스트들은 니체로부터 한 문장을 받아들이고 이성을 거부함으로써, 사람들로 하여금 자신의 의지적 행동을 통해 스스로 실재를 형성하도록 종용하고 있다. 이렇게 함으로써 과학적 유물론의 좁은 의미의 "합리주의"는 철저한 "비합리주의"를 낳고 있다.

지적 설계의 문화적 의미들

앞에서 언급한 바와 같이 과학적 유물론의 세계관은 실제로 거의 모든 현대 문화에 영향을 주었다. 생각은 결과를 가져온다. 그리고 현대의 과학적 사고는 사회에 특히 중요한 결과를 초래했다. 바로 이것이 최근 만들어지는 지적 설계에 대한 토론에 매우 흥미를 갖는 이유다. 만일 우리가 과학자들

위대한 설계, 그 흔적들

의 인간과 우주를 바라보는 관점을 근본적으로 바꾸도록 설득한다면, 변화는 과학 자체를 뛰어넘는 훨씬 더 큰 결과를 가져올 것이다. 과학적 유물론이 우리 문화의 매우 깊은 곳까지 영향을 끼친 것처럼, 지적 설계도 과학적 유물론에 기초를 둔 모든 영역에 많은 영향력을 미칠 것이다. 지적 설계는 아직 시작 단계에 있는 운동이기 때문에 문화에 대한 그 영향력의 윤곽은 새로 만들어지는 중이다. 그러나 다음과 같은 다섯 가지의 일반적인 영향력은 분명한 것 같다.

첫째, 지적 설계는 자유의지와 개인적인 책임감의 문제를 다시 활성화시키는 데 도움을 줄 수 있다. 현대 과학은 물질적인 원인만이 타당하다고 주장함으로써 사람의 행동을 유전자와 환경의 산물로 떨어뜨렸다. 최근의 심리학 교과서는 "유전학과 환경을 빼면 무엇이 남는가?"라고 적고 있다. 그러나 지적 설계는, 마음이 물질에 앞서고 정보(지능)는 물질처럼 복잡한 환원 불가능한 특성이 있다고 제안한다. 이것은 유물론적 환원주의에 효과적인 대안의 문을 열어준다. 만일 정보 자체가 환원 불가능한 특성이 있다면, 마음을 물질로 환원시키려는 노력은 불합리하다. 마치 물질이 그 자신에 의해 설명될 수 있는 것처럼 마음도 마음 그 자체로만 설명될 수 있다. 간단히 말해서 지적 설계는 과학의 영역 안에서 변호될 수 있는 비물질적인 영혼 이론을 향해 문을 연다. 만일 정보가 환원 불가능한 특성으로 이해될 수 있다면, 과학이 자유의지와 개인의 책무와 같은 것을 약화시키는 근거는 적어도 의미 있게 축소될 것이다.

그렇다면 지적 설계가 공공 정책에는 어떤 영향을 줄 것인가? 여기서는 복지 정책이라는 한 가지 영역의 가능성에 대해서만 보도록 하자. 인간이 유물론적 힘들의 무력한 피해자라고 간주하는 상황에서는, 왜 복지 정책이 인간의 성품과 책무에 대한 논점을 바라보지 못하고 좁게 물질적인 투입만을 강조하는지 이해할 수 있다. 그러나 남자와 여자가 스스로 실질적 선택을 할 수 있는 책임 있는 존재라고 간주한다면 이 모델은 유지될 수가 없다. 복지 프로그램은, 누군가에게 도움이 되는 물질을 공급하는 것이 문제를 해결한다는 단순한 추정을 더는 할 수 없을 것이다. 대신에 복지 프로그램은 개인이 선택의 역할을 스스로 조사하고 좋은 선택을 할 수 있는 책임감을 갖추게 해야 한다. 유물론자의 제언에 기초한 복지 시스템이 실패로 돌아감으로써, 최근의 복지 개혁의 노력은 정확하게 이런 것을 시도하려고 하고 있다. 하지만 불행하게도 이 시대의 바탕을 이루는 사회 과학 체제는 복지 시스템에서 개인의 책무를 향한 새로운 시도들을 아직 잘 지지하지 않고 있다. 이런 이유로 현재의 개혁들이 지속 가능한지는 더 지나 보아야 알 수 있다. 복지 정책에서 개인의 책무라는 장기적인 목표는, 자유의지에 대한 과학 비평가들의 확증적인 답이 나오기까지는 불확실한 것으로 남아 있다. 지적 설계가 바로 이것을 하도록 도울 수 있다.

지적 설계의 두 번째 문화적 의미는 전통적 도덕성을 지키는 것이다. 현대 생물학은 도덕성을 일차적으로 번식의 성공으로 이해하려고 노력한다. 그러나 지적 설계는 어떻게 도덕성이 다른 여러 가지 목적을 뒷받침할 수 있는지를 이해하려고 문을 열고 있다. 모든 인간의 행동이 자연 선택으로 생성되었으므로 번식의 성공을 증진한다고 가정하는 대신, 지적 설계는 예를 들면 간음과 같은 특정한 행동이 진정으로 생물학적 기능을 다하고 있느냐는 솔직한 질문을 고취한다. 지적 설계는 모든 행동이 번식의 성공에 연결되어야만 한다고 가정하지 않기 때문에 다른 여러 가지 설명을 고려하도록 열려 있다. 이런 과정에서 지적 설계는 과학적 유물론으로 야기된 도덕적 상대주의(moral relativism)를 점검할 수 있는 설득력 있는 방법을 제공할 수도 있다.

지적 설계의 세 번째 문화적 의미는 인간 삶의 고결함이다. 앞에서 언급했듯 우생학에 기반한 낙태, 안락사 같은 것에 대한 주장에는, 인간이 단지 부속들이 합쳐져 만들어졌다는 개념이 전반적으로 전제되어 있다. 만일 인간이 이런 물질의 총합 이상이라면 이런 주장은 설득력을 잃어버리게 될 것이다. 영혼이 물질로 만들어진 것이 아니라는 관점이 새롭게 인식된다면, 낙태와 안락사 같은 이슈로 논쟁을 벌이는 윤리적 상황이 상당히 확대될 것이다.

지적 설계의 네 번째 문화적 의미는 바로 과학 자체를 지키는 것이다. 요즘 자연과학의 많은 부분이 뉴 에이지(New Age) 운동과 포스트모더니즘 운동에서처럼, 과학적 합리주의에 대한 커지는 반발로 어지러워지고 있다. 거침없이 말하는 유물론자 리처드 도킨스는 『무지개를 풀며』(Unweaving the Rainbow)[12]에서 특별히 포스트모더니즘 운동이 과학적 합리성을 거부한다고 공격했다. 종종 유물론자들이 제대로 인식하지 못하는 점은, 과학적 진취성에 대한 그들의 불완전한 견해가 비합리주의를 발생시키는 부분적인 원인이 되고 있다는 사실이다. 인간은 자기 자신이 세포와 시냅스의 묶음 이상이라는 것을 직관적으로 알 수 있다. 과학이 이성이라는 이름으로 직관에 반하는 진리를 드러낼 때, 일부 사람들이 비합리주의를 선택하는 것은 이상한 일이 아니다. 인간이 정말로 어떤 존재인지에 대한 충분한 정보를 제공하는 과학에 대한 뼈대를 세움으로써, 지적 설계는 포스트모더니즘 운동에 담겨 있는 주된 요소 중 하나를 제거할 수 있다. 따라서 과학의 본래 모습을 회복할 수 있다.

지적 설계의 다섯 번째 문화적 의미는 자유로운 연구를 지지한다는 것이다. 지적 설계는 과학적 토론에서 더 넓은 범위의 가능한 설명을 보여주기 때문에, 과학적 유물론보다 자유로운 과학 탐구에 더 잘 맞는다. 모든 것을 유물론적 원인으로만 설명하려는 과학적 유물론과는 다르게, 지적 설계는 하나만을 원인으로 생각하지 않는다. 지적 설계는 유물론적 원인의 효용성에 반대하지 않는다. 단지 유물론적 원인이 모든 것을 다 할 수 있다는 견해를 부인한다. 따라서 지적 설계는 자연과학과 사회과학에서 많은 다른 질문에 대해 문을 열어놓고 있다. 토론을 닫는 대신에 지적 설계는 토론을 열자는 것이다. 과학적 유물론의 케케묵은 지배에서 고통받고 있는 많은 학문 분야에서, 지적 설계는 가장 근본적인 가정들에 대해 다시 생각해보도록 환영의 초청장을 보낸다.

회복된 과학

필연적으로 문화적 변화는 그냥 이루어지지 않는다. 지적 설계가 나머지 다른 문화에서 궁극적인 차이를 만들기 위해서는, 문화계 지도자들이 새로이 시작되는 논쟁들을 잘 알고 있어야 하며, 이런 새로운 패러다임을 자신들의 분야에 적용하도록 격려되어야 한다. 이것이 디스커버리 연구소의 과학과 문화 회복 센터의 목적 중 하나다. 이 연구소는 자연과학 분야의 과학자들의 일차적 연구를 도울 뿐만 아니라, 정책 입안자들에게 자신의 분야에서 떠오르고 있는 설계 패러다임의 의미를 알려주려고 노력한다. 불행하게도 많은 문화계 지도자들은 과학 분야에서의 최근 발전을 대면해 시대의 흐름에 뒤처져 있다. 이것은 보수파나 진보파나 마찬가지다.

　마이클 베히가 획기적인 책『다윈의 블랙박스』를 출간한 지 1년이 지났을 때, 영향력 있는 보수파 저널「내셔널 리뷰」(National Review)[13]는 법학 교수인 존 맥기니스(John McGinnis)의 에세이를 실었는데, 이 글은 보수파들이 현대 진화생물학의 시류에 동참할 것을 강조했다. 맥기니스에 의하면 지난 20년 동안 새로운 발견들은 다윈주의의 확실한 부활로 인도했고 "성공하기를 원하는 어떤 정치적 운동도 다윈주의의 두 번째 부활과 타협해야 한다."

　맥기니스만이 보수주의와 현대 다윈주의의 화해를 시도하는 보수 지식층이 아니다. 여기에 좀더 미묘한 색채를 더한 것이 제임스 월슨(James Q.

Wilson)의 책과 정치이론가 래리 안허트(Larry Arnhart)의 『다윈적 자연 권리: 인간 본성의 생물학적 윤리』(Darwinian Natural Right: The Biological Ethics of Human Nature)[14]이다. 윌슨과 안허트는 생물학과 도덕성 간의 관계에 흥미로운 통찰력을 제공한다. 그러나 전통적인 도덕성을 설명하기 위해 그들은 다윈주의 생물학을 재정의해야 하리라는 반박의 여지가 있었다. 그러나 다른 접근법도 가능하다. 인간의 도덕적 행동의 완전한 범위를 더 잘 설명할 수 있는 새로운 생물학을 명확하게 하는 것이다. 바로 이것이 지적 설계를 옹호하는 사람들에 의해 시도되고 있다.

반세기 전에 C. S. 루이스는 통찰력 있는 선언문인 『인간 폐지』(The Abolition of Man)에서 사회에 미치는 과학적 유물론의 결과에 대해 비평했다. 책의 끝에서 루이스는 새로운 종류의 자연과학을 요청했는데, 이 자연과학은 "설명을 할 때 교묘히 설명하면서 발뺌하지 않는다. 부분들을 이야기할 때 전체를 기억할 수 있다. 그것(It)을 연구하는 동안 마르틴 부버(Martin Buber)가 "너-상황"(Thou-situation)이라고 부르는 것을 잃지 않는다"(it은 소유하는 대상을 의미하고 지배하고자 하는 의지를 드러내는 지향성을 뜻하는데 반해, thou의 상황은 대화. 사람과 사람 사이에 직접적 접촉이 일어나는 상황을 의미한다―편집자 주).[15] 루이스는 이런 "회복된 과학"이 가능하지 않음에 좌절하면서도 이런 것이 가능한지를 물었다. 현재 지적 설계를 강력히 주장하는 사람들은 이런 회복된 과학이 가능하다고 믿는다. 그리고 이 새로운 과학이 만들어지도록 돕고 있다. 이것이 성공한다면 이에 따른 이익은 과학의 범주를 넘어 확산될 것이며, 21세기 문화의 회복을 위한 강력한 힘을 만들어낼 것이다.

5장

과학, 문학, 의미의 회복

텍스트로서의 세계

_패트릭 헨리 리어던

◆ 패트릭 헨리 리어던(Patrick Henry Reardon)은 「터치스톤」의 선임 편집자이자 일리노이 주 시카고의 올 세인츠 안디옥 정교회(All Saints Antiochian Church)의 목회자다.

물리학은 고교 시절 내가 좋아하던 과목 중 하나였다. 나는 일정량 모래의 비중을 재보기 위해 비커를 기울이기도 하고, 도르래와 윈치(winch)로 얻어지는 기계적 이득을 테스트하거나 소형 모터를 제작하기 위해 자기장을 낼 선을 감으면서 행복한 오후 시간을 보내곤 했다. 하지만 이런 시절은 너무 짧게 끝나버렸고, 그후 내가 받은 대부분의 교육은 "문학"(letters)이란 표제 아래 전개되는 과목―작문, 역사, 문학과 언어, 신학, 철학 등―에 집중되었다. 그래서 아직도 현대 과학이라는 학문은 내 마음의 가장자리에 크게 남아 있는 것 같다.

그래서인지 윌리엄 뎀스키가 펴낸 『순전한 창조』(Mere Creation)[1]의 교정을 IVP로부터 요청받았을 때 나는 괜히 우쭐해지는 기분이었다. 게다가 생물학, 물리학, 수학 수업을 들은 지 40년이 지났음에도 이 책을 상당히 잘 이해할 수 있었다는 사실이 놀라울 따름이었다. 물론 그렇게 된 이유는 내가

능력이 있거나 지적이기 때문이 아니라, 저자들이 뛰어나게 글을 서술했기 때문인 것은 의심할 여지가 없다.

뎀스키 교수를 비롯한 여러 저자는 이 책에서도 만날 수 있다. 각 장은, 개별적으로 보든 아니면 공통된 주제 아래 하나로 보든, 그 중요성이 명확하게 드러나고 있다. 사실 나 같은 사람이 그들의 권위와 함께할 수 있다고는 보지 않는다. 하지만 내가 이 글에서 말하고자 하는 것이 그들의 논제들을, 과학자로 훈련되지 않은 사람들을 위한 더 대중적인 시각으로 재조명시킬 방법을 제시하는 것이라고 보아주면 좋겠다.

과학은 결국 진공 상태에서 이루어지지 않는다. 과학이 추구하는 것은 모든 면에서, 특히 그 다양한 출발점에서 과학 이외의 것들에 기초를 두며 그 영향을 받게 된다. 대중적·정치적·비과학적 전제와 문화적 편견뿐만 아니라 역사(특히 사상의 역사, 그중에도 종교적 사상의 역사)로부터 남겨진 철학적 전제가 바로 그것이다. 과학과 과학 주위의 문화를 분리하고자 하는 사람들에게 나는 데이비드 린드버그(David C. Lindberg)가 쓴 『서구 과학의 시초』(Beginning of Western Science)[2]와 린 화이트(Lynn White)가 쓴 『중세 과학 기술과 사회 변화』(Medieval Technology and Social Change)[3] 같은 책을 권한다(어쨌든 이들 두 책은 읽을 만하다).

결국 현대의 자연과학 연구에는 전문화라는 특징이 존재한다. 사실 과학자가 단순하게 전문화되는 것은 특정한 분야들을 만들어낸 철학적·법률적·역사적 상황, 심지어 문학적 상황에 대해 과학자를 무지하게 만든다. 오늘날 대학에서 박사과정 학생이 화학을 연구하는 동시에 법학이나 연극 세미나로 학점을 딸 수 있도록 하거나 의학을 전공하면서 음악과 셰익스피어를 부전공하는 것은 허락되지 않는다. 동시에 신학자, 역사가, 사색적인 철학가, 일반인들은 순수 과학으로부터 점점 더 멀어져가게 된다. 엄밀히 말하면, 모든 것에 완전하기는 불가능하기 때문이다(non possunt omnia omnes). 결국 이런 학문적 결별은 보편적인 비평과 만연된 비탄의 화두가 되어버렸다.

따라서 나는 이어지는 글에서, 어떻게 과학적 논제들이 종교와 문학의 세계와 연관되는지를 제시하고자 한다.

텍스트를 분별함

최초의 의사 전달 도구의 예로 알려져 있는 "글"(writing)의 유래는 주전 4000년대 말기로 거슬러 올라간다. 그 글들은 역사가들이 옛 지명을 따서 이름 붙인 수메르인이라는 민족이 남긴 것이다. 그래서 우리는 수메르어를 최초의 문자 언어로 본다.

수메르어로 쓰인 텍스트에서 가장 호기심을 일으키는 부분은 다음과 같다. 즉, 우리는 그 텍스트들이 문자 언어를 나타낸다고 확신하면서도, 초기 몇 세기에 걸쳐 나타나는 텍스트들을 해독하지 못하고 있으며, 500년 정도 지난 후에 나타나는 텍스트들에 대해서만 의미를 파악할 수 있다. 그 이유는 아주 간단하다. 이 시기, 즉 주전 3000년대의 중기에서 말기에 이르는 시기에 만들어진, 고대 셈어(Semitic language)의 한 어족 아카드어(Akkadian) 비교 텍스트들이 우연히 발견되었고, 이 아카드어를 이용해서 후기 수메르어의 어휘와 문법이 이치에 맞게 재구성될 수 있었다. 아카드어 비교 텍스트들이 없었다면 우리는 수메르어를 전혀 해독할 수 없었을 것이다. 그렇지만 여전히 초기 수 세기 동안의 수메르어 텍스트들은 아직도 읽을 수 없는 것으로 남아 있다.

하지만 의미를 알 수 없는 텍스트들을 보면서 우리가 의심할 수 없는 한 가지 사실이 있다. 그것은 텍스트들이 "쓰인 것"(writings)임에 틀림없다는 사실이다. 다시 말해 이것들은 실제로 어떤 의미를 담고 있는 기호라는 것이다. 따라서 이것들은 계획되었으며, 다른 사람과 의사소통하기 위해 사람의 정신을 따라 사람의 손에 의해 정교하게 고안된 기호임을 알 수 있다. 즉 이 것들은 무엇이든 간에 무엇인가를 "말하고" 있다. 이른바 "텍스트"를 형성하고 있으며, 이것을 분별할 수 있다는 점이 인간만의 구별되는 특징이다.

이들 텍스트가 의미하는 것에 대해 어떤 의심과 질문과 추측이 제기된다 할지라도, 우리가 해독하지 못한다는 이유로 이들 그래픽 기호들 안에는 계획적인 의미가 들어 있지 않다고 생각하는 것은 무책임한 일이 아닐 수 없다. 그것들이 텍스트도 아니며 사람의 손이 쓴 것도 아니라고 생각하는 것은 거대한 증거에 정면으로 대드는 꼴이다.

그렇다면 그 증거란 정확히 무엇인가? 점토판 위의 특정한 배열들, 바윗돌이나 나무 막대기 위의 일련의 기호들, 심지어 한 줄로 꿰어진 구슬들이 텍스트를 이루고 있음을 과연 우리는 어떻게 알 수 있는가? 어떻게 이들 배열이 무작위적인 낙서나 끄적거림과는 다르다고 구분해낼 수 있는가? 텍스트의 무엇이 어떤 정보를 의도적으로 포함하고 있다고 추정하게 하는가? 달리 표현해서, 왜 우리는 텍스트를 단순한 예술적 장식으로 여기지 않는가? 아주 오래전 인간의 역사에서 나타나던 대칭 형태의 장식처럼 말이다. 우리가 수메르에서 발견하고 "여기 정말 다른 것이 있구나!"라고 말하게 된 기호들을, 완전히 새롭고 특별한 것으로 구별하는 특별한 속성은 과연 무엇일까?

이 속성을 "지적 설계"라고 불러야 하는가? 글쎄 잘 모르겠다. 그렇게 부르는 게 적절치 않아 보인다. 요컨대 인간은 문장을 쓰기 훨씬 이전부터 이미 지적이고 잘 고안된 그래픽 디자인을 만들어냈다. 만약 "어떤 텍스트가 이들 디자인과는 어떻게 다른가?"라고 묻는다면 우리는 이렇게 대답할 수 있다. "글(writing)은 규칙성과 대칭성이 없다는 면에서 실제로는 디자인적 특성이 빠져 있다"라고 말이다. 말하자면 글의 부분 부분들은 불균형과 불일치로 특징지어진다. 그것은 마치 열쇠의 홈 모양에서 볼 수 있는 불균형

같은 것인데, 조화롭게 균형을 이루는 균일한 형태와는 완전히 다르다.

좀더 자세히 설명해보겠다. 내가 꽃병 윗부분에서 /+0/+0/+0/+0 와 같은 모양을 한 그래픽 기호의 배열을 발견했다고 하자. 나는 이 모양을 어떤 "텍스트"라고 여기지 않을 것이다. 이런 기호의 배열은 대화 중의 문장에 들어 있을 만한 특정한 "정보"를 담고 있기에는 너무 규칙적이다. 이런 기호가 지적 설계를 보여준다고 할 수도 있겠으나, 나는 설계(design)를 글의 영역이 아닌 장식 예술의 영역에 속하는 것으로 보는 입장에 동의하지 않는다.

글이라는 고안된 장치는, 물론 구조적인 형태와 일관성은 있지만, 한편으로는 상당한 복잡성, 미묘한 불규칙성, 심지어 배열에서 어느 정도의 예측 불가능성까지 지니고 있다. 문장에 쓰이는 다양한 기호는 미터법 형식이 차례로 반복되는 것처럼 제자리에 들어맞도록 나오지 않는다. 단지 어떤 주기적인 연결 내에서 정교한 배치로 나타나는데, 대칭에 의하지 않고 군데군데 등장하게 된다. 대부분의 사람은 문장 한 구절을 볼 때 이미 이 글이 무작위적인 낙서와도 다르며 미술적인 디자인과도 다르다는 사실을 알게 된다.

하지만 한편으로 글은 예술적인 디자인과 같은 특징을 갖기도 한다. 이것이 모두 "계획적"이라고 인식된다는 점, 즉 무작위성 또는 우연성과는 구별된다는 점에서 그렇다. 글은 마치 어떤 도구를 만들어내는 것처럼 마음에 둔 어떤 목적으로 정교하게 만들어진다. 이런 도구와 같은 특성은 고려할만한 가치가 충분히 있다. 고대 역사는 목적을 추측할 수밖에 없는 많은 도구를 우리에게 남겨주었다. 돌로 만들어진 고대의 유물을 볼 때, 어떤 것들은 특정한 목적으로 설계되어 손으로 만들어진 도구라고 확신할 수도 있지만, 다른 것들은 여전히 미스터리로 남아 있을 수도 있다. 다시 말해 우리는 그 목적을 확신하지는 못함에도 불구하고 그것들에 목적이 있음을 확신하게 된다. 바로 이것이 우리가 그것들을 도구로 인식하는 방법이다.

이처럼 우리가 아직 그 지적인 설계의 내용을 알지 못하는 어떤 것들을 고찰한다 하더라도 그것이 지적인 산물임을 분별할 수 있는 능력이 우리에게 있음을 알 수 있다. 우리는 "정신"(mind)이 무엇을 말하려는 것인지 정확히 알 수는 없어도 그 정신의 존재 자체는 알아차릴 수 있으며, "정보"가 무엇인지 정확히 해독하지는 못해도 그 정보를 담고자 하는 의도는 간파해낼 수 있다. 인간의 이성은 그렇게 합리성(rationality)의 존재를 인식할 수 있는 타고난 능력을 갖추고 있다. 현실에서 우리가 어떤 "텍스트"를 다룰 때와 마찬가지로, 우리에게는 그것을 알 수 있는 능력이 있다는 말이다.

하늘이 선포함

기독교 문학에서 오랜 전통은 창조된 세계 자체를 일종의 기록(writing), 즉 인간이 연구해야 할 하나의 텍스트로 여기는 것이었다. 사실, 하나님은 만물을 말씀으로 창조하셨기 때문에, 그리스도인에게는 창조세계를 성경의 "첫 번째 판"(first edition)으로 생각하는 것이 전혀 부자연스럽지 않았다. 시편 기자는 "하늘이 하나님의 영광을 선포하고…날은 날에게 말하고 밤은 밤에게 지식을 전하니…그 소리가 온 땅에 통하고 그 말씀이 세계 끝까지 이르도다(시편 19:1, 2, 4)"라고 했다. 사도 바울은 창조의 메시지를 묘사하는 이 말씀을 인용하면서, 사도들의 복음 전파로 말씀이 세상 끝까지 이르게 될 것임을 설명했다(롬 10:18). 그리고 이사야서는 마지막 때에 하늘이 없어지는 것을, 두루마리가 둘둘 말리는 것으로 비유하지 않았던가?

　　이런 성경의 선포를 근거로, 초기 그리스도인들은 성경 해석학적 관점으로 세상을 바라보았다. 특히 앙리 드 뤼박(Henri Cardinal de Lubac) 신부는 이런 관점을 『중세 주석』(Medieval Exegesis)[4]의 첫 권에서 상세히 기록하고 있다. 이런 관점의 예는 기독교 라틴 문학에서도 보편적으로 나타난다. 예를 들면 아우구스티누스(St. Augustine)는 "이 하늘들과 이 책들은 주님의 손가

　　　　　　　　　　　　　　　　　　　　　위대한 설계, 그 흔적들

락으로 만드신 작품"이라고 말했고, 그레고리우스 1세(St. Gregory the Great)는 "창조 세계를 바라보는 것"(*species considerate creaturae*)을 "우리의 마음에 읽어주는 것"(*quasi quaedam sit lectio menti nostrae*)에 비유했다. 사자왕 리처드(1157-1217)의 수양 형제이기도 했던 12세기의 알렉산더 네컴(Alexander Neckam, 1157-1217, 중세 영국의 자연과학자, 옥스퍼드 대학에서 신학을 가르친 스콜라 철학자—역자 주)은 "세상은 하나님의 펜으로 새겨져 있다. 누구든지 그것을 이해하는 자에게 세상은 하나의 문학 작품이다"라고 했다. 그보다 조금 앞선 시대의 도이츠의 루페르트(Rupert of Deutz, 1075-1130, 중세 독일의 신학자—역자 주)도 하나님의 말씀 자체가 "세상의 설계자이며…또한 성경을 구성하기도 하며…"라고 말했다. 보쉠의 허버트(Herbert of Bosham, 1120-1194, 중세 영국의 신학자, 히브리 학자—역자 주)는 심지어 창조라는 작품을 "일종의 유형이고 가시적인 복음"(*velut quoddam evangelium corporale et visibile*)이라고 하기도 했다. 또한, 성 빅터의 위그(Hugh of St. Victor, 1096-1141, 중세 프랑스의 철학자이자 신학자—역자 주)와 리처드(Richard of St. Victor, ?-1173, 스코틀랜드 태생의 신비주의 신학자—역자 주)도 "감지할 수 있는 이 세상 전체는 마치 하나님이 손가락으로 쓰신 책과도 같다"라고 했다. 그중에도 이런 표현을 자주 사용한 이는 9세기의 에리게나(John Scotus Erigena, 810-877, 아일랜드 태생 신학자—역자 주)일 것이다. 그는 요한복음의 서언을 주석하면서 "영원한 빛은 이 세상에 두 가지 방법, 즉 성경과 창조로 선포된다"라고 했다. 이 두 가지는 천국의 이중 사닥다리를 이루게 되는 셈이다[8세기의 수도자 존 클리마쿠스(St. John Climacus)가 천국에 이르는 30단계에 대해 쓴 『천국의 사닥다리』(*The Ladder of Divine Ascent*)를 참조하기 바람—역자 주]. 에리게나는 주석 뒷부분에서 "덕(virtue)의 고지에 오르기 위한 첫 번째 단계는 성경의 문자들과 보이는 것들의 형상이기 때문에, 일단 성경을 읽고 창조를 고찰하게 되면, 올바른 이성의 단계에 의해 문자 속에 담겨진 정신과 창조의 합리성으로 올라가게 된다"라고 말했다.[5] 에리게나는 창조와 성경을 그리스도의 두 옷과 같다고 했고 300년 후 리보의 에일레드(Aelred of Rievaulx, 1110-1167, 중세 영국의 작가―역자 주)가 이런 논지를 이어받았다.

이와 같은 전통적인 기독교적 관점에 따라 우주의 합리성, 즉 우주의 각 부분이 다른 부분에 대해, 그리고 우주 전체에 대해 명백하게 의도적으로 배치되어 있다고 하는 개념, 특히 우주와 인간의 관계와 같은 생각들은 문학적 이야기의 배경이 되고 시가 쓰이는 바탕을 이루었다. 사람들은 영속철학(Perennial Philosophy, 모든 것이 구분하기 어렵게 이어진 전체라는 전제로, 우주 안에 있는 모든 것이 통일성 또는 전체성에 의해 결합해 있다고 보는 철학―역자 주)과 기독교 신앙의 전통 안에서, 처음부터 끝까지 인간적인 의미들을 만들어낼 필요가 없었다. 당연히 우주는 이야기의 한 부분을 차지하며, 이성적이면서도 시적인 구절을 구성하게 된다고 사람들은 생각했다. 즉 우주는 인간의 마음이 가진 선천적인 열망과 본질적 구조에 부응하는 체계적인 통일성을 가지고 있다고 보는 관점이었다. 이 만물 세계와 지적인 것은 서로가 서로를 위해서 만들어져 있었다.

더욱이 이런 전통적이고 고전적인 기독교적 관점에 따라, 우리가 이 세계를 문학적 형태로 표현하며 추구하는 것을 정당화하는 것이 바로 성경에 기록된 창조 세계의 질이다. 예를 들어 단테(Dante)와 같은 작가에게는, 만물 세계의 구조에는 이미 정교한 메시지, 즉 시적이며 이성적인 메시지가 들어 있으며, 따라서 인간의 문학적 노력에는 창조 자체가 생생한 구성 요소로 녹아들어 있다. 그는 만물 세계에서 이미 존재하는 진리를 발견하게 되었고 그것을 이야기를 통해 더욱 탐구해나갔다. 다시 말해 창조는 단순한 문맥 전후 관계를 넘어서서 이야기 전개의 결합성을 주는 구조적 형태를 제공했다. 믿음의 시대에는 이런 확신이 있었다. 리처드 로티는 다음과 같이 썼다. "창조 세계에 진리가 있다는 견해는, 이 세상이 자신의 언어를 가지는 존재로 창조되었다고 보던 세대로부터 물려받은 유산이다." 이런 확신은 바로 그리스도인에게 주어지는 상속권 일부와 같다.

문학과 무작위적 진화

그후 찰스 다윈이 등장했다. 로저 런딘(Roger Lundin)은 『에밀리 디킨슨과 그 신앙의 예술』(Emily Dickinson and the Art of Belief)[6]에서 다윈의 진화론이 19세기 문학 작품에 얼마나 심각한 영향을 끼쳤는지를 서술하고 있다. 현대 작가들은 새로운 신념을 받아들이게 되는데, 이 신념에 따르면 세상은 순전히 무작위적으로 만들어졌고, 형태가 없는 수많은 우연의 축적 결과요, 목적이 없으며 의도적인 설계와는 거리가 멀다. 이제 작가들은 아주 새로운 임무를 맡게 되었다고 믿었다. 즉 아무것도 존재하지 않는 세상에서, 처음부터 끝까지 어떤 의미를 새롭게 만들어가야 했다. 자연의 무형 세계는, 영원하면서 미리 존재하는 지적인 형태에 관한 아무런 "유형"(types)도 그들에게 주지 않는다고 보는 것이다. 오히려 자연은 본래 할 말이 없으며, 창조적인 재능을 나타내기 이전에는 그저 비활동의 휴지기 상태였다고 본다.

런딘은, 에밀리 디킨슨의 딜레마가 바로 이것이었다고 설명한다. 만물 세계는 그녀의 생각이 식별할 수 있을 만큼 내재적이며(internal) 지적 일관성으로 구성되어 있다고 생각할 수 없었기 때문에, 어떤 문학적인 임무를 강요당하는 것이 그녀에게는 이전 시인들보다 더 큰 부담이 되었다. 그녀는 자기 소명이 세계를 시적 상상력을 이용해서 "다시 매혹하는"(re-enchant) 것이라고 믿었다. 그녀를 둘러싸고 있는 우주를 관찰하면서 자신만의 문학적 수사들(tropes)을 조합해서 만들어내는 것이 문학적 소명이라고 믿은 것이다. 이런 시적인 조합이 단테와 같은 앞선 시인들이 만물 세계의 중심에 있다고 믿었던 유형들을 대체할 수 있을 것으로, 그녀는 기대했다. 런딘은 설명하기를, 수사(trope)와 유형(type)의 차이라면, 유형은 객관적 실재로 여겨지지만 수사는 시적 마음의 소산이라 했다.

『종의 기원』이 출판된 후, 특히 문학 분야에서는 지루한 회의론이 진행되는 것이 두드러지게 나타났다. 이미 그보다 10년 정도 앞서 쓰인 『백경』(Moby Dick)은 무작위적 우주(random universe)의 철학적 의미들과 씨름하고 있었다. 다윈은 바로 이 논제에 과학적 기초를 제공했다. 그는 "적자 생존"을 자명한 원리로 간주했고 그것은 곧 니체의 "권력 의지"로 발전되었다. 다윈이 현대 문학에 끼친 영향은, 직접적으로 니체를 통한 것이든 아니면 간접적으로 진화론의 대중적 수용으로 유발된 문화적 환경에 의한 것이든 간에, 실로 엄청났다. 때로는 진화론적 관점에서 나온 창작 의지가 실제로 문학 자체의 주체적인 주제를 형성하기도 하였다. 윌리엄 골딩(William Golding)의 소설과 에르네스또 까르데날(Ernesto Cardenal)의 시가 이런 관점에 해당한다.

그렇지만 문학의 세계에 다윈이 드리운 더 짙은 그림자는 실체적이라기보다 형식적이라 해야 할 것이다. 헨리 제임스(Henry James)에서 제임스 조이스(James Joyce)와 헤르만 헷세(Hermann Hesse)를 거쳐 프랑수아즈 사강(Françoise Sagan)에 이르는 현대 작가들은 자신이 질서 있고 지적인 세계에 살고 있다고 더 이상 믿지 않으며, 자신들이 가진 주관성(subjectivity)의 경향을 관찰하는 일에만 주력해왔다. 레오 톨스토이(Leo Tolstoy), 프란츠 카프카(Franz Kafka), 알베르 카뮈(Albert Camus), 사무엘 베켓(Samuel Beckett), 귄터 그라스(Günter Grass), 알랭 로브그리예(Alain Robbe-Grillet), 커트 보네거트(Kurt Vonnegut) 등 다양한 작가들도 그저 그렇고 형태도 없는 이 세상을, 우울한 해학이나 세련된 태만함, 혹은 기괴한 환락, 심지어 간절한 동정심 같은 것으로 다시 회복시키려고 노력을 기울였다. 한편으로 존 스타인벡(John Steinbeck)과 켄 키지(Ken Kesey) 같은 작가들은 독단적인 비목적론(nonteleology)을 그들만의 차별성으로 내세우면서 성경적 주제들이 초래하는 공백을 채우려고 애를 썼는데, 이를테면 이 세상은 성경의 하나님에 의해 만들어진 것은 아니지만, 그곳에 성경 속 설화들을 세속화해서 집어넣는 식이었다. 어니스트 헤밍웨이(Ernest Hemingway) 같은 또 다른 작가들은 위협적인 우주의 위엄 앞에 선 건재한 자아를 강하게 역설하기도 했다.

이렇듯 불안한 형태에 마치 버림받은 것 같은 현대 문학의 세계는 최근에 와서는 포스트모더니즘 문학비평과 적당히 어우러지고 있다. 쉽게 생각해보더라도, 일단 과학이 이 세상을 분해해놓은 이상, 문학의 세계 또한 분해로부터 면제될 아무런 이유가 없다. 그리고 성스러운 문학으로서의 성경 역시 허무주의적 해석으로 가해지는 분해의 침투에서 벗어날 수가 없음은 당연하다.

형식에 대한 거듭된 주장

로저 런딘은, 에밀리 디킨슨이 우주의 혼돈이라는 쓴 알약을 내키지 않음에도 완전히 삼켜버렸다고 묘사했다. 그러나 앞서 언급한 사실에도 불구하고, 지난 두 세기 동안 모든 주된 문학사조가 에밀리 디킨슨과 같은 경향을 보인 것은 아니었다. 디킨슨보다 뛰어난 시인으로 일컬어지는 제라드 맨리 홉킨스(Gerard Manley Hopkins)는 이 세계가 "하나님의 영광으로 충만해 있다"라고 주장했다. 그러면서도 그의 마음에는 우주의 혼돈 같은 것이 없었다. 뿐만 아니라 『까라마조프의 형제들』(The Brothers Karamazov), 『레미제라블』(Les Misérables), 『블랙 애로우』(Black Arrow), 『크리스틴 라브란스다테르』(Kristen Lavransdatter), 『페렐란드라』(Perelandra) 등의 소설에서도 다윈의 무작위적 우주에 대한 추정이 우주적 배경으로 사용되지 않았다. 길버트 체스터튼(Gilbert K. Chesterton)과 윈덤 루이스(Wyndham Lewis)로부터 토마스 엘리엇

(Thomas S. Eliot)과 줄리앙 그린(Julien Greene)을 거쳐 프랑수아 모리악(François Mauriac)과 워커 퍼시(Walker Percy)에 이르기까지, 우리 시대에도 진화된 우주의 개념을 받아들이는 것을 거부한 작가가 얼마든지 있다. 이들이 묘사한 우주는 다윈 이전의 시대에 알레산드로 만초니(Alessandro Manzoni)와 월터 스콧(Walter Scott)이 표현한 세계와 거의 다르지 않다.

오늘날에는 점점 더 과학 자체가 그들의 결정을 정당화하는 것 같다. 앞서 소개했던 『순전한 창조』의 저자들은―그들 중 일부는 이 책의 저자로도 참여했다―논증하기를, 이 우주에는 그 복잡성과 풍요로움에 어리둥절할 수밖에 없을 정도로 수많은 증거가 어떤 의도적인 특성들을 명백히 보여주고 있는데, 이 증거들은 모든 물체의 핵심에 암호화되어 숨어 있지만 분명하게 그 의도성을 나타낸다고 했다. 구체적인 예로 미생물학이라는 과학은, 모든 생물체의 기본 단위인 세포를 이루는 각각의 구성 요소 안에는 극히 복잡한 정보 시스템들이 곳곳에 존재하고 있어서, 임의의 돌연변이에 기초한 이론으로는 도저히 기원을 설명할 수 없음을 보여주고 있다. 다시 말해 순수 과학이 이루어내는 많은 발견은 우리로 하여금, 이 세상의 구조가 일종의 질서 있는 글을 이루고 있다고 보는 고대의 명제로 되돌아가도록 만든다. 오늘날의 화학, 생물학, 천체물리학 등에서의 연구는 확연하게 이 우주의 정보들이 하나의 텍스트로 우리에게 제시되고 있음을 증거한다.

하지만 이런 과학적인 재발견이 대중의 사고에까지 스며들기에는 분명히 어느 정도 시간이 필요할 것이다. 오히려 역설적이게도 학문적 사고에 스며드는 데 더 긴 시간이 필요할 수도 있다. 현대 철학자나 신학자들은 우리 사회에서 이런 사고에 탑승하는 마지막 부류가 될지도 모르겠다. 왜냐하면 그들은 그토록 오랜 시간 동안 베르그송이 주장한 **엘랑 비탈**(*élan vital*, 영어로는 vital impetus 즉 생명의 원동력을 의미함. 프랑스의 직관주의 철학자 Henri Bergson이 1907년 *Creative Evolution*이라는 책에서 실재를 설명한 표현으로서 생물체의 진화와 발달의 근원이 된다고 주장함―역자 주)의 안갯속에서 방황해왔고, 화이트헤드(Alfred N. Whitehead)의 사실체(actual occasions, 실재를 구성하는 근본적인 요소들을 진화론에 근거한 과정철학으로 설명한 표현―역자 주)를 얻기 위해 애써왔으며, 떼이야르 드 샤르댕(Teihard de Chardin)의 오메가 포인트(omega point, 고생물학과 진화론을 접목해 인간 의식의 진화를 설명한 표현―역자 주)에 도달하기를 갈망해오지 않았던가? 과학이 보여주는 최근의 증거들에 대해 철학적 저항이 얼마나 깊은지는, 로버트 페녹의 『바벨탑: 새로운 창조론에 대항하는 증거』(Tower of Babel: The Evidence Against the New Creationism)에 잘 나타나 있다. 정작 이 책의 부제는 새로운 창조론인 지적 설계론에 대항하는 증거를 제시할 것처럼 붙여졌지만, 실제로는 다윈주의를 지지하는 어떤 증거도 소개하지 않고 있다. 굳이 한 가지를 찾아본다면 다른 영장류들이 보여주는 성적인 특성들을 인간과 진화적 상관관계의 근거로 제시하는, 다소 유치한 소견 정도가 고작이다. 생화학과 미생물학 분야에서 다윈주의에 대해 강하게 반론을 제기하는 논증들은 대부분 무시한 채, 페녹은 현혹적인 화려한 수사학으로 지적 설계 이론가들을 단순히 새로운 종류의 창조 과학자들로 묘사하는 일에만 모든 노력을 기울였다.

내 개인적인 바람은, 과학계 안에서 새롭게 채택된 견해들이 더 큰 세상으로 퍼져나가서 결국에는 철학과 인문학을 새롭게 만드는 것이다. 그리고 물질 세계의 실재에 나타나는 질서 정연한 구조에 대해 더 강하게 확신함으로써 뭇 사람들이 소설과 시를 창작해가는 길에서 더욱 자신 있고 견고한 발걸음을 디뎌가게 되길 바란다. 적어도 나는 우리 시대가 지나고 나면 실제로 그렇게 되리라는 믿음을 가지고 있다. 미래의 학생들이 문학의 역사에 대해 배우는 장면을 상상해본다. 아마 그들은 지금의 두 세기를 조금 이상한 시기로 되돌아보게 될 것이다. 이상하리만치 많은 정신이 불안한 작가들이 엄청나게 많은 기괴하면서도 정신을 불안하게 만드는 책을 써냈던 그런 시대로 기억하게 될 것이다. 그리고 선생님들은 그들에게 이렇게 말해줄지도 모른다. "그래, 그 불행한 시대에는 수많은 사람이 머릿속에 분별없는 생각을 가지고 있었어. 온 세상과 세상 속의 모든 것이 우연히 진화되어 나왔다고 믿었지. 모든 것이 이상한 시대였어."

6장

과학, 신학 그리고 지적 설계의 이해

하나님께 입장권 드리기

_존 마크 레이놀즈

◆ 존 레이놀즈(John Mark Reynolds)는 로체스터 대학교 철학 박사다. 바이올라 대학교 철학 교수이며 학부생들을 위한 그레이트 북스 프로그램을 운영하는 토레이 명예 연구소(Torrey Honors Institute)를 만들었고 소장으로 근무하고 있다. 최근에 모어랜드(J. P. Moreland)와 함께 『창조와 진화에 대한 세 가지 견해』(*Three Views on Creation and Evolution*)[1]를 같이 편집했으며, 고대 철학의 역사에 관한 책을 저술했다. 서방전례정교회의 신자다.

우리 아들 이안(Ian)은 디즈니랜드를 좋아한다. 무척 좋아해서 디즈니랜드에 한번 가면 그곳에서 떠날 줄을 모른다. 한번은 네 살 된 이안이 디즈니랜드의 선물가게에 정신이 팔려서 보이지 않게 되었고 우리가 그를 다시 찾는데에는 20분이나 걸렸다. 토드씨의 엉터리 운전(Mr. Toad's Wild Ride)이라는 한 상점 코너에서 아들을 찾았을 때 비로소 안도의 한숨을 내쉴 수 있었다. 우리 아들은 자기가 정말 좋아하는 디즈니랜드의 여러 캐릭터 가운데 앉아 있었다. 자기 이름이 붙어 있는 미키 마우스 귀 모양의 장난감을 머리에 쓰고 있었으며 호화스러운 천으로 만든 미키 마우스를 손에 들고 있었다. 이안의 형과 누나들은 이런 이안의 모습을 별로 좋아하지 않는 것 같았다.

하지만 아들을 찾았다는 기쁨 때문에 우리는 이안을 야단칠 수 없었다. 아이를 차로 데려가는 동안 엄마는 지난 20분간 보이지 않는 동안 어디서 무엇을 했는지 아들에게 묻기 시작했다. 이안은 우리가 자기에게 관심이 있다는 사실에 더 흥분하면서, 그를 붙들려고 했던 덩치 큰 안전요원과의 대범한 모험담에 대해 말했다.

아내 호프(Hope)는 너무 감사한 마음에 아들에게 "그래 이안, 우리는 너를 찾을 수 있게 되어서 하나님께 너무 감사한단다. 그리고 엄마 아빠는 너를 찾기 위해 예수님께 기도드렸고 예수님이 우리 기도를 들으셨단다"라고 말했다.

이안은 조금 이상한 표정과 모습으로 엄마를 바라보면서 조심스럽게 말했다. "엄마 그만하세요. 엄마는 내가 말하는 재미있는 이야기를 망치고 있어요."

아내는 당황해서 "이안, 무슨 말을 하는 거니?"라고 물었다.

이안이 대답했다. "제가 말하고 있는 이야기와 하나님은 아무 상관이 없단 말이에요. 이 이야기는 나에 대한 이야기예요."

아내는 말하기를, "그런데 이안아 하나님은 어디든 계셔."

이 말을 들은 네 살 된 아들 이안은 눈이 휘둥그레지며 설명했다. "엄마 디즈니랜드에 들어오려면 입장권이 있어야 하는데 하나님은 입장권이 없잖아요."

디즈니랜드를 싫어하여 불매운동에 동참하는 그리스도인들은 아마 우리 아들의 주장에 동조하고 싶어할지도 모르겠다. 그러나 결국 우리 모든 그리스도인은, 하나님이 디즈니랜드에 들어갈 입장권이 없더라도 그분은 그 안에 분명히 계시다는 것에 동의해야만 한다. 뭘 모르는 어린아이들이 이런 실수를 하는 것은 이해할 수 있다. 겉보기에는 우리 아들을 찾는 일과 하나님은 아무 상관이 없어 보일지도 모른다. 사건의 원인에 대한 아들의 단순한 생각 때문에 하나님이 그날 디즈니랜드에서 일어난 사건을 설명할 필요는 없으시다.

위대한 설계, 그 흔적들

유신론적 자연주의자

그러나 어린아이에게는 용납되는 일도 우리처럼 더 잘 알아야 하는 어른에게는 용납될 수 없다. 하나님이 전지전능하고 무소부재하심을 추상적으로 알고 있는 그리스도인들은, 자연 세계에서 하나님이 관여하고 계신 것이 탐지 가능한지 묻는 질문에 대해, 모호하고 분명치 않은 태도를 보인다. 이런 기독교 과학자와 신학자와 철학자들은 과학에 신학을 접목하는 것이 모든 것을 망친다고 생각한다.

왜 그럴까? 과학이라는 인간의 거대한 기획에서 과학적 연구 프로그램을 만들고 수행하는 데 하나님은 필요하지 않은 것 같다. 전통적인 과학자들은 신학적이거나 초자연적인 가설이 필요하지 않았다. 서방 세계의 일부의 그리스도인은 하나님의 계시에 대한 자신의 이해에 기초하여 만물 세계의 본성에 대한 잘못된 예견을 제시했다. 또한 많은 기독교 학문 분야는 "하나님을 재판정에 세우는"(put God in the dock) 과학철학이나 과학 이론이 잘못된 것이라고 결정해왔다.

물론 이런 관점으로 사물을 바라보는 기독교 사상가들은 하나님을 부인하는 자연주의 철학을 용납하지 않는다. 이들은 대신 "방법론적 자연주의"(methodological naturalism)를 포용한다. 방법론적 자연주의는 과학자들이 하나님의 존재를 믿는 것을 허용한다. 그러나 과학자로서 일할 때에는 마치 하나님이 존재하시지 않는 것처럼 행동하도록 만든다. 하나님은 시간과 공간을 통해 일해오셨는지는 모르겠지만, 이 전능하신 하나님이 실험실에서 불신자들이 확증할 수 있는 것은 어떤 것도 절대 하지 않으셨다는 것이다. 이런 그리스도인들은 다행스럽게도 과학자로서의 경력에 아무런 영향도 받지 않는다. 유신론자나 무신론자나 작업에서는 같은 실제적인 기대를 가지고 같은 방법으로 할 수 있다.

이런 경향의 결과물이 바로, 과학자들에 의해 남겨진 인식론적인 간격을 채워넣는 정도의 유신론이다. 자연과학이 말하지 않거나 말할 수 없을 것 같은 부분에서만 신학이 자유롭게 목소리를 낼 수 있게 됐다. 그러나 문제는 이처럼 신학이 접근할 수 있는 부분이 계속 줄어들고 있다는 것이다. 확고한 신념을 지닌 다양한 부류의 자연주의자는 자신의 철학을 주장하는 것을 부끄러워하지 않는다. 그렇다면 방법론적 자연주의자인 동시에 유신론자들은 어떠한가? 이런 사람은 뒤에 숨어 있다. 이들은 기존의 신조로부터 새로운 의미를 찾아냈다. 이런 새로운 의미들에 동조하지 않을 사람들은 "근본주의자들"(fundamentalists)로 불리게 된다. 유신론적 자연주의자는 세속적인 과학자와 평화를 유지한다. 유신론적 자연주의자가 실험적 방법으로 증명 가능한 것들에 대해서 신학적으로 말할 내용이 점차 줄어드는 것은 전혀 놀랄 일이 아니다. 빈 무덤을 용감하게 선포함으로써 수백 명의 증인에 의해 입증된 부활하신 주님을 모신 기독교로서는 이런 상황이 너무 이상하다.

간격의 하나님

이처럼 유신론적 자연주의자의 하나님이 아주 작은 틈새처럼 줄어들어 후퇴하는 현상은 지난 세기 동안 계속됐다. 완전히 자연주의적인 심리학이 지속해서 성장하는 것에 대해 유신론적 자연주의자가 어떻게 반응하는지를 보면, 이런 점을 잘 알 수 있다. 전통적인 그리스도인들은 일반적으로 뇌와는 구별되는, 소멸하지 않는 영혼의 존재와 영혼의 불멸에 대한 믿음을 주장해왔다. 사람에게는 영혼이 있다. 물질이나 에너지로 만들어지지 않는 영혼이 사람에게 있다면, 이것은 자연주의적 과학에는 중요한 한계로 작용하게 된다.

유신론적 자연주의자의 어려움은, 심리학이 신학자들의 손에 맡겨지는 것을 자연주의 과학이 허용하지 않았다는 점이다. 유신론적 자연주의자가 받아들인 자연주의적 방법론은 사람에게 이미 적용됐다. 심리학 이론을 만드는 데 영혼이 설 자리가 없게 만드는 학문적 사조가 이미 확고하게 기정사실이 되어버렸다. 유신론적 자연주의자가 한 일은 무엇이었는가? 돌연 그는 비물질적인 영혼에 대한 사고가 신학적으로 논쟁이 되고 있음을 발견했다. 오래돼서 이제 버려지고 있는 영혼의 개념에 대해서는 데카르트나 플라톤의 철학적 사고 탓으로 돌릴 수도 있다. 하지만 중요한 것은 그것이 아니다. 유신론적 자연주의가 취하는 새로운 경향은 사람들로부터 영혼을 빼앗고 이것을 뇌로 대체해버린다. 이런 사고를 하는 사람에게 마음은 물질과 에너지의 산물로 설명될 수 있다. 기계에는 "영혼"이 없다. 사람은 뇌를 통해 생각한다. 그리고 유신론적 자연주의자는 처음부터 성경적 계시와 기독교 신학이 바로 이렇게 이해됐어야 한다고 주장한다.

물론 이렇게 되면 뇌가 없으신 하나님은 유신론적 자연주의자에게는 큰 예외가 된다. 유물론적 유신론자는 이원론에 빠지지 않기 위해 어떻게 비물질적인 영혼이 물질적인 신체에 영향을 줄 수 있느냐고 질문한다. 이런 추정 질문이 자연주의 심리학자의 발견과 조합된다면, 영혼을 배제하는 것은 얼마든지 가능하게 될 것이다. 신학 자체를 이런 "새로운" 사고의 관점에서 재해석하는 것은 신학이 알아서 해야 할 일이다.

하지만 이렇게 아무 문제가 없는 듯이 수용하는 것은 문제가 있다. 기독교 신학자들은 비물질적인 하나님이 물질적 우주와 상호작용했다고 주장한다. 유신론적 자연주의자는 낙타와 같은 큰 것은 삼키면서도 형이상학적인 하루살이는 목에 걸려 문제가 된다.

그러나 유신론적 자연주의자는 이런 이슈들의 일관성에 대해서는 너무 부주의하다. 감사하게도, 과학으로는 하나님과 그 행하신 일들을 자연적인 방법으로 결코 설명할 수 없을 것이다. 하나님은 그런 연구 방법의 대상이 되는 것도 견딜 수 없으실 것이다. 그분은 그런 것들에 상관하지 않으시고 홀로 계신다. 전혀 상관하지 않고 스스로 존재하신다. 하나님은 이처럼 물질적 증거를 초월한 인격적인 경건 생활의 주체가 되시는 분이다.

유신론적 자연주의자 대부분은 스스로 명예를 위해 전통적인 그리스도 인으로 남아 있기를 원한다. 그들은 이신론을 피하고 싶어한다. 그들은 일단 하나님을 물질 세계와는 관련이 없는 존재로 아주 떨어뜨려놓았다. 그렇다면 그들은 활동하시지 않는 하나님을 회피하기 위해서는 무엇을 하고 있을까? 먼저 유신론적 자연주의자는 구원 역사에서 하나님이 직접 행하신 일들을 자명한 것으로 받아들인다. 대부분의 유신론적 자연주의자는 문자적이고 육체적인 예수 그리스도의 부활을 받아들인다. 이것은 물론 칭찬할 만한 일이다.

그러나 이런 전통주의는 한계가 있다. 구약성경에 나오는 구원 역사의 많은 부분은 현대의 자연과학과 맞지 않는다. 놀랄 것도 없이 이런 부분은 비역사적인 것으로 재해석되곤 한다. 만일 현대 과학이 입증할 수 있는 이야기만 순수하게 신학적이며 제한 없는 것이라고 선언한다면, 바로 이것이 유신론적 자연주의자가 바라는 결론일 것이다. 그리고 더는 과학적 근거로 도전받을 필요가 없는 부활과 같은 내용의 이야기가 역사적 내용으로 받아들여진다. 다른 말로 표현하자면 하나님은 아무 과학자도 보고 있지 않을 때에는 첫째 원인(primary causation)이 되셔서 섭리하시고, 그 나머지 시간에는 둘째 원인(secondary causation)이 되셔서 섭리하신다는 것이다. 이것은 아마 논리적으로는 가능한 생각의 전환일지는 모르지만 그리 공감이 되는 주장은 아니다.

하나님은 변함없이 우주를 지키고 계신다. 어떤 정통 그리스도인도 이 신학적 사실을 부인할 수 없다. 유신론적 자연주의자는 이 근본적인 교리에 동의함으로써 자신들의 견해가 이신론과 구별되고 보호받기를 희망한다. 중요한 문제는, 유신론적 자연주의자들이 "지킨다"는 말로 무엇을 주장하는지를 알아내는 것이다. 전통적으로, 그리스도인들은 이것을 하나님이 어떤 순간에도 직접적으로 우주가 존재하도록 한다는 의미로 이해한다. 즉 하나님의 능력 밖에서는 존재할 수 없는 물질과 에너지의 특성을 뜻한다.

만일 이런 교리가 사실이라면 방법론적 자연주의는 물리학 분야에서는 폐기되어야 한다. 당연히 물리학은 물질과 에너지의 존재에 대한 물음에 대하여 대답하기 위해 노력을 기울이는 학문이다. 만약 이런 질문 중 하나에라도 답하기 위해 하나님의 존재가 필요하다면, 방법론적 자연주의는 과학으로 하여금 진리를 발견하지 못하도록 눈을 가리게 될 것이다. 이는 논리적으로 방법론적 자연주의로 가야 할지, 아니면 신학적으로 전념해야 할지 두 가지 중 하나를 선택해야 함을 의미한다. 유신론적 자연주의자는 결국 이신론을 피하려고 애씀으로써 자신의 견해를 망가뜨리는 결과를 초래한다. 그러나 일반적으로는 유신론적 자연주의자는 하나님이 "지키고 계신다"는 내용을 모호하고 종교적인 상투어로 남겨놓는 데 만족한다. 그들에게 던지고 싶은 좋은 질문 하나는 이것이다. "지금 자연 세계에서 입증될 수 있는 것들에 대해 하나님은 무엇을 하고 계신가?"

하나님께로 인도하는 이정표들

심지어 무신론자들도 자연 세계를 바라보면서 하나님의 손길을 발견할 수 있다. 모든 기독교 전통은 이런 관점과 연결되어 있다. 복음서는 단순히 주관적인 부활절의 사건만을 기리는 것이 아니라, 시간과 공간에서 일어난 고난 주간의 사건도 다룬다. 이 역사는 교회의 고대 전통 안에 있던 모든 예배 의식에서도 확실하게 나타난다.

이런 전통이 성경적이라는 것은 로마서 1:18-23만 읽어보더라도 알 수 있다.

하나님의 진노가 불의로 진리를 막는 사람들의 모든 경건하지 않음과 불의에 대하여 하늘로부터 나타나나니 이는 하나님을 알만한 것이 그들 속에 보임이라 하나님께서 이를 그들에게 보이셨느니라 창세로부터 그의 보이지 아니하는 것들 곧 그의 영원하신 능력과 신성이 그가 만드신 만물에 분명히 보여 알려졌나니 그러므로 그들이 핑계하지 못할지니라 하나님을 알되 하나님을 영화롭게도 아니하며 감사하지도 아니하고 오히려 그 생각이 허망하여지며 그 미련한 마음이 어두워졌나니 스스로 지혜 있다 하나 어리석게 되어 썩어지지 아니하는 하나님의 영광을 썩을 사람과 새와 짐승과 기어 다니는 동물 모양의 우상으로 바꾸었느니라(개역개정)

전통적으로 이 성경 말씀은 심지어 비그리스도인도 우주에 나타난 하나님의 실체를 볼 수 있음을 의미하는 것으로 이해됐다. 이런 실체는 물질주의적 과학의 베일에 가려질 수 없다. 이것은 모든 사람에게 분명하다. 크리소스토무스(St. John Chrysostom)는 로마서 주석에서 다음과 같이 썼다.

하지만 그대여 나의 말을 들어라. 그리고 하나님에 대한 지식이 그들에게 분명했는데도 그들이 의도적으로 고개를 돌렸다는 것을 나에게 보여라. 언제 이 지식이 그들에게 분명했다는 말인가? 하나님이 위로부터 그들에게 목소리로 내려주셨는가? 전혀 그렇지 않다. 그들을 하나님께 향하도록 만든 것은 목소리 이상이었다. 하나님이 직접 하신 것이다. 그들 앞에 하나님의 창조를 보여줌으로써 지식이 있는 자나 교육을 받지 못한 자나 스구디아 사람이나 야만인이나 모두 자신에게 보인 피조물의 아름다움을 배움으로써 하나님께로 오도록 하기 위

해서다.[2]

　전통적 그리스도인에게 자연은 하나님께로 인도하는 이정표 같은 것이다. 유신론적 자연주의자의 경우 이런 이정표는, 신학이 과학으로부터 유물론을 제거해버린 소수의 깨어 있는 이들에게만 읽힐 수 있다.

　실제로 고대 철학은 크리소스토무스의 말이 사실이라는 것을 보여준다. 플라톤과 아리스토텔레스를 위시해서 대부분의 무신론 철학자들도 우주에서 하나님의 의도 혹은 비물질적 원인을 찾으려 했다. 플라톤도 『법률 10권』(*Laws* X)에서, 우주가 완전히 물질적 원인에 의해서만 존재한다는 사고를 거부했다. 루크레티우스(Lucretius) 같은 일부 철학자들을 제외하고 기독교는 이성적 창조주의 존재를 주장하는 것에 대해 전혀 문제가 없었다. 사실 인류 역사를 통해 이런 상황은 실제로 이어져왔다. 19세기 이전에는 마을에서 무신론자는 이상한 사람으로 불렸다. 우주에서의 설계에 대한 주장은 너무 강력했기 때문에 무시될 수가 없었다. 심지어 영국 청교도 같은 강한 종교적 그룹까지도, 과학의 진보가 기독교 종교의 부흥으로 인도한다고 보았다는 사실을 우리는 쉽게 잊고 있다. 그러나 리처드 도킨스가 『눈먼 시계공』에서 지적했듯이, 비로소 지적으로 완성된 무신론자가 되는 것을 가능하도록 만든 이는 다윈이었다.

　하나님은 자신이 선택한 어떤 방법으로도 세상을 창조하실 수 있다. 종종 유신론적 진화론자는, 진화론과 방법론적 자연주의가 기독교와 양립할 수 있다고 주장한다. 이것은 사실이다. 어떤 두 가지 다른 관점이라 할지라도 충분한 동기가 있다면 양립할 수 있다. 실제로 이슈는 훨씬 더 단순하다. **다윈주의는 사실인가?** 유신론적 자연주의자는 이 이슈에 대해 토론하기를 절대 원하지 않는다.

　아마 누군가는 다윈주의와 같은 복잡한 이론이 단순하게 사실인가, 거짓인가로 묘사될 수 없다고 항의할지 모른다. 결국, 이론은 항상 문제점을 갖게 되니 말이다. 조금 더 "세련된" 질문으로 만들자면 **"지금 증거가 내게 주어진다면 다윈주의는 그럴듯한가, 그렇지 않은가?"**로 고칠 수 있다.

이 질문 자체로는 문제가 없다. 그러나 "증거가 있다"는 것에 신학적 증거가 포함된다면 전통적 그리스도인들은 이런 질문이 그럴듯하다고 할 것이다. 그러나 유신론적 진화론자는 또다시 이 신학적 제안을 "지식"으로 간주하기를 싫어한다. 이들은 신학적인 것으로 알려진 것을 다른 범주로 따로 분류하고 싶어한다. 하지만 모어랜드가 『기독교와 과학의 본질』(*Christianity and the Nature of Science*)[3]에서 보여주듯 이런 경계선들은 그어질 수 없다.

그렇다면 이런 것은 모두 고약한 근본주의자의 관심사가 아닐까? 내가 알고 있는 사람 중에 역사적으로 유명한 교회에 다니고 있는, 근본주의 배경을 가진 그리스도인들이 있다. 이들은 교회가 이런 이슈에 대해 말할 수 있는 것이 아무것도 없다고 생각한다. 이런 생각을 하는 이들은 창세기에 대한 경직된 문자적 해석을 채택할 필요가 없으므로, 다윈주의와 같은 문제는 옆으로 치워놓을 수 있다고 느끼고 있다.

교회가 이런 이슈에 대해 특별한 신조가 없는 것은 사실이다. 이런 분야는 신학적이고 과학적인 측면에서 오랫동안 사고되어왔으며 간섭 없이 자유롭게 남겨져야 한다. 그렇다고 해서 그 자유로움이 어떤 식으로 해도 무방하다는 뜻은 아니다. 어떤 사고들은 기독교적 전통과 성경적 계시와 이성의 관점에서 볼 때 타당해 보이지 않는다. 다윈주의는 기독교적 사고로 숙고한 끝에 만들어진 결과가 아니다. 다윈주의가 왕성하게 발전한 곳에서는 교회가 성장하지 못했다. 이것은, 이성적인 사람이라면 다윈주의를 믿어야 한다고 강요되고 있는지 물을 수 있는 충분한 근거다. 만일 다윈주의에 대한 증거가 압도적으로 많다면 이성적인 그리스도인은 그의 견해를 수정해야 할 것이다. 그러나 다윈주의에 대한 증거는 압도적으로 많지 않다. 필립 존슨은 『심판대의 다윈』[4]에서 이것에 대해 정성을 들여서 기술하고 있다. 정통 그리스도인들은 빅토리아 시대의 창조 신화의 고랑으로부터 그들 자신을 해방시킬 동기와 기회가 있다.

논쟁적인 이슈를 자세히 들여다보면 창세기가 문자적으로 설명돼야 하느냐 그렇지 않느냐의 문제가 아니다. 문제는 과학 혹은 신학이 우리 문화에서 지식의 중요한 공급원으로 간주될 수 있느냐 아니냐다. 서구에서 종교적인 사람들은 갈릴레오 시대로부터 지금에 이르기까지 자연과 계시가 지식의 동등한 영역이라고 주장하고 있다. 이들은 "성경은 우리에게 어떻게 천국이 존재하게 되는지를, 그리고 과학은 어떻게 천국이 진행되고 있는지를 말한다"라는 노선을 따라왔다.

그 결과는 재앙이었다. 어떻게 이성적인 사람이 성경이나 교회의 옳고 그름을 알 수 있단 말인가? 과학은 역사적 증거의 영역을 포함하고 있는데, 이런 과학은 성경의 진리성이나 교회의 전통을 점검할 수 있는 가능성을 제거해왔다. 기능적으로 신학은 주관적 경험의 세계로 분류된다. 신학은 상식적인 외부의 경험에 의한 기준으로는 증명될 수 없다. 교회는 자신의 신앙을 정당화하기 위해 "가슴 속 불타는 것"에 호소하는 몰몬교와 같은 위치에 놓이게 된 것이다. 그러나 동정녀 마리아를 통한 예수의 탄생과 부활 후의 빈 무덤의 사건을 받아들이는 우리는 이런 분리된 시각을 갖지 않는다. 우리는 성육신과 부활의 사건이 시공간에서 일어났음을 믿는다. 이것은 신학적 이론이 아니라 우리가 알고 있는 사실이다.

성육신과 유신론적 진화론

영광스럽게도 나는 우리 교구의 성찬 예배를 섬길 기회를 종종 가진다. 성찬 예배 전체가 우리에게 성육신 사건을 상기시킨다. 성직자가 빵과 포도주를 높이 들고 축복할 때 나는 교회의 최고의 신비를 본다. 그리고 축제의 향연을 음미한다. 나의 내면에는 온통 교회가 간직하기 위해 싸워온 형상들이 있다. 이런 형상들은 내 눈으로 하늘 나라를 보게 한다. 향의 냄새는 공기를 가득 채운다. 종소리는 내가 무릎 꿇어 앉는 제단으로 나의 시선을 돌리게 만든다. 내 몸과 영혼은 이 향연에서 하나가 된다. 성찬례의 마지막에 성직자가 요한복음 1:14의 "말씀이 육신이 되어 우리 가운데 거하시매 우리가 그의 영광을 보니 하나님의 독생자의 영광이요 은혜와 진리가 충만하더라"라는 말씀을 반복할 때 우리는 제단 앞에 무릎을 꿇는다.

처음부터 마지막까지 교회의 역사적인 성찬 예식에는 십자가 예수의 고난의 신비가, 말씀이 육신이 되는 신비와 연결되어 있다. 그리스도인들은 물질과 에너지를 절대로 증오한 적이 없다. 왜냐하면 우리 하나님은 인간의 형상으로 이 땅에 오셨기 때문이다. 역사적 교회의 예배들은 세속적으로 보이는 것과 냄새와 맛으로 가득하다. 왜냐하면 하나님이 창조하신 세상이 보시기에 좋았기 때문이다.

영혼만이 아니라 모든 감각이 예배에 중요함을 정통 기독교는 알고 있다. 이것들 각각이 성찬례를 섬기며 또한 성찬례에서 하나 되게 한다. 교회는 진리가 명제적이라는 것을 부인하지 않는다. 그러나 동시에 이 진리 되신 분이 사람이라는 것도 잊지 않는다. 성찬례는 하늘과 땅을 하나로 연합한다. 성찬례는 복음 그 자체와는 별도로, 우리 세상에 주는 교회의 가장 큰 선물이다.

이런 성육신의 신학이 현대 과학을 가능하도록 도왔다. 그리스의 무신론자들은 물질적 세상에 대한 지속적인 연구를 할 수 있는 충분한 동기가 없었다. 이들은 자연이 성스럽다는 견해와 자연이 악하다는 견해 사이에서 오락가락했다. 일부 무신론자들은 자연 세계를 성스러운 수준으로 끌어 올렸다. 그래서 하나님에 대해 실험을 수행할 수 없었다.

좀더 세련된 그리스 사상가들은 실재의 두 가지 본성을 다 보았다. 하지만 이들은 물질이 나쁘거나 아니면 그 이하라는 견해에 자주 빠져들었다. 아리스토텔레스와 일부 철학자들은 이에 대해 도전했으나 성공하지 못했다. 천국과 우주라는 두 가지 영역을 정확히 구분한 후에 그리스인들은 우주를 경시하지 않을 수 없었다. 이런 상황에서는 과학을 하는 것이 불가능하게 된다.

하지만 말씀이 육신이 되었을 때에는, 세상이 하나님이라는 생각을 하지 않고도 창조 그 자체를 선하다고 보는 것이 가능했다. 물질에 의미 있는 연구 가치가 있게 된 것이다. 물질이 하나님을 위해 육체를 제공한 것이다. 마치 모든 어머니가 예수님의 어머니인 동정녀 마리아의 행동에서 그 소명에 대한 초월적인 확증을 발견해내는 것처럼, 과학자도 성육신을 통해 자신을 부르신 부르심의 목적을 발견하게 된다.

성찬례는 심지어 무신론자도 하나님과 그의 말씀의 아름다움을 볼 수 있도록 해준다. 예수의 성화 덕분에 심지어 비그리스도인도 하늘 나라로 난창을 볼 수 있게 된 것이다. 러시아가 기독교로 개종하게 된 것은, 콘스탄티노플의 소피아 성당에서 러시아 대사들이 이 성당의 물리적 아름다움과 영적인 아름다움의 혼합으로 압도된 결과 이루어졌다. 사도 요한이 지적했듯이 심지어 이 무신론자들도 육신을 입으신 말씀의 하나님을 볼 수 있게 된 것이다. 하나님이 비추시는 빛 앞에서 우리는 그것을 꺼버릴 수도 있고 아니면 그분께 영광을 돌려 예배드릴 수도 있다. 하나님의 영광은 눈으로 확인할 수 있는 것이다.

유신론적 자연주의는 이런 확인 가능한 이미지를 파괴해버린다. 유신론적 자연주의는 자연을 닫힌 책으로 만든다. 그들은 자연이 하나님에 의해 창조되었다는 견해를 펴면서도 한편으로 주장하기를, 무신론자들은 하나님의 영광을 보지 않고서도 자연을 볼 수 있다고 말한다. 과학하는 사람은 그

것이 창조된 세계라는 것을 알지 못하면서 창조 세계를 다룰 수 있다는 것이다. 유신론적 자연주의자는 그리스도인들로 하여금 하나님의 영광을 인식하지 못하게 하는 과학의 틀을 받아들이도록 만들 수 있다. 이것은 마치 성찬례 예식을 중요시하는 교회로부터 모든 물리적 현상을 제해버리는 것과 같다. 이런 교회에서 성찬 의식은 물리적 세상과 결별하고 내적인 정신 세계만을 다루게 된다. 이것은 재앙이다.

지적 설계는 과학 안에 하나님이 들어오게 함

이렇게 과학을 하나님과 분리하는 것은 과학에도 같은 재앙이며, 전혀 불필요한 일이다. 다윈의 시대와 윌리엄 페일리의 설계 논쟁의 시대로부터 지금에 이르기까지 많은 변화가 있었다. 그렇지만 다윈주의는 우리의 관심을 끌고 있는 이런 폭발적인 데이터들의 출현에 잘 따라가지 못했다. 다윈주의는 지금까지 그래 왔던 것처럼 짜맞추기식 수정과 함께 신선함을 잃은 19세기의 유물로 남아 있다. 왜 교회는 자연주의자들의 창조 신화를 구해주려고 그렇게 애를 써야 하는가?

전 세계에 걸쳐서 혁명이 일어나고 있다. 『다윈의 블랙박스』의 저자 마이클 베히 같은 과학자들은 생화학적 수준에서 설계에 대한 많은 증거가 있음을 보여준다. 윌리엄 뎀스키는 설계의 개념을 정밀화했는데, 이는 20세기 말의 가장 중요한 철학적 설명이 될 수도 있다. 지적 설계는 빠른 속도로 중요한 지적 운동이 되어가고 있다.

하나님을 믿는 사람들에게는 창조에서 설계라는 관점을 기독교 신앙의 하나님으로 옮기는 것은 어려운 일이 아니다. 이런 일들은 이미 모어랜드와 윌리엄 레인 크레이그(William Lane Craig) 같은 철학자들에 의해 행해졌고 지금도 계속되고 있다. 사람이 자연 세계를 바라봄으로써 창조의 직접적인 증거를 볼 수 있다는 것이 점점 분명해지고 있다. 심지어 타락한 상태에서도 자연 그 자체는 하나님의 영광을 보여줄 수 있다.

지적 설계는 신학적 동기로 발생한 것은 아니지만 다른 어떤 자연주의 형태보다 더 기독교와 조화될 수 있는 운동으로서, 형이상학적이고 방법론적이며 유신론적인 운동이다. 심지어 무신론자들도 자연을 보면 하나님의 섭리를 볼 수 있을 만큼, 지적 설계는 교회가 지금까지 믿어 왔던 것들을 더 강하게 믿게 한다. 지적 설계는, 자연 세계에서 근원이 되는 행위자의 일을 보는 것을 두려워하지 않는 개방적인 과학철학을 받아들이고 있다. 유신론적 자연주의는 세속적인 과학이 할 수 있는 만큼만 하나님을 허용하는 매우 난해하고 제한된 이념이다. 유신론적 자연주의자에게도 연구를 계속할 자유가 허용되어야 하지만, 교회나 세속적 문화가 그들에게 관심이 없더라도 놀라지 말아야 할 것이다.

내 아들 이안은 하나님이 디즈니랜드에 들어갈 수 있는 입장권을 가지고 계심을 믿지 않았다. 이안은 하나님이 일하고 계시다는 것을 다른 사람들이 볼 수 있을 때에도 그분의 일하심을 찾지 않았다. 우리 아들은 하나님이 디즈니랜드뿐만 아니라 어느 곳에나 계신다는 것을 깨달아야 한다. 만일 그리스도인들이 지적 설계 운동을 통해 발견된 것들을 자세히 들여다본다면, 하나님은 과학의 세계에 들어가시기 위한 입장권이 필요 없으심을 알게 될 것이다. 하나님의 형상이 바로 과학 안에 항상 계시기 때문이다.

7장

생명 기초의 환원 불가능한 복잡성과 지적 설계

다윈의 몰락

_마이클 베히

◆ 마이클 베히(Michael J. Behe)는 펜실베니아 대학교에서 생화학으로 박사 학위를 받았다. 현재, 펜실베니아 주 리하이 대학교 생물학과 교수며『다윈의 블랙박스: 진화론에 대한 생화학적 도전』의 저자다. 그는 미국 국립과학원과 미국 과학 재단으로부터 연구비를 지원받아 생화학 연구를 하고 있다. 베히는 생물물리 학회와 미국 분자생물학생화학 학회의 회원이다. 이 논문은 "윤리와 의학"(*Ethics and Medics*)과 "창조와 진화: ITEST 워크샵의 1997년 10월 발표" (*Creation and Evolution: The Proceedings of the October 1997 ITEST Workshop*)에 실린 글을 재편집한 것이다.

진화 이야기는 매혹적이기도 하지만 성가신 주제이기도 하다. 매혹적인 이유는, 이 주제가 우리가 누구이고 어떻게 여기에 살고 있는지, 또한 우리 주변에 있는 세상과 어떻게 연관됐는가에 대해 묻기 때문이다. 성가시다는 것은 진화라는 주제가 사람들 사이에서 논쟁과 정치적인 싸움을 불러일으키기 때문이다. 이 싸움으로 우리는 더 많이 실망하게 되는데, 왜냐하면 이 싸움은 성경의 문자적인 해석만을 주장하는 진영과, 공립학교 교육에서 창조주의 초월성을 주장하는 것이라면 어떤 것이든지 제한하려는 진영 사이의 편 가르기의 파벌 싸움이기 때문이다.

이런 논쟁과 싸움에 실망한 사람들은 진화와 관련된 주제를 대하면 일반적으로 무시하게 된다. 그러나 적어도 그리스도인들은 이런 주제에 대해 무관심하게 되는 실수를 범하면 안 된다. 수년 전에 교황 요한 바오로 2세는 교황청 과학원에 보내는 편지(*L'Osservatore Romano*, 1996년 10월 30일)에서 "계시는 부분적으로 사람의 본성과 기원과 관련된 교훈을 담고 있으므로 진화론은 교회의 깊은 관심을 끄는 필수적인 주제다"라고 말했다. 적어도 사회적 활동을 하는 그리스도인 지식층이라면 우리 믿음과 특별한 관계가 있는 진화의 사실들에 대해 기본적으로 이해할 수 있어야 한다.

교황은 서신을 통해 표면적으로 보기에도 논쟁이 될 수 있는 여러 가지를 언급했다. 교황은 진화론이 "가설 이상의 것"이며 "이 이론은 지식의 여러 분야에서 차례대로 발견된 일련의 결과에 근거해 연구자들에게 점차 받아들여졌다"라고 말한다. 또한 "우리는 진화론보다는 여러 가지 진화 이론에 대해 논의해야만 한다"라고 주의 깊게 말하고 있다. 이 이론들은 부분적으로 "진화의 메커니즘보다 더 발전된 다른 설명들"과 관련된다. 진화가 가설 이상의 것이며 그 메커니즘에 있어서는 아직도 불명확하다고 말하면서도, 어떻게 진화론이 이렇게 지지를 받을 수 있는 것인가?

문제는 진화라는 단어가 다른 의미로 사용될 수도 있고, 이렇게 애매하게 사용됨으로써 쉽게 사람들을 혼동시킬 수 있다는 것이다. 그중 한 가지는 "진화는 단지 공통의 가계를 가진 것"이라는 의미다. 따라서 모든 살아 있는 생명체는 공통 조상으로 연결된다는 것이다. 아마 교황이 언급한 진화론이 상당한 지지를 받고 있다는 내용은 이런 맥락 때문이라고 생각된다. 공통의 가계라는 것은 종간의 유사성을 설명할 가능성을 내포한다. 그리고 이전 과학자들이 알지 못했던 생명체들 간의 다양한 유사성을, 현대 과학이 분자생물학 수준에서 보여주고 있다. 그러나 종간의 유사성을 설명하는 일은 오히려 쉽다. 생명체의 몇 가지 특징이 지금의 생명체에도 똑같이 남아 있다고 말하기만 하면 되기 때문이다. 정말로 어려운 부분은 생명체들 사이에 있는 수많은 심각한 차이를 설명하는 것이다.

또 다른 의미로서 진화는 다윈의 특정한 이론만을 의미하기 위해 종종 사용된다. 생명체들 사이의 차이를 설명하기 위해 다윈은 자연 선택 이론을 제안했다. 그는 모든 종의 생물에게는 변이가 일어나며, 이런 무작위적 변이들이 생존 경쟁에 도움을 주어서 다른 종보다 더 많은 자손을 낳게 한다고 생각했다. 이 변이들이 유전된다면 생물 종의 특징들이 시간이 지남에 따라 변화된다는 것이다. 한마디로 다윈은 진화를 이끄는 진화의 메커니즘을 제안했다. 하지만 생물체들의 비교적 작은 변화는 이런 메커니즘으로 설명할 수 있지만, 더 크고 복잡한 변화는 설명할 수 없다. 요한 바오로 2세가 "여러 가지 진화 이론"에 대해 언급했을 때 이런 다윈의 진화 메커니즘에 의문을 가진 것이 분명하다.

교수와 추기경

왜 이런 비밀스러운 것들이 중요한가? 많은 그리스도인이 다윈의 진화론에 문제점이 있다고 하는 것은 바로 "무작위"(random)라는 단어 하나 때문이다. 진화론이 처음 발표된 이후 교회에 대해 적개심을 가진 사람들은—이 중에는 유명한 과학자도 포함되어 있는데—"이 무작위성은 단순히 인식론적인 것이 아니라 존재론적이다"라고 강하게 주장했다. 한마디로 "과학은 생명체에서 목적을 찾지 못한다"라는 말이다. 따라서 "목적이 없으므로 하나님도 없다"고 결론 내린다. 예를 들어 옥스퍼드 대학의 동물학자 리처드 도킨스는 다음과 같이 말한다. "우리가 관측하는 우주는 그 기저에 단지 의미 없는 무관심만 있고 설계도 없으며 목적도 없고 선과 악도 없음을 기대해야 하는 특징을 갖고 있다."[1] 이런 도킨스의 주장은 분명히 과학의 범위를 넘어선다. 그럼에도 과학이 우리의 문화 생활에서 상당한 권위가 있기 때문에, 심지어 과학자들이 적절치 못한 철학적 발언을 하더라도 그 발언은 아직도 상당한 권위를 가진다.

교황은 그의 서한에서 다윈의 이론이 주장하는 무작위성에 대해 언급하지는 않았지만, 그의 자문격인 요제프 라칭거 대주교(Cardinal Joseph Ratzinger)는 『태초: 창조와 타락에 대한 가톨릭적 이해』(In the Beginning: A Catholic Understanding of the Story of Creation and Fall)[2]에서 이에 대해 논하고 있다. 이 책은 다음과 같이 말한다.

> 진화와 그 메커니즘의 문제를 직접 다루어보자. 미생물학과 생화학은 이 주제에 대해 혁명적이라 할 수 있는 통찰력을 제공해왔다.…우리는 생명 창조의 위대한 계획들이 우연과 실수의 산물이 아니라는 것을 말할 수 있는 대담함을 가져야만 한다.…이런 것들은 창조하는 이성(creating Reasons)의 증거가 되며 창조하는 지능(creating Intelligence)을 보여준다. 창조하는 이성과 지능은 이런 사실을 이전보다도 더 밝고 빛나게 보여준다.[3]

여기서 대주교의 세 가지 주장에 대해 주목해보자. 첫째, 그는 생명이 존재론적이고 무작위적인 사건이 아니라 지적인 목적의 결과라고 주장하고 있다. 둘째, 이런 주장은 성경적이거나 신학적인 주장이 아닌 물리적 증거(예, 생명 창조의 위대한 계획들은 창조하는 이성을 증명한다)에 근거한다. 마지막으로, 생명을 분자 수준에서 연구하는 생화학이 이런 견해를 특별히 강하게 지지한다. 여기서 대주교는 상당히 중요한 제시를 하고 있다.

다윈은 답을 알고 있었다

1996년에 나는 『다윈의 블랙박스: 진화론에 대한 생화학적 도전』을 저술했다. 라칭거 대주교가 10년 전에 고대했던 내용이 바로 이 책의 주된 내용이

위대한 설계, 그 흔적들

다. 블랙박스란 과학에서 주로 사용되는데, 흥미 있는 작용을 하지만 그 안의 작용 메커니즘에 대하여는 아직 알려지지 않은 것을 지칭한다. 다윈과 19세기의 과학자들에게는 세포 자체가 블랙박스였다. 생명의 기초적인 메커니즘들이 불명확했던 시기에 다윈은 진화론을 발표했다.

그러나 세포가 단순한 "원형질"이라고 믿었던 19세기 과학자들과는 달리, 현대의 과학자들은 세포가 매우 복잡한 분자 기계장치를 가지고 있음을 알게 되었다. 생명의 기본이 단순하다고 하는 가정은 완전히 잘못되었음이 이미 드러났다. 현대 과학은 생명체의 놀랄만한 복잡성을 분자수준에서 밝혀냈다. 그렇다면 다윈의 이론이 이런 것들을 설명할 수 있는지 없는지 어떻게 알 수 있을까? 다윈 자신이 여기에 대해 기준을 설정해놓았음을 우리는 이미 알고 있다. 다윈은 『종의 기원』에서 다음과 같이 스스로 인정하고 있다. "만일 생각해낼 수 있는 여러 가지 연속적이고 작은 변화들로 형성되지 않는 복잡한 생명체가 존재한다는 것이 증명된다면, 나의 이론은 확실하게 몰락할 것이다."[4]

그렇다면 어떤 것이 "여러 가지 연속적이고 작은 변화들"에 의해 형성될 수 없는 생물학적 체계인가? 바로 **환원 불가능한 복잡성**(irreducible complexity) 체계다. 환원 불가능한 복잡성이란 내가 고안한 문구인데, 여러 가지 상호작용을 하는 부분들로 구성되며, 그중 한 가지만 제거해도 시스템이 기능을 잃게 되는 단일 시스템을 의미한다.

예를 들어 일상적으로 볼 수 있는, 쥐를 잡는 데 사용하는 쥐덫을 환원 불가능한 복잡성으로 볼 수 있다. 우리가 집에서 사용하는 쥐덫은 다음과 같이 여러 가지 부분으로 구성되어 있다(그림 1). (1) 바닥을 이루는 평평한 나무판, (2) 작은 쥐를 죽이는 데 사용되는 쇠로 된 망치, (3) 쥐덫이 쥐를 잡기 위해 장전되어 있을 때 나무판과 망치를 억누르기 위한, 끝이 뻗쳐진 용수철, (4) 작은 압력이 작용할 때 방출되는 민감한 잠금 걸이 (5) 쥐덫이 장전되었을 때 포획 함정에 연결되며 망치를 붙들고 있는 고정 막대. 나무판만으로는 쥐를 잡을 수 없다. 또한 나무판에 용수철과 잠금 걸이를 더 붙였다고 해서 나무판만 있을 때보다 쥐를 몇 마리 더 잡을 수 있다거나, 여기에 지지대를 더했을 때 또 몇 마리 더 잡을 수 있다는 그런 방식으로는 쥐덫이 성립될 수 없다. 쥐를 잡으려면 쥐덫의 모든 부분이 제자리에 단 한 번에 준비되어 있어야 한다. 그러므로 쥐덫은 환원 불가능한 복잡성을 가지고 있다.

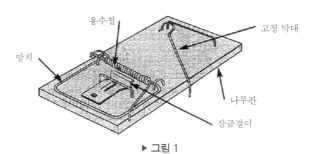

▶ 그림 1
집에서 사용하는 쥐덫의 그림. 쥐덫의 각각의 부분이 표시되어 있다. 만일 이 부분 중 어느 하나라도 상실되면 쥐덫은 작용할 수 없다.

환원 불가능한 복잡성의 체계는 이전 시스템에 여러 가지 연속적인 작은 변화들이 더해짐으로써는 생성될 수 없다. 왜냐하면 한 가지 부위라도 빠지게 되면, 환원 불가능한 복잡성을 가진 체계 즉, 이전에 존재하던 어떤 체계도 그 기능을 수행할 수 없기 때문이다. 만일 환원 불가능한 복잡한 생물 체계가 존재한다면 이것은 다윈의 진화론에 강력한 도전이 될 것이다. 자연 선택은 이미 작용하고 있는 시스템만을 선택할 수 있기 때문에, 만일 생물학적 시스템이 점진적으로 생성될 수 없다면, 자연 선택이 작동하기 위해서는 생물학적 시스템이 통합적 단위로 이루어져야 할 것이다.

어떤 특정한 시스템이 단지 환원 불가능하게 복잡하다는 사실을 보여준다고 해서, 이런 시스템의 생성에 점진적인 과정들이 없다고 단정적으로 말

위대한 설계, 그 흔적들

할 수 없다. 환원 불가능한 복잡성의 체계가 직접 생성될 수는 없지만, 간접적이고 우회적인 경로를 통하여도 생성될 가능성을 완전히 배제할 수는 없다. 그러나 상호작용하는 체계의 복잡성이 증가할수록 간접적인 경로의 가능성은 급격히 줄어든다. 그리고 아직 설명되지 않은, 환원 불가능한 복잡한 생물의 예가 많이 있으며 이런 생물학적 체계의 숫자가 증가할수록, 다윈의 실패 범주가 과학이 허락할 수 있는 최대한으로 상승한다고 우리는 확신한다.

섬모

무생물인 쥐덫과 생물 체계는 서로 다르다. 따라서 환원 불가능하게 복잡한 생물학적 시스템이 생물계에 존재하는지 물을 필요가 있다. 그 대답은 분명히 "존재한다"이다. 이미 많은 실례가 드러났는데, 그중 좋은 예로 섬모를 들 수 있다. 섬모는 머리카락과 같은 구조로서 많은 동물과 하등 식물의 표면에 존재하는데, 세포의 표면에 존재하면서 액체를 움직이게도 하고 이런 액체 사이로 단세포들이 저어서 이동할 수 있게도 한다. 예를 들면 사람의 호흡기에 있는 세포에는 각각 약 이백 개의 섬모가 있는데, 이 섬모는 세포와 함께 작용하여 호흡기에 있는 점액을 청소하여 목 밖으로 제거하는 작용을 한다.

　섬모의 구조는 어떻게 생겼을까? 섬모는 엑소님(axoneme)이라고 하는 섬유 다발로 구성되어 있다. 엑소님 각각은 중앙에 있는 두 개의 단일 미세소관(microtubule)을 싸고 있는 9개의 이중 "미세소관" 형태로 되어 있다. 이 9개의 이중 미세소관은 각각 10개의 필라멘트(filaments)의 집합체에 13개의 필라멘트 고리가 붙은 모습이며, 이 미세소관의 필라멘트는 a와 b라는 두 가지 튜불린(tubulin)으로 구성되어 있다. 엑소님을 이루는 11개의 미세소관은 3가지 종류의 연결관(connector)으로 연결되는데, 중앙의 미세소관에 바깥의 이중 미세소관이 방사상 스포크(radial spoke)에 의해 연결되어 있다. 양쪽 옆에 위치한 바깥의 이중 미세소관은 넥신(nexin)이라고 하는 매우 탄력 높은 단백질로 서로 연결되며, 중앙의 미세소관은 연결 다리(connection bridge)로 서로 붙어 있다. 마지막으로 각각의 이중 미세소관은 모두 내부 가지와 외부 가지를 가지는데, 이 두 가지는 다이네인(dynein)이라는 단백질이다.

지금까지 설명한 것만으로도 독자들은 이미 충분히 복잡하다고 느낄 것이다. 그런데 이것은 생화학적 연구로 밝혀진 결과, 섬모가 약 200개 이상의 다른 종류 단백질 부분들로 이루어진 극도로 복잡한 구조라는 것에 비하면 아무것도 아니다.

그렇다면 섬모는 어떻게 작용하는가? 연구 결과에 의하면, 섬모의 운동은 화학적 에너지 작용에 의해 한쪽 미세소관의 다이네인 가지가 두 번째 미세소관 위쪽에 작용하여 두 개의 미세소관이 서로 미끄러져 지나게 한다고 한다(그림 2). 또한 섬모의 미세소관들 사이의 단백질에 의한 가교 결합이, 서로 이웃한 두 미세소관이 정해진 짧은 거리 이상을 미끄러져 지나가는 것을 막아준다. 따라서 가교 결합들은 다이네인의 작용으로 만들어진 미끄러짐 운동이 전체 엑소님의 구부러짐 운동으로 바뀌게 하는 역할을 한다.

그럼 이런 사실이 무엇을 의미하는지 알아보자. 섬모가 움직이기 위해서는 어떤 구성 성분들이 필요한가? 섬모가 움직이려면 미세소관이 반드시 필요하다. 미세소관 없이는 미끄러짐 운동을 할 가닥이 없다. 여기에 더해 모터가 필요하다. 모터가 없다면 섬모의 미세소관들은 뻣뻣하고 움직임이 없을 것이다. 또한 이웃에 있는 가닥을 잡아당길 역할을 하는 가교 결합이 필요하다. 이 가교 결합은 미끄러짐 운동을 구부러짐 운동으로 바꾸어주고, 섬모 전체가 분해되는 것을 막아준다. 이런 모든 구성 성분이 섬모 운동이라는 한 가지 기능을 수행하기 위해 필요하다. 마치 쥐덫의 모든 구성 성분이 함께 있지 않으면 기능할 수 없는 것처럼, 섬모 운동도 미세소관과 가교 결합, 모터가 없다면 존재할 수가 없다. 그러므로 섬모는 환원 불가능하게 복잡하다. 그리고 이런 사실은 생물 체계의 변화가 점진적이라고 생각하는 다윈의 진화론에 큰 파장을 불러일으킨다.

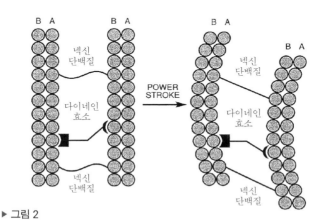

▶ 그림 2

섬모의 일부분을 도식화한 그림. 한 개의 미세소관에 붙어 있는 모터 단백질이 다른 미세소관에 힘을 가하면 섬유가 서로 미끄러져 지나가게 된다. 넥신이라는 유연한 가교단백질은 이 미끄러짐 운동을 구부러진 운동으로 바꾸어준다.

복잡한 세포 내 전달 시스템

또 다른 환원 불가능한 복잡성의 예로는 세포 내 소기관들로 단백질을 정확하게 운반하는 생물 시스템을 들 수 있다. 마치 우리 집에 방이 여러 개 있는 것처럼, 진핵 세포도 여러 가지 특별한 기능을 수행하기 위해 세포 내 소기관들을 가지고 있다. 이런 소기관에는 세포 내의 필요 없는 것을 분해하는 리소좀, 단백질을 수송하는 골지체 등 여러 가지가 존재한다. 그런데 불행하게도 단백질을 만드는 기관은 이것들의 밖에 위치한다. 그렇다면 기능을 수행할 수 있는 단백질은 이런 소기관들로부터 어떻게 자신의 목표를 찾아갈 수 있을까? 알려진 바로는 세포 내 소기관으로 이동하는 단백질은 그 시작 부위에 "신호 서열"(signal sequence)이라는 특별한 아미노산 서열을 가지고 있다. 단백질이 합성됨에 따라 신호 인지 입자(signal recognition particle, SRP)라는 복잡한 분자 집단이 이 신호 서열에 결합한다. 이것이 결합되면 잠시 단백질 합성이 중단되고 투막과 부위에 있는 신호 인지 소립자 수용체에 결합하며, 동시에 단백질 합성이 다시 재개되고 단백질은 소포체(endoplasmic reticulum, ER)의 안으로 들어간다. 단백질이 소포체 안으로 완전히 들어가면 가지고 있던 신호 서열이 차단된다.

많은 단백질에서 소포체는 거쳐 지나가는 정거장에 불과한 경우도 있다(그림 3). 이후에 리소좀으로 운반될 단백질의 경우, 이 단백질에는 소포체의 정거장에 머물러 있는 동안 만노스-6-인산(mannose-6-phosphate)이라는 탄수화물 부위로 꼬리표가 붙게 된다. 또한 소포체 일부분의 막이 여러 가지 단백질을 모으기 시작하는데, 그중 하나인 클라트린(clathrin)은 측지선 돔(최단거리를 잇는 둥근 천장의 돔―편집자 주) 형상을 만들고 이것은 다시 피막 소포(coated vesicle)를 만들어 소포체로부터 발아하여 나오게 된다. 이 피막 소포의 돔 모양의 구조에는 운반 중인 단백질 중에서 클라트린과 만노스-6-인산이 동시에 결합할 수 있는 수용체 단백질이 있다.

이 피막 소포는 소포체를 떠나 세포질을 여행하여 리소좀에 있는 또 다른 특정한 수용체 단백질에 의해 리소좀에 도달하게 된다. 여기서 또 여러 가지 많은 단백질의 작용으로 이 피막 소포는 리소좀과 융합하게 되고, 단백질은 리소좀의 최종 목적지에 도달하게 된다.

우리 단백질은 이런 세포 내 여행 중에 수십 가지의 고분자들과 상호작용하면서 단 한 가지 목적을 달성한다. 바로 리소좀에 도착하는 목표다. 실질적으로 이런 단백질의 운반을 위해서는 모든 운반체계의 구성 성분이 함

위대한 설계, 그 흔적들

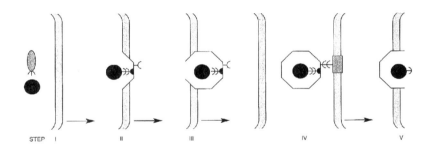

▶ 그림 3

소포체로부터 리소좀으로의 단백질 수송. 스텝 I: 특정한 효소(회색 타원형)가 단백질(검정 구형)에 표지를 붙인다. 이 작용은 소포체에서 일어난다. 이것은 불투과성의 막(끝이 왼쪽으로 굽은 막대 모양)에 의해 한계가 정해져 있다. 스텝 II: 표지가 수용체 단백질에 의해 인지되고 클라트린 소포(육각형 모양)가 형성되기 시작한다. 스텝 III: 클라트린 소포가 완성되고 소포체 막으로부터 발아하여 분리된다. 스텝 IV: 클라트린 소포가 세포질을 통과하여 다른 특정한 표지 단백질을 통해 리소좀 막(끝이 오른쪽으로 굽은 막대 모양)상의 수용체 단백질(진한 회색 사각형)에 붙는다. 스텝 V: 일련의 더 많은 과정에 의해 클라트린 소포가 리소좀 막과 붙어 융합하고 그 소포 안의 단백질을 리소좀에 풀어놓는다.

께 작동해야 한다. 그러므로 이런 시스템은 환원 불가능하다고 할 수 있다. 이런 운반 체계의 사슬에 틈이나 이상이 있으면 I-세포 질병(I-cell disease)이라는 유전병에 걸리는데, 이 유전병은 리소좀으로 가야 할 단백질에 만노스-6-단백질을 붙여주는 효소에 결함이 생김으로써 발생한다. 이 I-세포 질병은 점진적으로 정신지체, 골격의 기형을 유발하며 질병 초기 단계에서 사망에 이르게 된다.

설계의 탐지

환원 불가능한 복잡한 세포 체계의 예는 여러 가지가 있다. 과학자들은 이런 생각지도 못한 복잡한 메커니즘들을 직면했을 때 무슨 말을 할 수 있었을까? 많은 저명한 과학자들은 자연 선택으로 이런 메커니즘을 설명할 수 있을지에 대해 의문을 갖게 되었다. 스튜어트 카우프만, 린 마르굴리스(Lynn

Margulis), 브라이언 구드윈(Brian Goodwin), 제임스 샤피로 등은 이런 복잡한 메커니즘에 대해 다윈주의의 해명이 부족하다고 말한다. 따라서 이들은 다윈주의에 대한 각각 다른 대안을 제시하는데, 이 대안들도 맹목적이고 일반적인 법칙에 따를 뿐, 아직 어느 것도 명확한 해답을 제시하지 못하고 있다.

나는 많은 생화학적 시스템이 자연 선택 이론으로 설명될 수 없다는 이들 과학자의 주장에 동의하면서, 다른 대안을 제안하고 싶다. 내 대안은 이런 생물학적 시스템이 강한 설계의 증거를 보여주는데 이 설계는 지적 행위자(intelligent agent)에 의한 목적과 계획이 있는 설계라는 것이다.

그렇다면 우리는 생화학적 시스템들이 설계되었다는 것을 어떻게 탐지할 수 있는가? 최근, 윌리엄 뎀스키는『설계 추론』에서 무엇인가가 설계가 되었는지 아닌지를 결정하는 기준을, 수학과 철학을 적용하여 잘 정리했다. 이 책에서 저자는 독립된 물질계의 설계를 추정할 수 있는 간단하고 직관적인 기준을 말하고자 한다. 설계는, 여러 가지로 분리되어 있으면서 동시에 상호작용하는 구성 성분들이 각각의 기능을 초월하는 기능을 수행하기 위해 질서 정연하게 이루어져 있을 때 가장 쉽게 이해될 수 있다. 예를 들어 게리 라슨(Gary Larson)이 그린 그림 중 탐험대가 정글을 헤쳐나가는 "파 사이드"(Far Side) 만화를 생각해보자. 이 그림에서는 탐험 리더가 발이 나무줄기로 휘감겨 나무에 매달려 있고, 나무로 된 뾰족한 창이 공중에 매달려 있는 탐험 리더를 정확하게 겨냥하고 있다. 다른 동료 하나는 다른 사람을 바라보며 "내가 앞에 나서지 않는 이유가 바로 이것 때문이다"고 말하고 있다.

이 만화를 보는 사람이라면 즉각적으로 이 함정이 누군가에 의해 설계된 것이라는 것을 알게 된다. 그런데 우리는 이것을 어떻게 알 수 있는가? 어떻게 독자들은 이 함정이 설계된 것이라는 것을 알 수 있단 말인가? 우리는 이 함정이 그 기능을 수행하기 위해 구성 성분들이 정확하게 상호작용하는 방법을 살펴봄으로써 이 함정이 설계되었음을 알 수 있다. 그림 1에 나타난 쥐덫처럼, 누구도 이 만화에 있는 함정 그림의 구성 성분들이 우연히 배열되어 만들어졌다고 생각하는 실수를 범하지 않을 것이다.

나는 많은 생물 체계가 지적인 행위자에 의해 설계되었다고 주장한다. 우리가 섬모의 설계와 세포 내 전달 시스템의 설계에 대해 이해하는 것도, 정글의 함정 만화를 이해하는 것과 같은 원리다. 일련의 구성 성분에 의해 작동하는 알려진 하나의 기능을 달성하려면, 각각의 구성 성분은 정확하게 배열되어 있어야 한다.

고의적인 저항

내가 아는 바로는 내 책에 대해 논평한 과학자들이, 책에 기술된 생화학적 시스템들이 이미 과학적으로 설명되었다고 주장하지는 않는다. 제임스 쉬리브(James Shreeve)는 「뉴욕 타임즈」(New York Times)[5]에 내 책에 대해 다음과 같이 논평했다. "현재의 지식 범위에서는 혈액 응고 혹은 세포 내 전달 체계들의 기원을 오래된 다윈의 진화론으로는 설명할 수 없다는 베히의 견해가 맞을지도 모른다." 시카고 대학교의 미생물학자 제임스 샤피로는 「내셔널 리뷰」(National Review)[6]에서 다음과 같이 논평한다. "다윈의 진화론에는 근본적인 생화학 시스템 혹은 세포 시스템에 대한 상세한 설명은 없고, 단지 희망뿐인 다양한 추측만이 있을 뿐이다."

시카고 대학의 진화 생물학자 제리 코인(Jerry Coyne)은 비록 지적 설계 개념에 비우호적이긴 하지만, 「네이처」(Nature)[7]에 다음과 같이 논평했다. "베히에 의해 기술된 경로들은 위압적일 정도로 복잡하다. 그리고 이런 경로들에 대해 진화론으로 해명하기가 어려우리라는 데에는 의심의 여지가 없다. 아마도 우리는 최초의 경로에 대해서는 영원히 알 수 없을지도 모른다." 앤드류 포미안코브스키(Andrew Pomiankowski)는 「뉴 사이언티스트」(New

Scientist)[8]에 다음과 같이 논평한다. "어떤 생화학책을 펴보든지 당신은 진화론과 연관된 두세 개의 참고 문헌을 발견할 수 있을 것이다. 그러나 그 문헌에서 '진화 이론은 그들의 생물학적 기능을 위해 가장 적합한 분자들을 선택한다'는 것 이상의 좋은 설명을 찾지 못할 것이다. 아마 그 이상을 찾게 되면 당신은 운이 좋은 사람일 것이다.'" 이와 같은 과학자들의 논평을 따르면, 적어도 복잡한 생화학적 경로들이 더 완전히 설명되어야 한다는 것에 모든 사람이 동의한다는 것은 명백하다.

그러나 많은 논평자 중 생물학자들은 누구도 지적 설계의 결론에 동의하지 않는다. 쉬리브는 "세포 내 시스템 중 어느 것이 지적으로 설계되었고 아니고를 알아내는 것 이외에도, 우리 자손들에게 남겨주어야 할 것이 많지 않은가? 그리고 이것이 현재 우리 이해를 초월한다고 해서, 다음 세대에도 그러리라는 법은 없다"라고 염려를 표했고, 샤피로는 "슬프게도 아직 논쟁이 되지 않은 정설에 대한 좋은 논평임에도 불구하고, 『다윈의 블랙박스』는 미래의 비전을 보는 것이 아니라 과거의 논쟁에 대해 맞서고 있기 때문에 현재 생물학의 흥미를 끌지는 못한다"라고 유감을 표했다. 코인은 "한 사람이 그 경로를 상상할 수 없다고 해서 이런 경로가 존재할 수 없다고 가정하는 것은 타당치 않다"라고 빈정거리는 투로 이야기한다. 포미안코브스키는 차이를 인정하며 이렇게 이야기하고 있다. "따라서 우리가 여기에 보는 것은 신을 자연으로 다시 돌려놓으려는 최근의 시도이지, 가장 마지막 시도는 아니라는 것에 의심의 여지가 없다."

이런 글을 볼 때 논평자들이 지적 설계에 대해 과학적인 증거가 반대한다든지 혹은 이 설계가 논리의 원칙에 어긋나기 때문에 이것을 부인하는 것은 아님이 분명하다. 오히려 불편한 지적 설계 이론이 불러일으킬 신학적 파생 효과 때문에, 그들이 지적 설계를 받아들일 수 없다고 나는 믿고 있다. 요한 바오로 2세는 교황청 과학원에 보내는 서한에서 진화론은 두 가지 부

위대한 설계, 그 흔적들

분을 갖고 있다고 했다. 한 가지는 메커니즘이며 또 한 가지는 그 메커니즘에 붙어 있는 철학이다. 그러나 이런 방식을 적용한다면, 어떤 철학은 그 어떤 메커니즘과도 혼합되거나 조화될 수 있음을 가정할 수 있다. 그러나 상황은 그렇게 분명하지 않다. 가톨릭을 포함한 많은 다른 그리스도인은 그들의 신학에 다윈의 이론을 수용할 수 있는 여지가 있지만(그러나 진화의 진행이 무작위적인 것이 아니라 하나님에 의해 미리 정해졌다는 것을 조건부로 수용한다), 유물론자들은 다윈주의와 같은 무엇인가를 필요로 한다. 그 이유는 궁극적으로 유물론은 생명과 정보가 다른 도움 없이 순전히 무생물로부터 생겼다고 말하기 때문이다.

그러나 지적 설계 이론은 지구의 경이로울 정도로 복잡한 생명을 계획하고 실행할 수 있는 설계자가 있다는 것을 무조건 주장한다. 비록 이론적인 측면에서 물질주의적 철학과 양립할 수 있는 설계자의 역할에 대한 다른 대안이 있더라도(아마 우주의 외계인이나 공상 영화의 시간 여행 같은 것이 예라고 생각된다), 이런 것에 미혹될 사람은 많지 않을 것이며, 설계자는 자연을 초월하는 초월자라고 결론지을 것이다. 많은 과학자는 이런 지적 설계자를 받아들일 수도 없고 받아들이지도 않을 것이다. 왜냐하면 이 개념도 그들이 이전에 표방했던 물질주의에 대한 책임, 혹은 적어도 일을 하는 과정에서 편리하게 사용된 물질주의와는 반대되기 때문이다.

그럼에도 나는 궁극적으로 과학자들의 세계가 지적 설계를 별개의 모습으로 혹은 묵인하는 모습으로라도 수용하리라고 낙관한다. 이렇게 낙관하는 것은, 자연의 새로운 복잡성과 생명과 우주에 원래 존재하는 지적 설계를 인지하는 새로운 추론들이 과학이 발달함으로써 매일 새롭게 발견되기 때문이다.

8장

DNA, 설계, 지성

글자 맞추기 게임

_스티븐 마이어

◆ 스티븐 마이어(Stephen C. Meyer)는 케임브리지 대학교에서 역사와 과학으로 철학 박사를 받았다. 현재, 휘트워스 대학교 철학과 부교수이며 시애틀의 디스커버리 연구소 과학과 문화 회복 센터 책임 연구원이자 이사다. 그는 『서양전통에서의 과학과 종교의 역사』,[1] 『다윈주의: 과학인가 철학인가』,[2] 『팬더와 사람』,[3] 『창조 가설』,[4] 『사실과 과학의 양상들』[5]과 같은 책과 선집들의 출판에 기여했다.

"하나님은 주사위 놀이를 하지 않는다"라고 아인슈타인은 말했다. 아인슈타인의 말이 맞았다. 하나님은 스크래블(철자가 적힌 플라스틱 조각들로 글자 만들기를 하는 보드게임—편집자 주)**을 하신다.   _필립 골드**

19세기 말 이래 많은 생물학자는 살아 있는 생명체가 지적 설계의 증거를 나타낸다는 생각을 무시해버렸다. 생명체 설계의 모습을 인정하면서도 대부분의 사람은 다윈주의 혹은 신다윈주의가 정보나 지적 원인에 의지하지 않은 채, 이런 설계의 모습이 어떻게 자연적으로 발생하게 되었는지 설명해 준다고 주장한다. 다윈을 추종하는 현대의 신다윈주의자도 살아 있는 생명체의 설계 양상을, 무작위적 돌연변이에 작용하는 자연 선택이 설명할 수 있다고 받아들인다. 진화생물학자 프란시스코 아얄라는 "생물체의 기능적인 설계와 이 특징이 설계자의 존재를 주장하는 것처럼 보인다. 그러나 지향성이 있는 생명체의 조직이 창조주나 다른 외적 요인에 의존할 필요 없이, 자연 선택이라는 자연적 과정의 결과로 설명될 수 있음을 보여준 것이 다윈의 위대한 성과였다"라고 설명했다.

그러나 다윈주의의 설명이 설득력 있다는 것은 인정하지만, 생물학의 중요한 분야에서 보인 설계의 모습도 쉽게 부인할 수 없다. 지난 반세기 동안 분자생물학과 생물학의 발달로 인해 세포 내의 세밀화된 세계에 대한 이해가 놀랄 만큼 발전했다. 생명체의 가장 근본적인 단위인 세포는 정보를 저장·전달·편집하며 이 정보를 이용하여 가장 기본적인 대사 과정을 조절한다는 것이 밝혀졌다. 에른스트 해켈(Ernst Haeckel)과 19세기의 생물학자들이 세포를 단순한 "동질적인 원형질 덩어리"(homogenous globules of plasm)라고 했던 것과는 달리, 지금의 생물학자들은 세포를 "분배적인 실시간 컴퓨터"(distributive real time computer) 또는 복잡한 정보 가공 장치라고 묘사한다. 예를 들어 유명한 저널인 「세포」(Cell)[6]는 최근 특집호에서 전적으로 "고분자 기계"(macromolecular machine)라는 주제만을 다루었다.

물론 다윈은 이런 복잡한 것들에 대해 알지도 못했을 뿐만 아니라 이들의 기원에 대해 설명하려고 시도조차 하지 않았다. 대신 어떻게 생명이 하나 혹은 몇 개의 단순한 형태로부터 시작해 점진적으로 더 복잡하게 되었는지를 생물학적 진화론을 통해서 설명하려고 노력했다. 따라서 엄밀히 말해 순전히 자연주의적인 다윈주의 진화 메커니즘이 생물학에서 나타나는 설계의 모습을 보여줄 수 있다고 주장하는 것은 과장이다. 세포에 내재한 소우주 안의 복잡성에 대해 말하려면 더 많은 설명이 필요하다. 그렇지만 소우주의 복잡성은, 가장 첫 번째 생명과 이 생명이 필요로 하는 정보의 존재를 설명하려 하기보다는 추정하려고만 하는 생물학적 진화 이론의 한계를 뛰어넘어 그 위에 있다.

유물론적 언어로 생명의 기원을 설명하기

1870년대와 1880년대 사이에 활동했던 과학자들은 생명의 기원에 대해 설명하는 것이 상당히 쉬울 것으로 예상했다. 이들은 생명을 이산화탄소와 산소와 질소 같은 화학물질을 혼합하고 또 그 물질들을 다시 혼합함으로써, 원형질이라는 매우 단순한 물질을 쉽게 만들 수 있다고 가정했다. 생명의 기원에 대한 초기 이론들이 바로 이런 생각들을 반영하고 있다. 독일의 헤켈은 세포를 무기물의 결정화 같은 방법으로 "자생"(autogeny)된 것으로 비유했다. 해켈의 영국 측 진화 이론의 파트너인 헉슬리(T. H. Huxley)는 첫 번째 세포의 기원을 설명하기 위해 화학 재조합이라는 간단한 두 단계의 방법을 제안했다. 나트륨과 염소를 더하면 소금이 자연적으로 만들어지듯이, 살아 있는 세포도 여러 가지 화학 성분을 더하고 자연적인 화학반응을 허용함으로써, 생명의 본질이라고 추정되던 간단한 원형질 물질을 만들 수 있다고 생각한 것이다.

1920년대와 1930년대 사이에 러시아 생화학자 알렉산더 오파린(Alexander Oparin)은 화학 진화 이론(chemical evolutionary theory)이라는 조금 더 복잡한 이론을 만들었다. 오파린은 다른 사람들보다 세포 대사의 복잡성에 대해 더 자세하게 이해했지만, 그와 1930년대의 다른 과학자들도 단백질이나 DNA 같은 생명체를 구성하는 분자 물질의 복잡성을 이해하지는 못했다. 19세기 당시 같은 분야의 선배들처럼 오파린도, 생명은 선행하는 연속적인 화학작용으로 진화된다고 생각했다. 그러나 선배들과는 달리 오파린은, 이런 화학적 진화의 과정이 발생하려면 더 많은 화학적 변환과 반응, 그리고 수억 혹은 수천억 년의 기간이 수반되어야 하리라고 예상했다.

1952년 12월에 오파린의 가설을 지지하는 첫 번째 실험이 시행되었다. 시카고 대학교 대학원에서 해롤드 우레이(Harold Urey)의 지도하에 연구하던 스탠리 밀러(Stanley Miller)는 전기 방출 체임버를 가진 유리용기에 메탄, 암모니아, 수증기, 수소의 가스 혼합물을 통과시켰다. 그리고 생물 발생 이전의 대기 가스에 자외선 효과를 흉내 내기 위한 시도로, 여기에 텅스텐 필라멘트를 이용하여 강한 전압을 보냈다. 이틀 후 밀러는 용기의 바닥에 있는 생성물을 모으는 U자형 트랩에서 약 2% 정도의 작은 양의 아미노산을 발견했다.

밀러의 실험은 생물 발생 이전의 조건으로 보이는 상태에서 생물학적으로 의미 있는 "기초 구성 성분"(building blocks)을 만들어낸 실험으로 획기적인 성과로 여겨졌다. 이 실험은 오파린의 가설의 중요한 단계 즉, 단순한 대기 가스로부터 생물학적 기초 성분을 만드는 것이 초기 지구에서 가능했음을 보여줌으로써, 오파린의 화학 진화 이론을 실험적으로 지지하는 것처럼 보였다.

밀러의 실험 결과는 「타임」(Time) 같은 대중 매체에 널리 실렸고 하룻밤 사이에 오파린의 모델은 교과서와 같은 정설로 간주되었다. 이 실험 결과 덕분에 화학 진화는 이제 고등학교와 대학교의 생물학 교과서에서 생명의 기원에 대한 대중적인 과학적 설명으로서 실리게 되었다.

그러나 최근에는 화학 진화 이론이 많은 문제점을 가진 것으로 밝혀졌다. 또한 생명의 기원을 연구하는 학자들 사이에서 밀러의 실험은, 단백질이나 살아 있는 세포는 차치하고라도, 아미노산이 초기 지구에서 어떻게 생성되었느냐를 전혀 설명하지 못한다고 여겨지고 있다.

화학 진화가 직면하고 있는 이런 커다란 위기를 이해하기 위해 이 글에서는 화학 진화의 가장 중요하고 심각한 두 가지 문제에 초점을 맞출 것이다. 이 두 가지란, 생명의 합성에서 생물 발생 이전의 척박한 조건들에 대한 문제와, 세포와 그 구성 성분의 복잡성으로 인한 문제다.

생물 발생 이전의 척박한 조건들

스탠리 밀러는 초기 지구에서 아미노산의 생산을 모방하는 실험을 수행하면서, 지구의 대기가 환원성 가스라고 부르는 메탄, 암모니아, 수소의 혼합체로 구성되었으며 지구의 대기에는 실질적으로 어떤 유리 산소도 없었다고 가정했다. 그러나 밀러의 실험 이후 수년 동안 발견된 새로운 지질 화학적 증거는, 초기 대기 상태에 대해 오파린과 밀러가 세운 가정이 충분한 근거가 없다고 밝혔다.

　오히려 새로 발견된 지질화학적 증거들은, 초기 대기의 대부분이 메탄, 암모니아, 수소가 아니라 중성 가스였으며, 더욱이 식물의 등장 이전에 상당량의 유리 산소가 존재했음을 보여주었다. 아마도 이는 화산 폭발로 인한 가스 분출과 수증기의 광분해 결과라고 추정된다.

　화학적으로 중성적인 대기 상태에서 대기 가스 간의 상호 반응은 쉽게 일어나지 않는다. 더욱이 적은 양의 대기 산소는 생명 기본 성분들의 생성을 저해하고, 또한 생성될 수도 있는 다른 생물 분자조차도 신속히 분해해버릴 것이다.

　밀러의 실험 이전에 이미 알려졌던 것처럼, 적절한 환원성 가스의 혼합체에서는 아미노산이 쉽게 생성될 수 있다. 밀러의 실험에서 의미 있는 지점은, 아미노산 자체의 생산보다는, 생물 발생 이전의 상태에서 아미노산의 생성이 가능했다는 점이다. 밀러 스스로 말했듯 "이런 장치들을 가지고 지구의 원시적 대기 상태를 모방하려고 시도한 것뿐이다. 아미노산 생성을 위한 최적의 조건을 얻기 위한 것은 아니었다." 그러나 지금은 상황이 바뀌었다. 화학적으로 환원적인 생물 발생 이전 대기 상태의 존재를 계속해서 가정하는 유일한 이유는, 바로 화학 진화 이론이 이런 것을 필요로 하기 때문이다.

　얄궂게도 스탠리 밀러가 사용한 환원성 가스가 초기 지구의 상태를 실제로 모방하는 순간이 있다고 가정하더라도, 그의 실험은 오히려 지적 설계가 필요함을 나타내준다. 왜냐하면 초기 지구의 대기 상태를 모방하는 실험이 수행된다 하더라도 "간섭하는 상호작용들"(interfering cross-reactions)과 또 다른 화학적 분해 과정들을 막기 위해서는 실험하는 사람이 간섭해야 할 필요가 있기 때문이다. 누군가가 중간에 간섭하지 않는다면 밀러의 실험 형태는 반드시 비유기성 물질을 만들게 되고, 이 물질은 아미노산을 비유기적 합성물로 분해해버릴 것이다.

실험자는 화학적 생산물을 제거함으로써 이런 원치 않는 상호작용을 막을 수 있다. 또한 실험자는 다른 "비자연적" 간섭도 사용한다. 초기의 대기 상태를 모방하려는 학자들은 실질적인 대기에 존재하는 단파와 장파의 자외선을 동시에 사용하지 않고, 단파의 자외선만을 사용한다. 그 이유는 장파의 자외선이 아미노산을 순식간에 파괴하기 때문이다.

이런 일련의 조작은 화학자 마이클 폴라니(Michael Polanyi)가 말하는 "심각하게 유의미한 간섭"(profoundly informative intervention)이다. 바로 이런 간섭은 무작위적이고 자연적인 화학 작용의 영향을 극복하기 위해 지적인 행위자의 필요성을 "모방"하려는 것과 같다.

단백질 서열의 특이성

화학 진화의 모든 각본에는 아직 더 근본적인 문제가 남아 있다. 생물 발생 이전의 대기 상태에서 생명 생성에 필수적인 분자의 기본 구성 성분이 생성될 수 있다고 하더라도, 이런 기본 구성 성분이 기능할 수 있도록 단백질이나 DNA 사슬이 조립되어야 하는 문제가 남아 있다.

1950년대 초에 분자생물학자 프레드 생거(Fred Sanger)는 단백질 분자인 인슐린의 구조를 밝혀냈다. 생거는 세포에서 발견되는 각각의 단백질이 효소이든지 세포의 구조적 성분이든지 간에, 길고 명확한 서열의 아미노산으로 구성되어 있음을 분명하게 밝혀냈다. 단백질 분자의 아미노산들은 사슬을 형성하며 서로 연결되어 있다. 이것은 마치 여러 대의 객차가 연결되어 긴 기차를 만드는 것과 같다. 이 단백질의 기능은 여러 아미노산으로 만들어진 특정한 서열에 의해 결정되는데, 마치 영어 단어의 의미가 그 문자들의 일련의 순서로 결정되는 것과 비슷하다. 특정한 아미노산 사슬들 사이의 다양한 화학적 상호작용은 아미노산 사슬들로 복잡한 3차원적 구조 혹은 지형도를 만든다. 이런 복잡한 구조는 아미노산 사슬이 세포 내에서 어떤 기능을 할 것인가를 결정한다. 정상적으로 기능하는 단백질은 그 3차원 구조가 세포 내의 다른 복잡한 분자와, 마치 손이 장갑에 꼭 들어맞는 것과 같은 형태를 취함으로써 세포 내에서 특정한 화학적 반응 혹은 특정한 구조를 만들어낸다.

이처럼 화학 진화 이론은 단백질 분자가 복잡하고 특수하다는 것을 발견함으로써 매우 심각한 문제를 갖게 되었다. 아무리 많은 양의 아미노산이 제공되더라도 아미노산만으로는 단백질을 만들 수 없다. 이것은 글자들의 무작위적 나열만으로는 단어나 문장 혹은 시를 만들 수 없는 것과 마찬가지다. 두 경우 모두 구성하는 성분의 서열이 전체 기능을 결정한다. 인간의 언어의 경우 문자나 단어의 서열을 만들어내는 주체는 지능을 갖춘 존재다. 세포에서 아미노산의 서열은 DNA 분자에 암호화된, 생화학적 명령의 집합인 정보에 의해 결정된다.

DNA 서열의 특이성

1950년대와 1960년대 사이에 분자생물학자들이 여러 가지 단백질의 구조와 기능에 대해 알아가면서, 과학자들은 유전 물질인 DNA의 구조와 기능을 설명할 수 있게 되었다. 1953년에 제임스 왓슨(James Watson)과 프란시스 크릭(Francis Crick)이 DNA의 3차원 구조를 규명한 후, 분자생물학자들은 DNA가 어떻게 세포 내에서 단백질을 만들도록 명령하는지 알게 되었다. 단백질 아미노산의 특이성은 DNA 분자 안에 있는 특이성으로부터 유래함을 발견했으며, DNA 안에 특이하게 존재하는 이 정보들은 DNA 이중 나선 뼈대를 따라서 놓여 있는 뉴클레오타이드(nucleotide) 혹은 염기들(bases)이라고 부르는 수백만 개의 화학 물질로 저장되어 있음이 알려졌다. 화학자들은 이 4가지 뉴클레오타이드를 A(아데닌), T(티민), G(구아닌), C(시토신)으로 나타낸다.

암호화 부위(encoding region)라고 부르는 이 DNA의 특정한 부위는 언어 문장이나 단백질 분자를 특징짓는 것과 같은 "서열 특이성"(sequence specificity) 혹은 "특정화된 복잡성"(specified complexity)을 갖고 있다. 마치 문장을 이루는 알파벳이 순서에 따라서 특정한 의미를 전달하는 것처럼, DNA 분자에 새겨진 뉴클레오타이드 염기들의 서열은 세포 내에 필요한 단백질을 만드는 명령을 정확하게 전달한다. DNA의 뉴클레오타이드 염기는 책의 알파벳이나 컴퓨터의 기계어 부호와 같은 방법으로 기능하는 것이다.

앞의 두 가지 경우에서 서열의 기능을 결정하는 것은 대체로 문자들의 배열이다. 리차드 도킨스는 "유전자의 기계어 부호들은 컴퓨터와 매우 닮았다"라고 말한다. 빌 게이츠(Bill Gates)는 "DNA는 컴퓨터 프로그램과 같다. 그러나 우리가 만든 어떤 소프트웨어보다 훨씬 더 진보된 것이다"라고 표현한다. 컴퓨터의 암호화 코드의 경우는 0과 1이라는 단지 2개의 특정한 배열이 정보를 만들기에 충분하고, 영어 문장의 경우는 26개의 알파벳이 같은 역할을 하고 있다. DNA의 경우에는 4개의 뉴클레오타이드 염기들(A, T, G, C)의 정확한 서열이 단백질을 만드는 데 필요한 정보를 전달한다. 이처럼 단백질 서열의 특이성은 DNA에 암호화된 정보의 서열 특이성으로부터 유래

위대한 설계, 그 흔적들

한다.

　DNA의 정보 보유 특성들의 규명은 DNA와 단백질 모두에 있는 정보의 궁극적인 기원에 대한 질문을 불러일으켰다. 많은 과학자가 정보의 문제를 생명의 기원 생물학(origin-of-life biology)의 "성배"(Holy Grail)라고 언급하고 있으며, 베른 올라프 퀴퍼스(Bernd-Olaf Küppers)는 최근 "생명의 기원의 문제는 생물 정보의 기원 문제와 기본적으로 동등하다"라고 했다. 1950년대 이래, 정보의 기원을 설명하기 위해 과학자들은 세 가지 폭넓은 유형의 자연주의적 설명을 제안했다. 이 세 가지 설명이란 우연과 생물 발생 이전의 자연 선택과 화학적 필요성이다.

우연의 범위를 넘어서

생명 기원 생물학자 중 많은 비전문가 집단은 아직도 생물학적 정보의 기원을 설명하는 원인이 우연이라고 호소하지만, 진지한 연구자들은 그렇게 생각하지 않는다. 분자생물학자들이 1950년대와 1960년대에 단백질과 핵산의 서열 특이성의 진가를 인정하게 되면서, 기능이 있는 단백질과 핵산을 우연히 만들 수 있는 확률을 알기 위해 많은 계산이 이루어졌다. 가장 근접한 생물 발생 이전의 대기 상태(사실이건 아니건)를 가정하고 이론적으로 최대의 반응 속도를 고려할지라도, 이런 계산은 동일하게 다음과 같은 결론을 내리고 있다. 즉, 기능이 있는 서열의 생물 고분자가 우연히 만들어질 확률은 일라 프리고긴(Ilya Prigogine)의 말에 따르면 "수십억 년이 걸릴지라도 보이지 않을 정도로 매우 작다." 그레이엄 케언스-스미스(A. Graham Cairns-Smith)는 다음과 같이 말한다.

　맹목적인 우연(blind chance)은 매우 제한적이다. [맹목적인 우연은] 문자나 짧은 단어 같은 매우 쉬운 것을 낮은 수준의 결합으로 만들 수는 있으나, 이들의 구조가 증가하게 되면서 그것은 매우 빠른 속도로 쓸모없게 된다. 그리고 우연을 기다리는 시간들과 대량의 물질적 자원들 또한 매우 빠른 속도로 가치를 잃게 된다.[7]

100개의 아미노산을 가진 짧은 단백질을 만들 때 존재하는 생물 발생 이전의 장애물들을 생각해보자. 첫째, 모든 아미노산은 단백질 사슬을 만들기 위해 다른 아미노산과 펩티드 결합이라는 화학결합을 해야 한다. 반면 자연에는 아미노산들 사이에 다른 많은 종류의 화학결합이 가능하다. 모든 결합이 펩티드 결합으로 된 100개의 아미노산의 사슬이 만들어질 확률은 대략 10^{30}분의 1이다.

둘째, 자연에 존재하는 모든 아미노산은 스스로 거울에 비추어보는 것 같은 반사경의 모습을 하고 있으며, 그중 하나를 좌선형(L형), 다른 것을 우선형(D형)이라고 한다. 이런 반사경 형태를 광학 이성질체라고 하는데 정상 기능을 하는 단백질들은 L형 이성질체만을 가질 수 있다. 그러나 자연에는 L형과 D형의 이성질체가 거의 같은 비율로 존재하기 때문에, L형 아미노산만으로 된 가상적인 100개의 아미노산을 무작위로 만들 수 있는 확률은 대략 $(1/2)^{100}$혹은 10^{30}분의 1이다.

셋째 장애물은 생물 발생 이전의 고려되어야 할 장애물 중 가장 중요하다. 즉, 기능적인 단백질은 마치 문자들이 의미 있는 문장으로 배열되듯 특정한 서열에 따라 배열된 아미노산들로 연결되어야만 한다는 것이다. 생물체에는 20개의 아미노산이 있기 때문에 특정한 부위에 특정한 아미노산이 위치할 확률은 1/20이다. 아미노산 서열의 일부 부위에 한 가지가 아닌 여러 가지의 아미노산이 위치하는 것도 허용한다면[이것은 MIT의 생화학자인 로버트 사우어(Robert Sauer)에 의해 결정된 분산(variances)을 이용한 것이다], 여러 단백질 중에서 100개의 기능적인 아미노산으로 구성된 단백질이 만들어질 확률은 10^{65}분의 1 정도로, 눈에 보이지 않을 정도로 매우 작다(실제로 확률은 더 낮다. 왜냐하면, 자연에는 우리가 계산에 고려하지 않은 단백질을 만들 수 없는 아미노산이 아주 많기 때문이다).

이런 장애물에 더하여 적절한 화학결합과 광학 이성질체들을 얻을 수 있는 확률 같은 요소를 고려한다면, 작은 기능을 가지는 조그만 단백질이라 할지라도 이를 무작위적으로 만든다는 것은, 수십억 년의 기간을 고려하더라도 확률적으로 거의 영(0)과 마찬가지로 작다(10^{125}분의 1보다 작다). 여기에 기능적인 DNA의 무작위적 정렬을 고려한다면 동일한 양의 심각한 확률적 문제가 발생한다. 더욱이 아주 최소한으로 복잡한 작은 세포라 할지라도 1개가 아닌 적어도 1,000개의 복잡한 단백질(그리고 더 많은 DNA와 RNA와 같은 생체분자)이 서로 가깝게 조화를 이루며 기능을 해야 한다. 이런 이유 때문에 정량적 계산을 통한 세포의 복잡성에 대한 평가는, 생명 기원 생물학 내에서 1960년대 중반부터 계속된 주된 의견, 즉 "우연이라는 단어는 생물학적 복잡성과 특수성을 설명하기에는 부적절한 단어다"라는 점을 다만 재확인할 뿐이다.

막다른 길에 봉착한 자연 선택

많은 과학자가 생명의 기원이 우연히 이루어졌다고 설명하는 이전의 잘못된 환상에서 깨어남과 동시에, 생물 발생 이전의 자연 선택 이론(theories of prebiotic natural selection)에 대한 관심도 줄어들게 되었다. 생물 발생 이전의 자연 선택 이론은 세포에서 복잡성이 증가하는 경우들이 보전되고 선택될 수도 있다는 메커니즘을 제공함으로써, 순전히 우연에 의해서만 생명의 기원이 이루어졌다고 했을 때 발생할 수 있는 문제점을 극복해왔다. 그러나 완전히 우연에만 기초한 생명의 기원 이론에는 아직도 많은 어려운 문제가 있다.

자연 선택은 기존의 자기 복제(self-replication)의 작용을 전제하고 있다. 그러나 현존하는 모든 세포의 자기 복제는 기능적인 혹은 고도의 서열 특이적인 단백질과 핵산들에 의존해서만 가능하다. 이런 단백질과 핵산 같은 분자들의 기원에 대해서는 이미 오파린이 정확하게 설명했어야 했다. 따라서 사람들은 생물 발생 이전의 자연 선택이라는 많은 설명이 있어야 하는 그의 주장을 거부했다. 진화생물학자인 도브잔스키도 "생물 발생 이전의 자연 선택은 그 표현 자체가 모순이다"라고 주장한다.

더욱이 자연 선택은 처음으로 만들어진 것만을 우연이라는 작용으로 선택할 수 있다. 그리고 적어도 생물 발생 이전의 상황에서 우연이라는 작용은, 단 하나의 기능을 가진 단백질 혹은 DNA 분자에 있는 정보를 만들기에도 부족한 요소다. 크리스티앙 드 뒤브(Christian de Duve)가 설명했듯이 "생물 발생 이전의 자연 선택 이론은 무엇이 가장 먼저 설명되어야 할 것인지를 전제해야만 한다." 이런 이유로 대부분의 과학자는 생물 발생 이전의 자연 선택으로 생명의 기원을 설명하려고 호소하는 것은 우연에 호소하는 것과 근본적으로 다를 바 없다고 잘라 말하고 있다.

자기 조직화

생물의 기원에 대해 연구하는 사람들은 앞에서 언급한 여러 가지 문제점 때문에, 1960년대 중반 이후부터는 생물 정보의 기원의 문제에 대해 완전히 새로운 방법을 시도하고 있다. 많은 연구자는 생물 발생 이전의 자연 선택 혹은 "동결된 우연"(frozen accidents)으로 불릴 수 있는 이론을 사용하는 대신에, 자연법칙이나 화학적 친화력이 DNA와 단백질에 있는 정보들과 관계있

위대한 설계, 그 흔적들

을 것이라고 제안한다. 일부 학자는 지금의 단백질, DNA, RNA의 구성 성분이 현재 이루고 있는 특정한 배열들로 "스스로 서열을 조직하는 특성들" (self-ordering properties)을 단순한 화학 물질들이 갖고 있을 수 있다고 제안해왔다. 마치 나트륨이온(Na+)과 염소이온(Cl-)이 정전기적인 힘으로 서로 이끌려 고도로 정렬된 형태인 소금(NaCl)결정체를 만들 듯이, 아미노산도 마찬가지로 서로 간의 특수한 친화력에 의해 단백질의 배열을 이루게 될지도 모른다는 것이다. 1969년 케년(Dean Kenyon)과 스타인만(Steinman)은 『생화학적 예정론』(Biochemical Predestination)[8]에서 이런 생각을 발전시켰다.

1977년에 프리고긴과 니콜리스(Nicolis)는 평형에서 멀리 벗어난 개방계가 스스로 서열화하는 경향을 종종 보여준다는 관찰에 근거해 새로운 자기 조직화 이론을 주장했다. 예를 들면 물이 빠져나가는 욕조에는 중력의 힘으로 매우 질서 정연한 소용돌이가 만들어지며, 열 흡수부(heat sink)를 통해 흐르는 열에너지는 특유의 대류 흐름 혹은 "나선과 같은 움직임"을 만들어낼 것이다.

현재 생명의 기원에 관한 연구를 하는 과학자들은 생물 정보의 기원을 설명하는 데 자기 조직화 모델(self-organizational model)이 가장 가능성 있는 방법을 제공한다고 생각한다. 그럼에도 이에 대해 비판하는 사람들은 자기 조직화 모델이 적절하고 가능한지에 대해 의문을 가진다. 역설적이게도 자기 조직화 시나리오가 만들어졌던 초기에 가장 열심히 이를 옹호했던 딘 케년이, 지금은 공공연하게 이 이론이 실험에 의한 연구 결과와 맞지 않고 이론적으로도 모순이라고 반박하고 있다.

자기 조직화 시나리오가 실험에 의한 연구 결과와 맞지 않다는 말은, DNA 분자를 자세히 살펴봄으로써 이해할 수 있다. 아래의 그림을 보라.

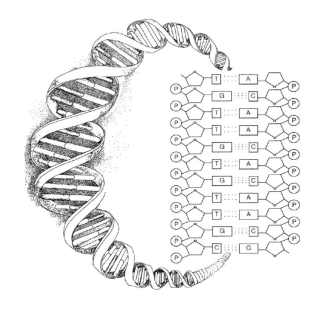

▶ 그림 4 DNA 분자의 화학 구성 성분 사이의 결합 관계.

오각형으로 표시된 당과 원 안에 P 표시가 있는 인산은 화학결합으로 연결되어 있다. 뉴클레오타이드 염기들(A, T, G, C)은 당-인산 골격에 연결되어 있다. 뉴클레오타이드 염기들은 이중 나선에서 서로 수소결합(점선으로 2개 혹은 3개의 선)으로 연결되어 있다. 그러나 메시지를 담고 있는 나선의 한 축에 있는 염기들 사이에는 화학적 결합이 없다. 이것은 DNA 분자들의 특정한 서열을 이루는 데 물리적·화학적 힘은 아무 관계가 없다는 의미다.

　　DNA의 구조는 여러 가지 화학결합에 의존하고 있다. 예를 들면 DNA 분자 두 가닥이 서로 꼬여 골격을 이루는 당과 인산의 결합이 있고, 각각의 뉴클레오타이드 염기를 이 당과 인산 결합에 붙여주는 화학적 결합이 있다. 그러나 이 골격의 축을 따라 나열된 염기들 사이에는 화학적 결합이 없는 것을 주의해서 볼 필요가 있다. 문제는 DNA의 유전 정보가 암호화된 부위가, 바로 정확하게 이 DNA 분자의 골격의 축이라는 것이다.

　　더 설명하자면, 자석을 붙여 놓은 문자들이 금속판 위에서 여러 가지 다양한 서열을 형성하기 위해 어떤 방법으로든 조합되고 재조합되는 것과 마찬가지로, 4가지 염기들인 A, T, G, C도 모든 배열이 동등하게 이루어지도

위대한 설계, 그 흔적들

록 DNA 골격의 어느 부위에든 자유롭게 붙을 수 있다. 어떤 염기가 DNA 골격의 어디에 붙든 간에, 염기와 DNA 골격 간에는 같은 종류의 화학결합이 발생한다. 4가지 염기가 모두 동일하게 받아들여질 수 있으며 어떤 것도 선호되거나 먼저 받아들여지지 않는다. 다른 말로 하자면 염기서열 순서를 이런 화학결합의 친화력 차이의 탓으로 돌릴 수는 없다는 것이다. 똑같은 원리가 RNA 분자에게도 적용되기 때문에, 생명이 "RNA 세상"으로부터 유래했다고 생각하는 연구자들도 이런 염기 배열 순서의 문제를 해결할 수가 없게 된다. 예를 들면 모든 기능을 가지고 있는 RNA 분자들에, 처음에 어떻게 정보가 존재하게 되었느냐 하는 것을 설명해야 하는 문제에 봉착하게 된다.

따라서 생명의 기원을, 생명체를 구성하는 물질의 본질인 자기 조직화 특성의 결과로 설명하기를 바라는 사람들에게, 분자 생물학의 매우 기본적인 사실들에 내재해 있는 이런 의미들은 매우 놀랍다. 유전 정보의 기원을 설명하는 특징에 대해 잘 알기 위해서는 바로 이 정보를 소유하는 분자들의 구성 성분을 살펴보는 것이 가장 논리적이다. 그러나 생화학과 분자생물학 분야의 연구 결과는, DNA와 RNA, 단백질의 구성 성분들 사이의 친화력이 이 거대한 정보를 소유하고 있는 생체분자들의 배열 순서의 특이성을 설명하지 못함을 분명하게 보여준다.

특히 정보에 대해 연구를 하는 학자들은 이런 현상에 어떤 이유가 있을 것이라고 주장한다. 만일 DNA 메시지 텍스트 안에 있는 구성 성분들 사이의 화학적 친화력이 이 텍스트 배열의 순서를 결정했다면, 이런 화학적 친화력은 DNA의 정보 보유 능력을 급격하게 줄일 것이다. DNA에 안에 있는 개별적인 뉴클레오타이드들(A, T, G, C)이 서로 화학적 필요로 상호작용했다면 어떤 일이 벌어질지 한번 생각해보자. 합성이 진행 중인 DNA 사슬에 아데닌(A)이 나올 때마다 티민(T)을 그와 함께 끌어올 것이다. 또한 시토신(C)

이 나타날 때마다 구아닌(G)이 따라오게 될 것이다. 그 결과 DNA 메시지의 텍스트는 A 다음에는 T, G 다음에는 C로 이어지는 반복적 배열로 만들어지게 될 것이다.

따라서 유전 물질은 예측이 불가능하고 불규칙하며 제한할 수 없을 만큼의 독창성을 가진 텍스트들로 정보를 이루게 되는 것 대신에, 결정체들에서 나타나는 것과 비슷한 중복 배열로 이루어진, 매우 반복적인 텍스트를 이루게 될 것이다. 결정체에서는 상호 간 화학적 친화작용의 힘이 그 구성 성분들의 배열 순서를 결정한다. 따라서 결정체들은 새로운 정보를 전달할 수 없다. 결정체에서의 정보는 반복적이고, 매우 질서 있지만 정보를 제공하지는 않는다. 예를 들면 소금 결정체의 경우, 나트륨(Na) 다음에 염소(Cl)가 나오는 것을 보면 그 뒤에 나올 가능한 서열을 이미 알게 된다.

어느 정도 결합 친화력이 있게 되면, 이것은 정보의 극대화 가능성을 줄어들게 한다. 그러므로 이런 결정체가 가진 친화력은 정보의 기원을 설명하는 데 사용될 수 없다. 화학적 친화력은 메시지가 아닌 반복적인 주문을 만들게 된다.

이런 자기 조직화에 대한 연구 노력과, 이런 연구를 생명의 기원과 연결하려는 데 문제가 있음을 알게 된 것은, 사람들이 "질서"(order)와 "정보"(information)의 질적 차이를 혼동하는 경향 때문에 일어났다. 자기 조직화 이론을 연구하는 연구자들은 설명할 필요가 없는 것들에 대해 설명하려고 한다. 정작 설명이 필요한 것은 질서의 기원(이것이 결정체이건, 회오리 같은 폭풍이건, 아니면 태풍의 중심의 형태이건)에 대한 설명이 아니라, 있을 법하지 않거나 불규칙하지만 생물학적 기능을 가능하게 하는 특정한 서열과 같은 정보의 기원에 대한 설명이다.

정보, 설계, 지능

질서와 정보 사이의 차이를 보기 위해 "ABABABABABABAB"라는 배열과 "Help! Our neighbor's house is on fire!"라는 텍스트의 배열을 비교해 보자. 처음 것은 반복적이고 질서가 있지만 복잡하지도 않고 정보를 제공하지도 않는다. 특정성과 복잡성으로 특성화되는 시스템들(정보 이론가들이 특정화된 복잡성이라고도 함)은 정보의 내용을 담고 있다. 이런 시스템들은 불규칙적이고 복잡한 질적인 특징이 있기 때문에, 단순한 규칙적인 질서만으로 특징지어지는 시스템들과는 질적으로 구분된다. 따라서 질서의 기원을 설명하려고 시도하는 것과 정보 내용의 기원에 대해 논의하는 것은 서로 아무런 관련이 없다.

어떤 경우든지 DNA의 암호화된 부위의 뉴클레오타이드 염기서열에는 의미 있는 높은 수준의 정보가 있다. 다시 말하면, 이 염기서열은 영어 문장이나 컴퓨터 소프트웨어의 의미 있는 암호와 부위들처럼 매우 특수하고 복잡하다. 그런데 이런 영어 문장이나 컴퓨터 소프트웨어의 정보는 잉크의 화학 성분이나 자석의 물리적 성질 같은 것에서 나온 것이 아니라, 화학 성분이나 물리적 성질과는 다른 외부 원인에서 기인한다. 실제로 영어 문장이나 소프트웨어의 경우, 모두 메시지가 그 매개체의 특성을 초월한다.

DNA에 있는 정보도 그 DNA가 가진 물질적인 매개체의 특성들을 초월한다. 화학결합들이 뉴클레오타이드의 배열 순서를 결정하지 않기 때문에, 뉴클레오타이드는 광대한 양의 다양한 배열 순서를 가질 수 있고, 따라서 여러 가지 다른 생화학적 메시지를 발현할 수 있다.

만일 매개체와 같은 물질들의 특성이 정보의 기원을 설명하기 위한 충분조건이 되지 못한다면, 무엇이 충분조건이 될 수 있을까? 우리 경험에 의하면 DNA 암호나 언어 같은 정보 집약적인 시스템은 언제나 우연이나 물질적 필요가 아니라, 지능적이며 인격적인 지적 공급원(intelligent source)으로부터 온다.

정보의 원인에 대한 이런 개념은 역설적이게도 생명의 기원 연구 자체에 의해 확증된다. 지난 40년 동안, 어떤 자연적인 방법을 사용한 제안서도 정보의 기원에 대해 설명할 수 없었다. 정보의 기원을 설명할 수 없는 가장 큰 방해물은 물질적인 것에 근거한 시나리오다. 따라서 이제는 정신이나 지능 혹은 철학자들이 말하는 소위 "행위자 원인"(agent causation)과 같은 것이, DNA의 암호화 부위나 기능이 있는 단백질, 세포 전체를 포함하는 것과 같은 정보가 많은 시스템을 창조할 수 있는 유일한 근원이라고 할 수 있다.

정신이나 지적 설계는 정보 시스템의 꼭 필요한 원인이기 때문에, 비록 지적 설계를 유발하는 원인 자체는 직접 관측할 수 없더라도 정보 집약적인 결과의 실제로부터 오는 지적 원인의 과거 행동들은 탐지할 수 있다. 정보는 지적 원인을 필요로 한다. 캐나다를 방문하는 사람들은 빅토리아 항에 있는 정원에 "빅토리아에 오신 것을 환영합니다"라고 장식된 꽃들을 보면, 꽃을 심는 것과 정돈하는 행동은 보지 못했지만, 이런 행동을 한 지적인 대리인을 생각해볼 수 있다.

여러 다른 분야의 과학자들이 지능과 정보의 연결점을 인지하고 이에 대한 추론들을 만들고 있다. 고고학자들은 로제타스톤(Rosetta Stone)에 새겨진 비문이 한 지성인의 작용으로 만들어졌으리라고 생각한다. 외계 지능 탐사는 우주로부터 오는 전자기적 신호들에 새겨진 정보의 존재가 지적 원인을 나타낸다고 전제하고 외계로부터의 정보를 탐사한다. 전파천문학자들은 우주로부터 오는, 정보를 포함하고 있는 신호를 아직 발견하지 못했다. 그러나 우리 가까이에 있는 분자생물학자들은 세포 내에서 정보를 발견해왔다. 결과적으로 확률 연구가인 윌리엄 뎀스키가 말하는 "설계 추론"을 만드는 것을 DNA라는 정보 물질이 정당화한다.

위대한 설계, 그 흔적들

간격의 하나님?

많은 과학자들은 설계를 추론하는 것이 과학을 포기하는 것이라고 주장해왔다. 이들은 설계를 추론하는 것이 과학의 한계와 무지함으로부터 오는 주장, 즉 "간격의 하나님"의 오류를 성립시킨다고 말한다. 그들은 과학적 지식으로는 아직 생물학적 정보가 어떻게 발생했는지 모르기 때문에, 지적 설계 연구가들은 이런 과학적 지식의 한계인 간격을 메우기 위해 지적 설계라는 이상한 개념에 호소하고 있다고 주장한다.

그러나 지적 설계 연구가들은 자연적 현상의 과정들이 생물계의 기원을 설명할 수 없으므로 설계를 추론하는 것이 아니라, 생물계의 시스템들이 바로 지적으로 설계 되었다는 분명한 특징을 나타내기 때문에 설계를 말한다. 다시 말해 생물계의 시스템은, 우리가 경험할 수 있는 다른 영역에서 나타나는 지적 원인을 인식할 수 있는 특징들을 가지고 있다는 것이다. 마이클 베히에 의하면 점진적으로 진행되는 자연 선택의 메커니즘들이 환원 불가능한 복잡성을 생성할 수 없으므로 설계를 추론하는 것뿐만 아니라, 일반적인 우리 경험들에 의하면 환원 불가능한 복잡성이 지적으로 설계되었다고 알려진 시스템들의 일반적인 특징이기 때문에 설계를 추론한다. 다시 말해 환원 불가능한 복잡성이라는 특징을 가진 시스템들을 볼 때마다 이런 시스템들이 어떻게 만들어졌는지 그 근원에 대해 알게 되는데, 이런 근원을 보면 지적 설계가 틀림없이 생성 기원의 역할을 했다는 것이다. 그리고 세포 내 분자 모터의 환원 불가능한 복잡성의 기원을 설명하는 데서도 인과적 힘을 가진 자연과 지적 행위자 각각에 대해 우리가 모르는 것이 아닌 알고 있는 것에 근거를 두고 설명할 때, 지적 설계가 가장 좋은 설명이라고 베히는 추론한다.

비슷하게 DNA와 단백질의 특정한 복잡성 혹은 정보의 내용은 이들의 생성에 앞서서 지적 원인이 있음을 보여준다. 왜냐하면 이 특정한 복잡성과 높은 정보의 내용이 바로 지적 설계의 분명한 특징이기 때문이다. 실제로 우리는, 경험과 우리가 알고 있는 높은 정보의 내용 혹은 특정한 복잡성의 원인적 기원을 통해, 지적 설계가 원인으로 중요 역할을 함을 알고 있다. 따라서 생명에 필요한 이런 생체분자들의 정보를 대면할 때마다, 우리는 이미 알고 있는 인과 관계(cause-and-effect relationship)에 근거해 과거에 지적 원인이 생명의 기원에 필요한 정보를 생성했음을 추론할 수 있다.

지적 설계론자들은 현재의 인과 관계에 대한 지식에 근거해 이전에 있었던 지적 원인을 추론한다. 따라서 지적 설계의 추론 방법은 모든 세대의 과학이 사용한 사고에 대해 표준적이며 균일론적인 방법을 사용했는데, 이들 중 대부분은 지적 설계를 원인으로 탐색하게 된다. 예를 들면 고고학자가 고대 이집트의 상형문자로 된 비문을 지적 행위자가 작성했다고 추론했다고 해서, 그가 "간격의 필사자"(scribe of gaps) 오류를 범했다고 단순히 말할 수는 없다. 대신 우리는 고고학자가 자연적 원인에 대한 적절하고 효율적인 증거가 부재함에 추론의 근거를 두지 않고 지적 원인의 존재를 의미하는 높은 정보량 같은 특징들에 근거해 추론했다고 인지할 수 있다.

지적 행위자는 자연계가 가지지 않는 독특한 인과적 힘(causal powers)을 갖고 있다. 지적 행위자만이 만들 수 있는 결과물을 관찰할 때 우리는, 비록 그것을 만든 특정한 지적 행위자의 행위를 보지는 못했더라도, 이전의 지적 원인의 존재를 즉각적으로 추론할 수 있다. 따라서 우리 경험에 의하면 DNA는 지적 행위자만이 생성할 수 있는 정보의 내용물과 같은 결과물을 보여주기 때문에, 외견상의 설계가 아닌 지적 설계가 DNA 안에 있는 정보의 내용물에 대해 가장 잘 설명할 수 있다.

위대한 설계, 그 흔적들

9장

발생이 설계에 의해 이루어진 증거

생물학의 의미 이해하기

_조나단 웰스

◆ 조나단 웰스(Jonathan Wells)는 예일대학교에서 종교학으로, 캘리포니아 주립대학교 버클리 캠퍼스에서는 발생생물학으로 박사 학위를 받았다. 현재 동대학원에서 박사후 연구원이며 디스커버리 연구소 과학과 문화 회복 센터의 선임 연구원이기도 하다. 『찰스 하지의 진화론 비평』[1]과 『진화론의 우상들』[2]의 저자다.

발생 과정 중에 있는 배아를 관찰하면 놀라운 사실을 발견할 수 있다. 먼저, 단일 세포로 시작한 한 개의 세포가 여러 개의 세포로 나누어지는 것을 보게 된다. 다음에는 세포들이 스스로 재배열하면서 동물의 기본 형태를 이루고 내장을 형성하는데 이것은 정말 신비스러울 정도로 정확하다. 마지막으로 일부 세포는 눈과 팔, 다리 같은 신체의 특정 부위들을 형성하게 된다.

　　나는 발생생물학자로서 이런 발생 과정을 교란시킨 후 배아에서 일어나는 변화에 대해 연구했다. 발생 과정이 교란된 후 다시 원래대로 돌아가려고 하는 배아의 회복력은 정말 놀랍다. 발생과정을 일부 교란시켰음에도 불구하고 대부분의 배아는 성체로 발달한다. 주목할만한 일은 이런 교란으로 인해 여러 가지 기형이 만들어진다 하더라도, 발생의 기초적이고 최종적인 목표는 절대 변하지 않는다는 것이다. 이 배아가 생존한다면, 초파리의 알은 언제든지 초파리가 되고 개구리의 알은 개구리가 되며 쥐의 배아는 변함 없이 쥐가 된다. 심지어 생명 분류의 가장 기초가 되는 종(species) 자체도 변하지 않는다.

따라서 모든 배아는 어떤 방식으로든 특정한 종의 동물로 발달하도록 프로그램화되어 있다. 지난 수 세기 동안 발생학자들은 이런 발생 프로그램의 특징을 이해하려고 많은 노력을 기울여왔다. 그리고 마침내 많은 학자가 발생 프로그램의 특징을 이해하는 데 성공했다고 여기게 되었다.

여기에서 나는 현대인에게 가장 인기 있는 유전 프로그램에 대해 설명하려고 한다. 동시에 이 유전 프로그램에 반대되는 증거들에 대해서도 설명할 것이다. 나는 유전 프로그램이 아직도 인기 있는 것은, 이 프로그램이 진화론의 신다윈주의 이론과 논리적인 연결 고리가 있기 때문이라고 주장한다. 그러나 신다윈주의 자체는 생명이 설계되었다는 생각을 배제하기 위해, 과학적 근거보다 오히려 철학적으로 동기 유발된 기대에 기반한다. 여기서 나는, 생명체가 설계되었다는 사고를 배제하는 것이 공식적으로 인정되지 않은 사실이며, 설계가 미래의 발생학 연구의 발달에 기여할 것이라는 가능성을 인정함으로써 결론 맺을 것이다.

유전 프로그램: 이론과 반증

1865년 그레고르 멘델(Gregor Mendel)은 완두콩의 유전 패턴을 결정하는 것이 나중에 유전자라고 불리게 될 어떤 형질로부터 온다고 발표했다. 1950년대에 왓슨과 크릭이 DNA의 구조를 밝혀냈을 때 멘델 유전학자들은 자신들의 유전학에 분자 수준의 기반을 이해하게 되었다. 그 결과 1973년 시드니 브레너(Sydney Brenner)는 배아 발생이 DNA에 있는 유전적 "프로그램"에 의해 지시된다는 개념을 제안했다.

위대한 설계, 그 흔적들

1970년대와 1980년대 사이에 발생유전 학자들은 초파리의 발생 과정에서의 유전자의 역할을 이해하는 데 매우 큰 성과를 거두었다. 학자들이 발견한 일부 유전자는 배아의 머리와 꼬리 부위를 패턴화하는 데 관여하고, 다른 유전자는 배아의 뒤와 앞을 패턴화하는 데 관여하며, 일부 유전자는 특정한 세포의 기능을 특징화하는 데 관여한다. 1990년대부터 포유동물을 포함한 다른 생물체에서도 이런 비슷한 특징이 있음이 발견되었으며, 배아 발생이 유전 프로그램에 의해 지시된다는 견해는 이제 널리 받아들여지고 있다.

그러나 유전 프로그램이 널리 받아들여진다 해서 이것이 일반적으로 받아들여진다는 의미는 아니다. 다수는 아니지만 일부 생물학자는 유전자가 발생을 조절하지 않는다는 증거가 많이 존재한다고 생각하며, 이런 생물학자의 수는 증가하는 추세에 있다. 예를 들어 한 동물의 수정란의 유전자를 제거하고 다른 동물의 유전자로 치환할 경우, 이 수정란은 필요한 단백질이 부족해져서 배아가 죽을 때까지는 원래 수정란의 발생 패턴을 따르게 된다. "쥬라기 공원"에서 공룡의 DNA를 타조의 알에 넣어서 티라노사우루스 렉스(Tyrannosaurus rex)를 만든다는 영화 내용은 재미있는 공상 소설이기는 하지만 과학적 사실을 완전히 무시한 것이다.

수정란의 DNA를 완전히 치환하는 대신 일부 DNA에 돌연변이를 일으키면 발생에 어떤 결과를 가져올까? 발생학자들은 "포화 돌연변이"(saturation mutagenesis)라는 실험 방법을 사용한 연구를 통해 발생 관련 유전자의 돌연변이가 일반적으로 치사나 기형을 유발할 뿐, 생명체에 유리한 변이를 가져오는 경우가 전혀 없음을 발견했다. 더욱이 DNA 돌연변이는 배아 발생의 최종 산물에는 변화를 가져올 수 없으며, 심지어 생물체 분류 체계의 기본 단위가 되는 종도 바꿀 수 없다. 배아가 새로운 단백질을 생성하기 위해서는 거기에 맞는 유전자가 필요하며 이런 유전자 없이는 발생 과정에 어려움이 따를 수 있다. 그러나 유전자에 의존적이라는 것과 유전자에 의해 조절 받는다는 것은 다르다. 건축을 하려면 집에는 적절한 건축자재가 필요하지만, 그 건축자재가 건축 중인 집의 설계도면을 결정할 수는 없다.

만일 발생이 DNA에 의해 조절된다면, 나도 DNA가 제거된 난자에 나의 DNA를 넣어 치환함으로써 복제할 수 있어야 한다. 이것이 최근 논쟁이 되고 있는 생명 복제의 중심 논거다. 그러나 일란성 쌍둥이만 해도 그들은 서로 완전한 복제체가 아니다. 종종 이들은 신체적 상태도 서로 다를 뿐만 아니라 때로는 성격이나 관심사도 매우 다르다. 그렇지만 일란성 쌍둥이들은 같은 DNA를 가질 뿐만 아니라 같은 난자를 갖고 있으며 일반적으로 같은 자궁에서 태어난다. 이렇듯 일란성 쌍둥이에게서 나타나는 불완전한 유사성을 통해서도, 같은 DNA를 사용한다는 것 이상의 무언가가 더 필요하다는 사실이 나타난다.

역설적이게도 DNA 핵 치환 실험이 성공한 그 자체가 유전 프로그램에 반대되는 증거들을 제공하고 있다. 그 증거란 다 자란 신체를 구성하는 체세포가 수정란 세포와 동일한 DNA를 갖고 있다는 점이다. 그런데 이 다 자란 동물의 신체를 구성하는 체세포는 구조와 기능에서 서로 현격히 다르다. 만일 서로 같은 DNA를 가졌다면 왜 다 자란 신체를 구성하는 세포들의 구조와 기능이 그렇게 서로 다른 것일까? 서로 다른 각각의 세포는 스스로 필요하고 적절한 유전자들을 발현시키기 위해 DNA가 아닌 다른 요소를 사용해 자신의 유전적 정보의 일부만을 사용한다는 설명이 이 질문에 대한 대답의 일부가 될 수 있다. 만일 발생 과정이 DNA가 아닌 다른 무엇인가를 필요로 한다면, DNA는 발생을 조절하지 않는다고 할 수 있다.

DNA가 결정하는 것이 아니다

유전 프로그램이 발생을 조절하지 않는다는 증거들

1. 수정란의 DNA를 다른 DNA로 치환하더라도 그 난자나 배아의 종을 바꿀 수는 없다.

2. DNA 돌연변이가 발생 과정을 교란시킬 수는 있지만 그 최종 산물은 바꿀 수 없다.

3. 동일한 동물의 세포는 모두 같은 DNA를 갖고 있지만 다른 세포 형태들을 만든다.

4. 벌레, 초파리, 포유동물 같은 다양한 동물에서 유사한 발생 조절 유전자들이 발견된다.

5. 난자에는 DNA와는 독립적으로 발생을 조절하는 미세소관 배열, 세포막 패턴 같은 여러 가지 구조가 있다.

신다윈주의에 반하는 증거들

1. 배아 발생은 유전 프로그램에 의해 조절되지 않는다.

2. 돌연변이는 진화에 필요한 만큼의 변화를 만들지 못한다.

3. 항생제와 살충제 내성 같은 것을 제외하고는 자연 선택에 의한 유전자 빈도(gene frequency)의 변화를 일으키는 진화의 좋은 예가 없다.

최근에 발생학자들은 발생에 중요한 역할을 하는 것으로 보이는 유전자들이 벌레로부터 초파리, 포유동물에 이르기까지, 여러 가지 다양한 형태의 동물 사이에서 상당히 유사한 염기서열을 가지고 있음을 발견했다. 처음에는 이것이 유전 프로그램의 증거로 간주되었다. 그러나 지금은 오히려 이것이 유전 프로그램에 불합리한 역설을 성립시키고 있음을 생물학자들은 인식하고 있다. 만일 유전자가 발생을 조절한다면 왜 그렇게 비슷한 유전자들이 서로 다른 동물들을 만드는가? 왜 애벌레는 창꼬치가 되지 않고 대신 나비가 되는가?

DNA가 발생을 조절하지 않는다면 무엇이 발생을 조절하는가? 실제로 난자에는 세포골격(cytoskeleton)과 세포막(membrane)이라는 적어도 두 가지 다른 요소가 관련되어 있다는 증거들이 있다. 모든 동물 세포는 세포골격이라는 미세한 섬유망 구조로 되어 있다. 이 세포골격 중에는 배아의 패턴을 결정하는 데 관여하는 미세소관(microtubule)이라는 것이 있다. 예를 들면, 초파리 배아의 머리와 꼬리의 패턴을 결정하는 데 관여하는 유전자 산물이 바로 이 미세소관에 의해 올바른 장소로 운반된다. 이것을 망가뜨리면 유전자 산물이 올바른 목표에 운반되지 못해서 배아는 기형이 된다.

미세소관은 다량의 동일한 단백질 서브유닛(subunit)으로 구성되어 있으며, 각각의 서브유닛은 각 생명체에 있는 DNA의 주형(template)에 의해 만들어진다. 발생 과정에서 중요한 것은 미세소관 배열들의 형태와 위치인데, 문제는 이 형태와 위치가 서브유닛에 의해 결정되지 않는다는 것이다. 이것은 우리가 집을 지을 때 집의 형태와 장소가 그것을 구성하는 벽돌에 의해 결정되지 않는 것과 마찬가지다. 그 대신 이 미세소관 배열들은 중심체(centrosome)라는 신비한 세포 내 소기관에 의해 형성되고, 이 중심체는 DNA와는 상관없이 독립적으로 후손에게 유전된다. 중심체는 발생에 중심적인 역할을 한다. 개구리의 경우, 개구리 정자의 중심체를 알에 주사하는 것만으로도 정자 없이 단성생식을 통해 개구리를 만들 수 있다. 이 경우에 정자 안에 있는 DNA는 불필요하다.

발생과 관련된 또 다른 비유전적 요소로는 난자 세포를 구성하는 세포막의 패턴을 들 수 있다. 세포막은 단순히 물건을 집어넣는 자루 부대 같은 것이 아닌, 매우 복잡한 구조로 되어 있다. 예를 들면 세포막은 생체 분자들을 세포 안과 밖으로 펌프질함으로써 외부환경과의 상호작용을 조절할 수 있는 특별한 통로를 가진다. 난자의 세포막은 세포 내의 핵에서 만들어진 생체 분자들이 난자 안의 올바른 목적지에 잘 도달할 수 있도록 도와주는 "표식들"(targets)을 가지고 있다. 앞에서 언급한 초파리 배아의 머리와 꼬리의 패턴을 결정하는 데 관여하는 유전자 산물의 경우도 미세소관을 통해 올바른 장소로 운반되는데, 이들이 도착한 후 그 장소에 잘 보관될 수 있게 하려고 표식 분자들(target molecule)이 필요하다. 바로 이 표식 분자들이 세포막에 끼워져 존재하는 것이다.

밝혀진 바로는, 단세포 동물을 이용한 실험에서 세포막의 패턴들은 그 세포의 DNA가 아니라 이미 세포에 존재하는 세포막에 의해 결정된다. 세포막에 끼워져 있는 막 단백질은 미세소관 서브유닛과 마찬가지로 생명체의 DNA에 있는 주형에 따라 만들어진다. 그러나 이 막 단백질의 패턴들은 미세소관 배열의 위치와 형태와 마찬가지로, DNA와는 상관없이 독립적으로 후손에게 유전된다. 따라서 배아 발생에 관여하는 미세소관 배열과 세포막 패턴들에 의한 활동은 DNA 염기서열 속에 암호화되어 있지 않다.

그렇다고 해서 현재 우리가 발생을 조절하는 프로그램에 대해 다 이해하는 것은 아니다. 아직도 가야 할 길이 멀다. 하지만 분명한 것은 발생을 조절하는 프로그램이, DNA 염기서열이라는 언어 안에 적혀져 있다고 하는 유전 프로그램으로만 제한될 수 없다는 것이다. 오히려 발생을 조절하는 프로그램은 DNA와 미세소관 배열과 세포막 패턴 같은 것들을 포함한, 아직도 많이 알려지지 않은 언어로써 전체 수정란의 구조 안에 적혀 있다고 말하는 편이 더 정확할 것이다.

그렇다면 왜 유전 프로그램이라는 개념이 아직도 대중적으로 계속 인기 있는 것일까? 유전 프로그램이 아직도 이렇게 대중적 인기를 끌고 있는 이유는 바로 이 프로그램이 신다윈주의 진화와 논리적으로 이어지는 연결고리가 있기 때문이다.

유전 프로그램과 신다윈주의

유전 프로그램은 1930년대에 멘델 유전학과 요즘 "신다윈주의"로 불리는 다윈 진화론의 결과로 나타났다. 신다윈주의는 유전자의 돌연변이가 진화의 기본 재료들을 제공하고 자연 선택이 유전자 빈도에 변화를 일으킴으로써 생물체를 변화시킨다고 본다. 발생 과정은 벌레의 수정란인 한 개의 세포가 쥐가 아니라 벌레가 되게 하는 과정이다. 만약 진화 이론이 주장하는 것처럼 유전자 돌연변이가 벌레의 수정란을 쥐로 바꿀 수 있다면, 이것은 발생을 조절하는 유전자를 변화시킴으로써 일어나야 한다. 반대로 만일 발생이 유전자가 아닌 다른 무엇인가에 의해 조절된다면, 그것은 유전자의 돌연변이나 유전자 빈도의 변화가 아닌 다른 어떤 것에 의해서 일어나야 할 것이다. 따라서 유전 프로그램의 개념이 잘못된 것이라면 신다윈주의도 마찬가지로 잘못된 것이다. 즉, 신다윈주의는 논리적으로 유전 프로그램을 반드시 필요로 한다.

많은 생물학자는 신다윈주의를 지지하는 증거가 많이 있다고 추측하고 있다. 그렇다면 내가 위에서 제기한 신다윈주의의 오류에 대해 알려진 증거들이 있다 하더라도, 유전 프로그램에 대한 믿음이 정당화되어야 할지도 모른다. 그러나 놀랍게도, 신다윈주의에 대한 증거는 매우 빈약하다.

신다윈주의에 의하면 돌연변이가 진화에 필요한 원재료를 공급하게 되어 있다. 돌연변이가 진화에 필요한 원재료를 공급하려면 이 돌연변이는 생물체에 이롭게 작용해야만 하는데, 발생 유전자들에 발생하는 돌연변이는 언제나 생물체에 해롭게 작용한다. 실제로 생물체에 이롭다고 알려진 돌연변이조차도 돌연변이에 의해 만들어진 단백질과 다른 분자들 사이의 즉각적인 상호작용에만 영향을 준다. 이러한 돌연변이들은 항생제나 살충제에 대한 저항성을 제공할 수는 있지만, 우리가 진화라고 말하는 변화는 가져다주지 못한다. DNA 돌연변이만 가지고는 물고기를 양서류로 변화시키거나 공룡을 새로 변화시키는 것과 같은, 동물 종의 변화를 일으킬 수 없다.

    마찬가지로, 진화가 유전자 빈도의 변화 때문이라는 증거도 매우 빈약하다. 진화의 증거로 가장 많이 연구된 예는 항생제 저항성이나 살충제 저항성 이외에도 공업암화로 초래된 후추나방(peppered moths)이다. 영국의 산업혁명 시기에 어두운 색의 후추나방 수가 밝은 색의 후추나방 수보다 더 많았던 적이 있다. 그러나 공해 방지법이 제정된 이후에 어두운 색의 후추나방 증가의 경향이 감소하기 시작했다. 실제로 공업암화의 정도가 증가하거나 감소함에 따라 분명하게 유전자 빈도가 변화되었으며, 1950년대에 수행된 실험은 자연 선택의 예를 잘 보여주는 것 같았다. 이 실험에 의하면 장에 갇혀 있던 후추나방들을 공업암화로 인해 색이 어두워진 나무의 나뭇가지에 풀어놓았을 때, 새들은 눈에 잘 띄는 밝은 색 후추나방을 선택적으로 잡아 먹었고, 결국 어두운 색의 후추나방의 비율이 증가했다는 것이다. 그러나 1970년대에 이르러 생물학자들은 어두운 색과 밝은 색의 후추나방의 수가 나무껍질의 색깔과 연관이 없음을 발견했다. 심지어 1980년대에는 후추나방이 일반적으로 나무줄기에서 쉬지 않는다는 것도 알게 되었다. 이런 결과로 자연 선택에 대한 증거를 믿기 어렵게 되었으며, 공업암화와 진화와의 연관성에도 의혹이 제기되었다. 불행하게도 자연 선택에 의한 진화를 설명하는 다른 경우, 즉 다윈의 핀치새의 부리 크기의 차이나 하와이 초파리의 적응도 차이 같은 경우에서도, 이들을 뒷받침할 수 있는 유전적인 증거가 알려지지 않았다.

이와 같은 신다윈주의에 대한 빈약한 증거는 바로 신다윈주의에 대한 인기가 실험적으로 확증된 것이 아닌, 다른 "무엇"인가에 근거를 두고 있다는 것을 보여준다. 그리고 이 다른 "무엇"은 바로 설계를 철학적인 개념이라고 하여 배제하려는 것이다.

설계에 대한 편견들

1802년 윌리엄 페일리는 『자연신학』(Natural Theology)[3]을 출판했다. 책의 서두에서 페일리는 사람들이 들에 있는 관목이나 돌들을 관찰한다면, 이것들이 목적 없이 자연적으로 생긴 것이라고 이성적으로 말할 수 있다고 썼다. 반면 시계를 관찰한다면 그 부품들이 특정한 목적으로 조립된 것을 발견하고는 이 시계가 설계됐다고 결론 지을 것이다. 페일리는 이와 유사한 방법으로 살아 있는 생명체들도 설계된 것으로 결론 낼 수 있다고 주장한다.

찰스 다윈은 생명체가 시계보다는 돌과 같으며, 페일리가 설계라고 주장한 생명체의 특징이 목적 없는 자연적 원인의 결과라고 주장한다. 다윈의 자연 선택에 의한 진화 이론은 생명의 기원과 변이의 유전 메커니즘에 대해 설명할 수 없었기 때문에, 초기에는 생물학자들을 설득하는 데 실패했다 (멘델의 유전법칙은 1900년 이후에 널리 알려지기 시작했다). 그러나 설계를 배제하는 다윈의 개념이 인기를 얻게 되었고, 이것이 곧 확실하게 과학적 정의의 일부가 되어버렸다. 생물학 수업 시간에 설계 이론을 주장할 정도로 순진한 사람들은, 틀림없이 설계가 비과학적이라는 소리를 듣게 될 것이다. 설계가 과학에서 원천적으로(a priori) 배제되어버린 것이다.

설계가 배제되면 싸울 필요도 없이 신다윈주의가 부전승으로 이기게 된다. 우리가 생명체의 기원과 다양성에 대해 설계에 의존하지 않고 설명해야 한다면, 돌연변이와 자연 선택만이 유일한 설명으로 받아들여져야 할지도 모른다. 무신론자인 리처드 도킨스는 『눈먼 시계공』[4]에서 "다윈주의는 생명의 특정 양상을 원칙적으로 설명할 수 있는 유일하게 알려진 이론이다"라고 적고 있다. 따라서 신다윈주의는 뒷받침할 수 있는 증거가 부족한 데도 여전히 살아남아 있다.

그러나 사실 설계를 배제하는 것은 과학적이기보다는 철학적인 움직임이다. 이 움직임은 설계가 본질에서 비과학적이지 않고 주장한다. 설계 추론은 이성적인 사고의 정상적인 과정에 의한 것이며, 우리는 이런 설계 추론을 여러 가지 다양한 분야에서 신뢰하고 있다. 모든 설계 추론은 윌리엄 뎀스키가 말하는 "설명 여과 장치"(explanatory filter)라는 논리적 패턴을 따르고 있다. 어떤 현상의 원인을 물을 때 우리는 먼저 이 원인을 자연적인 규칙성을 사용하여 설명하려고 한다. 이 시도가 실패했을 때 우리는 그럴듯하게 우연으로 그 원인을 돌릴 수 없는지 묻게 된다. 그리고 자연적인 규칙성과 우연으로 인한 원인을 배제할만한 충분한 증거가 있을 때에만 비로소 우리는 설계 추론을 하게 된다. 범죄 수사를 하는 형사들도 그 범죄가 고의적인지 아닌지를 결정하기 위해 비슷한 기준을 사용한다. 그러나 형사가 배심원들을 확신시키기 위해서는 그 결정의 내용이 증거에 기초해야 한다. 과학적이어야 한다는 의미다. 임의적이고 독단적이어서도 안 되며 자기가 모르고 있다는 무지함을 고백하는 형태가 되어서도 안 된다.

일반적으로 설계 추론이 생물학에서 배제되는 이유에 대해 다윈주의자들은, 과학은 실험적으로 연구될 수 있는 현상에 제한되는데 반하여 생명체에 대한 설계는 실험적인 방법의 한계를 뛰어넘어 초자연적인 설계자를 내포하고 있기 때문이라고 주장한다. 그러나 생명체에서 설계의 증거를 찾는 것과 설계자의 본성에 대해 추측하는 것 사이에는 차이가 있다. 다윈주의자들은 설계에 대한 반대 논쟁을 위해 증거를 사용할 때 이런 차이를 암묵적으로 인정하고 있다. 그렇게 함으로써, 설계자의 존재를 부인하면서 실험적 질문으로서의 설계를 위협하는 것이다(리처드 도킨스『눈먼 시계공』의 부제는 "왜 진화의 증거는 설계되지 않은 우주를 보여주는가?"이다). 당연하게도 설계에 반대하는 증거를 사용하는 것이 과학적이라면, 마찬가지로 설계를 찬성하는 데 증거를 사용하는 것도 과학적이다.

생명체가 진짜 설계되었다면 어떻게 할 것인가? 만일 누군가가 길에서 시계를 발견하고 그 시계를 누가 만들었는지 조사하는 과정에서 그 시계를 설계한 설계자를 찾을 가능성이 없다고 하자. 그렇다고 처음부터 설계자를 제거하고 조사하는 것은 어리석은 일이다. 이렇게 하면 시계의 진정한 본질에 대해 오류를 범할 뿐만 아니라, 이런 부류의 사람들은 이 시계가 어떻게 조립되었는지 알아내려는 노력으로 전 인생을 허비할지도 모른다.

설계에 의한 발생

만일 생명체가 설계되었다면, 그렇지 않다고 가정하는 것은 오류를 범하는 것이다. 잘못된 가정에 기초를 둔 연구는 발생유전학자들에게 일어났던 것처럼 흥미로운 결과를 가져올 수도 있다. 가정이 잘못 만들어졌기 때문에 이들이 풀려고 하는 질문 대부분이 결코 답을 얻지 못할지도 모른다. 연구자들은 잘못된 가정이 수정되어 사실에 부합하기까지는 질문에 대한 답을 잘못된 장소에서 찾고 있는 것이 된다.

확실히 배아들은 설계된 것처럼 보인다. 역설적으로 생각해서 발생이 유전 프로그램으로 조절된다고 할지라도, 발생은 설계되었다는 것이 현실적이다. 스티븐 마이어가 보여주듯 DNA의 단백질을 암호화하는 부위는 화학적 법칙들과 같은 자연적인 규칙성을 근거로 해서는 설명될 수 없다. 또한 매우 복잡하게 상술된 이런 서열들이 우연히 만들어졌다고 말하는 것은 더 받아들이기 어렵다(8장, 마이어의 글을 보라). 설명 여과 장치는 설계 추론을 정당화하고 있다. 만일 설계 추론이 개개의 단백질 암호화 서열과 부합된다면 유전 프로그램에 대하여는 더 잘 부합될 것이다. 왜냐하면 단백질을 암호화하는 부위의 발현을 조절하기 위해서는 부가적 정보를 포함해야 하기 때문이다.

실제로 발생이 유전 프로그램보다 더 복잡한 무엇―아마도 전체 수정란의 구조―에 의해 조절된다는 사실은 설계를 더 개연성이 있는 것으로 만들어주고 있다. 이것은 한 개의 배아만이 설계 때문에 발생한다는 것을 의미하지 않는다. 특정한 경우의 발생 프로그램을 이해했다면, 아마도 우리는 이 개체의 발생이 자연적인 규칙성에 기인한다고 할 수 있을 것이다. 그러나 발생 프로그램의 존재 자체가 자연적인 규칙성에 원인을 두는 것은 아니다. 더군다나 통합적으로 복잡한 발생 프로그램을 우연적인 것으로 그럴듯하게 돌릴 수는 없다. 만일 우리가 철학적인 이유로 설계를 배제하지 않는다면, 적어도 임시적으로라도 발생 프로그램이 설계되었다고 결론 내리는 것이 정당하다.

증거를 따라서

설계 추론을 해야 하는 이유들

1. DNA에서 각각의 단백질을 암호화하는 부위는 자연적인 규칙들이나 우연으로 생성될 수 없으며 분명히 설계의 증거를 보여준다.
2. 유전 프로그램은 단백질을 암호화하는 부위보다 더 많은 정보를 포함해야 한다. 그러므로 유전 프로그램을 강조함으로써 설계를 배제하려는 신다윈주의의 시도는 잘못된 것이다.

3. 발생 프로그램은 유전 프로그램보다 훨씬 더 복잡하다. 따라서 설계 추론이 더 설득력이 있다.

설계와 과학

1. 신다윈주의가 설계를 배제하는 것은 과학적 증거가 아니라, 철학적이고 형이상학적인 자연주의에 근거하기 때문이다.
2. 이렇게 설계를 배제함으로써 발생이 유전 프로그램으로 조절된다는 주장을 하게 만든다.
3. 이런 유전 프로그램에 대한 주장은 발생에서의 비유전적 요소에 대한 증거의 가치를 떨어뜨림으로써 생물학 연구를 오도하고 있다.
4. 설계의 가능성을 인정하는 것은 생물학자들이 설계자를 증명하는 데 초점을 두도록 하자는 것이 아니라, 과학의 증거가 인도하는 방향으로 따르도록 장려하는 것이다.

그렇다고 해서 생물학자들이 모든 에너지를 설계자의 존재를 증명하기 위해 쏟아야 하는가? 나는 그렇게 생각하지 않는다. 이는 단지 생물학자들이 그들 자신의 상식을 믿어야 한다는 것을 의미한다. 리처드 도킨스는 『눈먼 시계공』에서 생물학을 정의하면서, 설계된 것처럼 보이지만 그렇지 않은 복잡한 사물에 대한 연구라고 했다. 그러나 생물학자에게 더 나은 태도는, 설계를 나타내는 모습만으로 단순하고 임의적으로 처리하기보다는, 그것이 어디로 인도하든 그 증거를 따라서 인도되는 것이다.

이렇게 할 때 우리는, 발생을 유전 프로그램으로 한정하려는 강박관념에서 생물학자들을 해방시킬 수 있다. 자기 생각에 맞추어 남의 생각을 뜯어고치기 위해 물리적으로 비유전적인 요인들을 신다윈주의 안으로 집어넣

위대한 설계, 그 흔적들

으려 하는 대신, 생물학자들은 발생학을 그들 자신의 해석대로 연구하도록 격려될 수 있다. 물론 이런 요소들에 대한 연구가 이미 진행되고 있지만, 현재 생물학에서의 신다윈주의의 독점은 이런 요소들이 지속적으로 DNA 중심 연구의 하위에 있도록 만들고 있다. 한번 이런 신다윈주의의 독점이 깨지게 되면, 우리는 배아 발생에 대한 과학적 연구가 어떻게 극적으로 발전할 수 있을지를 기대하게 될 것이다.

1973년 데오도시우스 도브잔스키(Theodosius Dobzhansky)는 『미국 생물학 교사』(The American Biology Teacher)에서 "생물학에서는 진화의 관점으로 보는 것 외에는 어떤 것도 의미가 없다"라고 했다.[5] 여기서 도브잔스키가 진화라고 말한 것은 신다윈주의를 말한다. 그러나 신다윈주의에 대한 빈약한 증거는, 도브잔스키의 진술이 과학적 추론이 아닌 철학적 신조에 지나지 않음을 나타내고 있다. 특히 신다윈주의 같이 실험적 뒷받침은 거의 없고 형이상학적 신념으로만 가득 찬 이론에 생물학의 모든 것이 종속되어야 한다고 주장하는 것은, 좋은 과학에 대해 전면적으로 반대하는 것이다. 도브잔스키는 틀렸다. 생물학에서 의미 있는 것은 과학적 증거의 관점에서 보는 것이다. 그리고 실제로 과학적 증거는 설계를 가리키고 있다.

10장

자연 선택의 결정적 결함들

생존을 위한 부적응

_폴 넬슨

◆ 폴 넬슨(Paul Nelson)은 시카고 대학교에서 생물철학으로 박사 학위를 받았다. 「기원과 설계」(*Origins & Design*)의 편집자이자 디스커버리 연구소의 과학과 문화 회복 센터 평의원이기도 하다. 그의 논문 「현대의 진화론적 추론에서 신학의 역할」[1]은 「생물학과 철학」(*Biology and Philosophy*) 논문집에 실린 바 있다.

어느 초여름, 조용하게 햇살이 비치는 오후다. 지금 당신은 매사추세츠 공대(MIT) 인근의 찰스 강 북쪽 강둑에 있는 벤치에 앉아 있다. 당신은 오늘 발행된 「보스턴 글로브」(*Boston Globe*)를 읽으며 강을 바라보고, 노 젓는 배가 지나가는 것과 강 저편 자동차들의 흐름을 응시한다. 지금은 그저 공상에 빠져들고 싶은 시간이다. 그러나 불행하게도 파리 한 마리가 날아와서 윙윙거리며 성가시게 한다. 다행히 손에는 「보스턴 글로브」가 들려 있다. 곧 당신은 표적을 해치웠고, 다시 평온이 찾아온다.

하지만 그것도 잠깐이었다. 갑자기 일군의 대학원생이 사색이 된 얼굴로 숨을 헐떡이며 몰려와 당신을 둘러싼다. 그들은 어이없는 표정으로 의심의 눈초리를 당신에게 던진다. 그중 한 명은 몸을 굽혀서 잔디밭에 떨어진 파리의 잔해를 수습하려고 애를 쓴다. **"세상에 우리 파리를⋯."** 그는 충격

받은 어조로 더듬거리며 말한다. **"당신이 우리의 파리를 박살 냈소!"**

그럴 수도 있지. 당신은 곤충학자가 아니지 않은가? (당신은 변명하면서 말하기를) 파리 한 마리 죽인 것이 전 세계 곤충 개체 수 조사에 무슨 차이가 생기길래?

사실은, 당신이 지금 막 부지불식간에 죽인 파리는 보통 파리가 아니었다. 그것은 MIT의 인공 곤충 프로젝트에서 제작된 것 중 유일하게 작동하는 파리였다. 초미세 모터와 센서, 합성 조직, 수천 가지 복잡한 프로그램으로 이루어진 이 정교한 발명품은 나노 기술의 경이로움 그 자체였다. 사실, 둘둘 만 신문을 휘두르기 전에 좀더 주의 깊게 보았다면 당신은 그것이 보통 파리가 아니라는 사실을 알아차렸을 것이다.

이 파리가 가진 가장 중요한 초미세 모터는, 비록 정교하고 특별하게 제조된 윤활제로 냉각되기는 하지만, 오랫동안 사용하다 보니 쉽게 과열되곤 했다. 또한 파리 날개를 만드는 데 사용된 합성막은 고속비행 시에는 찢어지기도 해서 공기 역학적인 불안정성을 초래하기 때문에, 파리는 종종 여기저기 부딪혔다. 그뿐 아니라 파리에 입력된 복잡한 행동 소프트웨어는 결함을 자주 수정해야 했다. 이 인공 파리가 오늘은 날고 있지만, 내일도 계속 날 수 있을지는 아무도 알 수 없었다. 우리가 생각 없이 그냥 죽여버리는 보통 파리들은 그렇지 않은데 말이다.

실제로, 인공 파리는 모든 면에서 자연산 파리보다 기능적으로 열등하다. 따라서 인공 파리의 존재에 대한 기원이 궁금해지는만큼이나 그에 상응하는 자연 파리의 기원에 대한 궁금증은 더할 수밖에 없다.

다른 관점을 생각해보자. 프랑스의 생화학자 자크 모노는 『우연과 필연』(*Chance and Necessity*)[2]에서 기념할만한 사고 실험(thought experiment)을 보여준다. 그의 이야기는 어느 외계 문명의 매개체로부터 지구로 보내진 기계로부터 시작된다. 이 기계의 이름은 "화성의 NASA"로서 지적 활동의 증거들을 간파할 수 있도록 프로그램화되어 있었다. 즉 그 증거들이란 "어떤 의도된 작품을 만들어낼 수 있는 조직화된 활동의 증거"로서, "상상력 있는 활동을 할 수 있는 지적 존재만 나타낼 수 있는 종류"를 말한다. 어느 숲 속에 착륙한 기계는 기기 장치들을 작동시킨다. 장치들은 어느 야생벌의 벌집에 초점을 맞춘다. 모노는 이 장면을 다음과 같이 설명하고 있다.

> 기계를 조정하던 컴퓨터는 [이 벌들을] 정교하게 만들어진 인공적인 물체로밖에는 인식할 수가 없다.…컴퓨터는 벌을 한 마리 한 마리 조사하고 나서 그들의 구조(예를 들어 복부에 있는 털의 수와 위치라든지 날개의 날개 맥 등)가 가진 극도의 복잡성이 벌 개체 하나하나마다 놀라운 통일성을 가지고 복제되어 있음을 알아차리게 될 것이다. 이것은 이 생물체가 계획적이고 체계적이며 정교한 창작 활동의 산물이라는 강력한 증거인가? 기계는 이런 결정적인 자료를 기초로 하여, 화성의 NASA 통제소로 신호를 보낸다. 이 신호는, 지구에서 대단한 생산 활동을 발견했는데 그것에 비교하면 그들 자신의 것은 원시적인 활동에 불과하다는 내용이다.[3]

모노는 "살아 있는 생물체는 이상한 존재다. 그것은 목적 지향성 같은 독특한 성질을 보여주는데, 우리는 보통 그런 특성을 보면서 설계된 물체(우리 자신이 만드는 인공물 같은)를 연상하게 된다. 그뿐 아니라, 살아 있는 생물체의 '구성'(construction, 즉, 그들의 생식과 발생, 성장에서)을 보면 거대한 양의 정보를 저장하고 있음을 보게 된다"라고 말하고 있다. 그리고 모노는 계속해서 이렇게 설명한다. "그런데 그 정보가 어디서 온 것인지는 여전히 확인해야 할 것으로 남아 있다.…모든 정보에는 당연히 어떤 근원이 있기 마련이다."[4]

다윈의 단순한 설계

물론, MIT의 인공 파리나 모노의 화성 외계 지능 탐사 장치 같은 것은 어찌 보면 가상적인 공상이라고 할 수 있다. 그러나 다른 면으로 본다면, 이런 사고 실험은 직관적인 통찰력을 크게 자극하는 생생한 빛이 될 수도 있다. 인공 파리와 같은 어떤 물체가 누군가의 창문턱에 날아와 앉았다고 상상해보라. 당연히 우리는 그 설계와 구성에 강렬한 호기심을 느끼지 않을 수 없다. 누가 혹은 무엇이 이것을 만들어냈을까 하는 질문에 사로잡히는 것이다. 이 호기심이란 우리의 획일적 경험(uniform experience)으로 생겨나는데, 이런 이유로 인공 파리같이 특정화된 복잡성이 있는 물체에 대해서는, 옥스퍼드 대학교의 생물학자 리처드 도킨스가 말한 바와 같이 "매우 특별한 종류의 설명"이 필요하게 된다.

만약 누군가가 말하기를, 오랜 시간과 물질의 필연적인 과정을 생각할 때 인공 파리 같은 독특한 물체가 누군가의 창문턱에 앉게 되는 것은 우연히 일어날 수 있고, 그것을 가능하게 하는 방향성은 없으며, 그 파리가 마치 창문턱에 날아와 앉는 티끌 하나의 독특성과 같다고 한다면 어떨까? 아마우리는 그것을 믿어야 할지 말아야 할지 주저할 것이다. 오히려 우리 이성은 이치에 맞지 않는 그런 주장에 대해 반기를 들게 된다. 18세기 말 영국의 철학가이자 기독교 변증가인 윌리엄 페일리는 "보편적인 경험은 그것을 반대한다"라고 말했다. 인공 파리는 우연에 의해 존재할 수 없다. 인공 파리가 그러하다면 보통의 파리는 더욱더 그러하다. 두 경우 모두, 그 기원이 우연한 작용이라는 설명에 우리는 결코 만족할 수 없다.

이런 직관―비록 지극히 간단한 생물체라 할지라도, 모노가 적절하게 표현했듯, "희한한 물체"라고 보는 것―은 이를테면 찰스 다윈이 페일리로부터 얻어냈던 것이자, 그의 과학 인생 동안 겪었던 견해의 변화 속에서도 변치 않고 남아 있던 것이기도 하다. 생물체에 나타나는 특정화된 복잡성은, 다윈이 표현하기를 "우리의 탄복을 자아내기에 부족함 없는 완벽한 구조와 상호적응(coadaptation)"이라 한 것처럼, 일종의 거부할 수 없는 현상이다.[5] 하버드 대학교의 진화생물학자 리처드 르원틴은 "다윈 자신도 어떤 자연주의적인 진화 이론이 성공을 거두기 위해서는 단순히 생물체의 변이뿐만 아니라 생물체에 나타나는 완벽성에 대해서도 설명할 수 있어야 함을 깨닫고 있었다"라고 했다.[6]

그러나 어떤 종류의 설명도 해내지 못할 것으로 보인다. 다윈은 『종의 기원』 앞부분에서 딱따구리와 겨우살이의 복잡한 구조에 대해 자세히 설명한 뒤, 당대의 동료 진화론자인 로버트 챔버스(Robert Chambers)의 실패를 예로 들면서, 한편으로는 점잖게 조롱하면서도 다른 한편으로는 진솔한 인식론적 교훈을 얻어내고 있다.

> 추측건대 『창조의 흔적들』의 저자 챔버스는, 어떤 알 수 없는 많은 세대를 거치고 나서 어떤 새는 딱따구리를 낳게 되었고 어떤 식물체는 겨우살이로 변화되었다고 할 것이다. 그리고 그 딱따구리와 겨우살이는 지금 우리가 보듯이 완벽한 모습으로 만들어져 나왔다고 말할 것이다. 그러나 내게 이런 추론은 설명의 결핍으로 밖에 보이지 않는다. 왜냐하면 유기적 존재들이 상호 간에 대해, 그리고 물리적 환경에 대해 상호적응(coadaptation)하는 현상에 대해서는 다루지도 않고 설명해주지도 못하기 때문이다.[7]

타당한 설명이라면 "참된 원인"(vera causa), 즉 "설명되어야 하는 사실과는 무관하게 독자적으로 존재하는 원인"[8]에 근거해야 한다. 그렇다면 다윈의 이론을 이끌고 있는 균일설(uniformitarianism)은 어떤가? 다윈은 찰스 라이엘(Charles Lyell)로부터 영향을 받아 균일설을 따르게 되었는데, 이는 페일리로부터 받은 영향보다 훨씬 큰 것이었다. 그러나 균일설에 따르면, 완전한 형태의 딱따구리가 딱따구리가 아닌 어떤 종으로부터 갑작스럽게 태어나는 일은 결코 일어날 수 없다. 그런 일은 기적이나 다름없다.

하지만 다윈의 주장은, 전이(transformation)라는 현상을 "지극히 작은 차이들로" 셀 수 없이 많이 쪼갠다면, 혹은 "많은 미세한 변이들로 분산시켜 거의 무한에 가까운 많은 세대를 거치는 동안 축적되게" 한다면 그것은 가능성의 범위에 들어올 수 있다는 것이다.[9] 그렇다면 필요한 것은, 자연적으로 발생한 유용하고 유익한 변이들을 오랜 시간 축적하고 서로 조합해서 새로운 구조나 행동으로 만들어주는 어떤 메커니즘일 것이다. 그런 메커니즘이 있다면 "우연이냐 설계냐"의 딜레마로부터 빠져나올 수 있을지도 모른다. 즉 자연의 과정이 설계자를 대신할 수 있다는 것을 보여줌으로서 그럴 수 있다. 그리고 생명체의 특정화된 복잡성을 고안한 어떤 지적 존재를 고려할 필요도 없어지게 된다.

다윈은 전이와 설계의 이 메커니즘을 자연 선택의 원리에서 찾았다. 수많은 노트가 명백히 보여주는 것처럼 다윈은 진화론적 변화를 설명하는 다른 여러 메커니즘을 시도하고 폐기하기를 반복한 후에 자연 선택이라는 메커니즘에 도달하게 되었다. 다윈은 하나의 유사한 예, 즉 인공 선택(artificial selection)의 예를 들면서, 자연은 오랜 시간에 걸쳐 어떤 생물종의 특성을 영구적으로 변화시킬 수 있다고 주장했다. 예를 들어 수십 마리의 양이 우리에서 떼를 지어 이리저리 돌아다니고 있다고 하자. 몇몇 숫양의 양털을 보니 다른 양보다 현저하게 많다. 이 양을 우리에서 빼내어 암양과 교배시키고 나머지 양은 그대로 둔다. 어린 양이 태어난 후, 그중에 털이 많은 양만 골라내어 다시 번식을 시킨다. 이렇게 선택적인 번식을 여러 세대에 걸쳐 시킨다면 이 양떼의 특성은 전체적으로 바뀔 것이다.

그런데 비정상적으로 추운 겨울이 이어진다면 어떻게 될까? 추위에 약한 양은 도태되고, 추위에 살아남아 번식할 수 있도록 많은 털을 가진 양들만 남을 것이다. 마치 농장주가 털 많은 양들만 골라내는 것처럼 효과적으로 말이다. 사실, 자연이 가진 선택의 힘은 어떤 변이에도 작용할 수 있으며, 인간의 힘으로 이룰 수 있는 것보다 훨씬 완벽하게 구조나 기능을 만들어낼 수 있다. 다윈은 『종의 기원』에서 이렇게 주장한다.

> 변이는, 그것이 얼마나 사소하든지 어떤 원인으로 생겼든지 간에, 종의 한 개체에 어느 정도라도 유익하다면…이 변이는 그 개체에 보존될 것이며, 일반적으로 자손에게 유전될 것이다. 자손 또한 생존할 가능성이 더 높게 되고, 따라서 어떤 종에서 주기적으로 태어나는 많은 개체 중에서 적은 숫자만이 살아남을 수 있다. 이렇게 각각의 사소한 변이가 유용한 것이라면 보존된다는 원리를 나는 "자연 선택"(Natural Selection)이라고 부른다. 그것은 인간이 가진 선택 능력과 관계 있음을 나타내기 위함이다.[10]

다윈의 원리는 단순하면서도 상식에 부합하는 호소력이 있기에 그 자체로서 자명한 사실처럼 보인다. 이보다 더 직설적일 수가 있겠는가?

과연 날 수 있을까?

하지만 우리는 이 자연 선택의 원리가 다윈이 공식화한 것처럼, 과연 맞는 것인지를 알고자 한다. 그것을 알기 위해 우선 우리는, 종 내에서 "유익한"(profitable) 또는 "유용한"(useful) 변이가 무엇인지를 확인하는 것부터 시작해야 한다. 즉 변이를 가진 개체로 하여금 생존을 위한 경쟁에서 살아남고 자손들도 살아남게 해주는 변이는 어떤 것인지를 확인하는 것이다. 그렇다면 이 유용한—즉 진화론적으로 의미가 있는—변이를 가지고 있는 개체들이 어떤 것인지를 어떻게 알 수 있을까?

아마도 개체들의 생존과 번식 정도를 기록한 결과를 가지고서는 그 유용한 변이를 확인할 수 없을 것이다. 그렇게 한다면 "유용성"이라는 현상이 "생존" 즉 번식이라는 현상에 파묻혀버릴 것이기 때문이다. 그러면 다윈이 가정한 유용성이라는 원인은 그 효과, 즉 생존과 번식이라는 현상과 구별할 수 없게 되어버린다. 만약 다윈의 이론이 유용한 변이체란 곧 살아남는 변이체를 의미한다고 주장하는 것이라면, 자연 선택의 원리는 결코 틀릴 수 없다. 여기서 틀릴 수 없다는 것은 좋은 뜻이 아니다. 당연히 어떤 개체는 실제로 살아남고 다른 개체보다 많은 자손을 남긴다. 그러나 이 생존과 번식의 차이를 "유용한 변이"의 존재로 해석한다면—유용한 변이를 단지 개체를 보존시키는 무엇을 의미하는 것이라고 한다면—더는 이론적 설명을 기대할 수 없게 된다. 영국의 진화생물학자 로빈 던바(Robin I. M. Dunbar)가 지적한 것처럼, 그렇다면 진화론적 해석은 "관찰된 사실들에 대한 단순한 설명에 지나지 않을 것이다. 특정한 성질들의 진화에 대한 해석을 제시하는 이론들을 자세히 분석해보면, 그것들이 주장하고자 하는 사실에 대해 근본적으로 동일한 형식으로 재차 설명하는 것 이상의 아무것도 아님을 알 수 있다."[11]

예를 하나 들어보자. 번식할 수 있는 연령의 거위 집단을 관찰한다고 가정하자. 집단은 30마리의 거위로 구성되며 번식을 위해 15개의 짝을 만들 수 있다. 그중에서 어느 짝이 다음 세대에서 가장 많은 자손을 남기게 될지를 예측해보고자 한다. 그리고 이 예측은 거위가 가진 특정 유전형질을 기준으로 시도하고자 한다. 이 형질이란 어떤 거위로 하여금 다른 거위보다 더 잘 생존하고 더 많은 자손을 남기도록 해주는 "유용하거나" "유익한" 것이다. 간단히 말해서 이 형질은 그것을 가진 거위에게 더 큰 "진화론적 적응성"(evolutionary fitness)을 부여한다.

예로 든 거위 집단에서 독립적으로 측정이 가능한 형질인 "체중"이 미래의 번식 성공률을 높여주는 가장 중요한 결정 요소라고 가설을 세웠다고 하자. 체중이 많이 나가는 거위는 더 많은 새끼를 낳을 것이고 따라서 그 집단에서는 그가 적자(the fittest)가 된다.

그러나 여러 세대가 지난 후에, 어미, 아비의 체중과 새끼의 숫자와는 어떤 일관된 상관관계도 없음을 관찰하게 된다. 우리는 실망감을 가진 채, 다시 가설을 세운다. 거위의 체중이 어떠하든지 간에 가장 자손을 많이 남기는 거위가 적자가 된다는 가설이다. 그리고는 어떤 거위가 실제로 가장 많은 자손을 낳는지를 관찰하며 기다린다.

하지만 이제는 원인과 결과가 서로 뒤섞이고 말았다. 과학철학자 로날드 브래디(Ronald Brady)가 지적한 것처럼, 우리가 한 집단의 어떤 구성원들이 더 많은 자손을 남기는지를 관찰할 때 "우리가 알기 원하는 것은 바로 그 이유다."[12] "자손을 많이 남기는 이유는 자손을 많이 남기기 때문이다"라는 말은 예언적인 가치는 있을지 모르지만 아무것도 가르쳐주지 않는다. 그리고 집단에서 가장 번식력이 좋은 구성원을 "적자"라고 부른다고 해서 그 순환논리가 깨지는 것도 아니다. 브래디는 다음과 같이 상세하게 설명한다.

자연적인 집단을 관찰해보면 어떤 개체는 당연히 다른 개체에 비해서 더 많은 자손을 낳는다. 만일 우리가 그 번식력이 좋은 개체에게 이름을 붙여주는 데 관심을 둔다면, 그것은 우리가 가진 관습 같은 것이다. 그렇지만 만일 우리가 더 나아가서, 그 붙여주는 이름이 "왜" 그들이 더 많은 자손을 낳는지를 설명해준다고 말한다면, 그것은 우리가 그 개체를 확인하는 실제적 기초를 망각했음을 의미한다.[13]

우리에게 필요한 것은 생존과 번식이라는 실제 사실에 대해 독립적인,

일종의 실험 관찰적인 경로다. 그래야만 생물체의 실제적인 구조와 행동에 대한 평가가 가능해지기 때문이다. 그 실제적 구조와 행동이란 날개, 눈, 둥지 틀기, 꼴 찾기 습성과 같은 자연 선택에 직접 "노출"될 수 있는 것으로서 생물학자 올라손(J. G. Ollason)은 이를 "표현형의 질"(quality of the phenotypes)이라고 부르고 있다.

> 적응상의 차이를 초래하는 것은…그 계통의 구성원들이 가진 표현형 상의 차이일 것이다. 즉 적응성이 떨어지는 계통의 표현형보다 우수한 질의 표현형을 가진 계통의 구성원이 더 높은 적응성을 가진다. 표현형의 질을 객관적으로 정의할 수 있다면, 적응의 문제는 완벽하게 해결될 것이다. 왜냐하면 자연 선택의 과정은 다윈이 예측한 대로 작동될 것이기 때문이다. 즉, 어떤 개체가 보다 높은 질의 표현형을 가지고 있고 그것이 유전될 수 있다면, 그 개체는 불균형적으로 많은 자손을 낳게 된다.[14]

여기서 우리가 원하는 것은 진화의 "공학적 분석"(engineering analysis) 같은 것이다. 이 용어는 하버드 대학교의 유전학자 리처드 르원틴이 붙인 것으로서, 어떤 표현형이 더 높은 질인가를 확립하기 위한 개념이다. 이런 분석을 거친다면, 우리는 어떤 생물체가 다른 것에 비해 상대적으로 더 낮게 설계되었음을 발견할 수도 있다. 다시 말해 어떤 개체는 환경에 의해 주어지는 문제를 해결하는 능력에서 동종 개체들(conspecifics)보다 더 우수하다는 것이다. 르원틴은 이 "공학적 분석"에 대해 다음과 같이 주장한다.

> (공학적 분석은) 두 형태의 얼룩말 중 어느 것이 더 빨리 달릴 수 있는지를 결정할 수 있게 해준다. 더 빨리 달리는 형태가 자기를 공격하는 동물로부터 더 쉽게 도망갈 수 있고 따라서 더 많은 자손을 낳을 수 있다.…상대적 적응성(relative

adaptation)의 개념은 자연 선택 이론에서 같은 의미의 말이 반복되는 문제를 제거해준다. 이 개념이 없다면, 자연 선택 이론은 적응을 잘하는 개체가 더 많은 자손을 낳게 된다고 주장함으로써, 적응자(fitter)를 더 많은 자손을 낳는 개체로 정의하는 결과를 낳는다. 그러나 어떤 개체가 항상 다른 개체에 비해 단순히 운에 의해 더 많은 자손을 낳기 마련이기 때문에, 이 정의로는 아무것도 설명되지 않는다. 설계의 문제가 제시되고 생물학적 특성들은 그 설계의 해답으로 이해되는 형식으로 분석한다면, 어느 개체가 적응자가 될지를 미리 예측함으로써 동의어 반복의 문제를 돌파할 수 있다.[15]

그러나 순환논리로부터의 탈출은 그저 잠깐일 뿐이다. 대체 무엇 때문에, 얼룩말은 공격자로부터 도망치고 참새는 먹이를 찾아다니며 모든 생물체는 각각 어떤 행동을 하는 것일까? 영국의 생물학자 피터 손더스(Peter Saunders)와 매완 호(Mae-Wan Ho)는 "환경에 의해 주어지는 진정한 '문제'는 순수하고 단순하게, 결국 '생존하는 것'과 '자손을 남기는 것'이다. 그리고 표현형적 구조 또는 행동은 이 문제가 그것을 부각시킬 경우에서만 중요성을 가지게 된다"라고 주장했다.[16] 진화가 관련되어 있는 한, 매우 질 높은 표현형인데도 아무런 자손을 남기지 못한다면 결국은 막다른 길에 도달하게 된다. 그러므로 진화의 공학적 분석이 어떤 형태의 것이든 그것은 결국 생존과 번식이라는 실제적인 사실로 귀결될 수밖에 없다. 로날드 브래디는 다음과 같이 말했다.

개개의 형질이 실제로 얼마나 유용한가를 알기 위해서는 반드시 전체적으로 합쳐져야 한다. 그런데 합치는 것이란 연구자의 지식을 뛰어넘기 때문에, 연구자는 그의 공학 지식으로부터 개체의 생존 여부를 도출해낼 수 없다. 따라서 그는 생존 사실을 관찰하고, 그런 후 결과에 대해 설계 개념을 참고하여 설명을 시도하게 된다. 어떤 동물이 어떤 환경에 대해 최적으로 설계되었는지를 우리는 어떻게 알 수 있는가? 그 동물이 해당 환경에서 살아남는지 아닌지를 보는 것이다. 따라서 우리가 그 사실 뒤에 있는 좋은 설계를 어떻게 설명하든지와 무관하게, 좋은 설계라고 판단하는 데 사용되는 기준은 항상 생존이다.[17]

이 문제를 이렇게 복잡하게 만드는 것은, 어떤 개체가 틀림없이 다른 개체에 비해 "더 높은 질의"(higher quality) 혹은 "더 적응력이 강한"(fitter) 개체라는 강하고 보편적인 신념이라 할 수 있다. 우리는 이런 신념으로부터, 순환 논리의 늪에 빠지지 않으면서 어떤 생물체, 그의 환경, 그와 약간 다른 생물체들 간의 삼각 관계를 확실하게 얻을 수 있다.

여기서 나는 신념 그 자체를 검토해보아야 한다고 제시하고 싶다. 만일 우리가 그 신념 안에 묻힌 채, "진화적 적응력(evolutionary fitness)이 더 클수록 번식의 결과는 더 크다"라는 다윈의 전제를 받아들인다면, 순환논리에 빠져드는 것은 불가피하다. 왜냐하면 우리 생각의 근원을 거슬러 올라가보면 우리는 진화적 적응을 오로지 번식의 결과라는 측면에서만 정의할 수 있음을 발견할 것이기 때문이다. 자연 선택에 대한 르원틴의 글을 대충 읽어보더라도, 그가 이 어려움을 잘 인식하고 있었음을 알 수 있다. 르원틴은 진화의 공학적 분석을 "속임수 게임"이라고 부른 브래디의 결론을 반박하면서도 여전히 그 어려움을 해결하지는 못했다. 그러나 손더스와 매완호가 말한 것처럼, 진화의 게임에서 승자와 패자를 어떻게 결정할 것인지를 아는 것 자체는 절대 속임수가 아니다. 그들은 "해답[즉 성공적인 설계]을 고르는 진정한 기준은 그것이 얼마나 부차적인 문제를 잘 해결해내는지가 아니라, 가장 중심적인 문제 즉 생존과 번식에 얼마나 기여하는가 하는 데 있다"라고 지적했다.[18]

한편 올라손은 이 어려움에 맞서서 적극적으로 싸웠다. 그는 "진화적 적

위대한 설계, 그 흔적들

응의 문제는 어떤 동물의 표현형 특성으로부터 그의 번식 결과에 이르는 지도, 즉 물리적·화학적 용어로 표현되는 지도를 만들어내는 것이 원칙적으로 불가능하다는 데 있다. 그 주된 이유는 표현형의 질을 정의할 방법이 없기 때문이다"라고 했다.[19] 만일 자연 선택이 다윈이 이해했던 그대로 공식화된다면, 그 이론은 일종의 인식론적 수풀 속에 갇혀 그로부터 자연 선택을 더 이상 도출해낼 수 없게 된다. "적응", 즉 진화론적 경쟁에서 어떤 생물체가 다른 생물체보다 앞서도록 만들어주는 특질(quality)은 심히 불확실한 개념이라 할 수 있다. "적응"이 하나의 작동적 구성 개념(operational construct)임에도 불구하고 그 상태가 불확실하다는 사실은, 1989년 시카고 대학교의 진화 이론가 리 판 발렌(Leigh Van Valen)에 의해 잘 묘사되었다. 발렌은 다음과 같이 쓰고 있다.

> 그렇다. 적응은 진화생물학의 중심 개념이다. 그러나 이 개념은 정의하기 어렵다. 그것을 진지하게 살펴보는 모든 사람은 결국 서로 다른 곳에 도달하게 된다. 문자적으로만 해도 수십 가지 정의가 가능하므로, 나는 여기서 그것들을 다 살펴보지 않겠다. 적응 정의가 불가능한 생물학적 원시개념(biological primitive)으로 부르는 사람들도 있다(논리학에서 원시개념은 정의되지 않는 초기 개념을 말한다). 그러나 그렇게 부른다 해도 아무런 도움이 되지 않는다. 스턴스(Stearns, 1976)는 적응을 "모두가 이해하지만 아무도 정확하게 정의할 수 없는 무엇"이라고 묘사한 적이 있다. 아니면, 혹시 우리가 적응을 완전히 이해하지 못하기 때문에 정의하지 못 하는 것은 아닐까?[20]

순환논리 안에서 맴돌기

그러나 진화생물학자 중 누구도 이런 사실에 놀라지 않는다. 앞에서 살펴본 것처럼, 이른바 자연 선택과 관련한 동의어 반복의 문제로 생물학자와 철학자들은 엄청나게 많은 글을 써냈으며 그 원칙 자체를 재정립하려는 시도도 많이 이어졌다. 1984년 위스콘신 대학교의 생물철학자 엘리엇 소버(Elliott Sober)는 "철학자들이 진화 이론의 구조에 대한 논문을 쓴다고 말할 때, 그 말의 의미는 동의어 반복 문제에 대한 논문을 쓴다는 뜻이다"라고 비꼬기도 했다.[21] 게다가 지난 10여 년간 진화생물학자들은 자연 선택의 개념을 재정립해야 하는 과제를 버려두고 있었다. 왜냐하면, 그들은 계속되는 불확정성 때문에 의지가 꺾일 수밖에 없었다. 즉 자연 선택의 원칙이 취해야 할 논리적 형태가 무엇인지, 그것이 검증 가능한 것인지, 혹은 그것이 어떤 해석적 가치를 가지는 것을 만들어낼지, 모든 것이 불확실하기 때문이다.

그중에서 먼저 논리적 형태에 대해 생각해보자. 대부분의 생물학자들은 자연 선택 이론을 명확하게 공식화하여 그 논리의 순환성을 피하고자 애쓰는 반면, 일부 생물학자들은 진화 이론이 그 "심층" 공리에 있어서 명백하게 동어반복임을 인정한다. 예를 들어, 스위스의 생물학자 스티븐 스턴스와 폴 슈미트-헴펠(Paul Schmid-Hempel)은 "순환논리는 항상 좋지 않은 것인가?"라는 제목 아래 다음과 같이 썼다.

"진화 이론에서 심층 공리란, 더 나은 번식 능력을 갖춘 종이 미래 세대에서 더 많이 나타난다는 원리다. 이런 논리는 오히려 동어반복이기 때문에 유용한 것일 수 있다. 왜냐하면 동어반복은 그 이론의 가장 깊은 수준에서 논리적 일관성을 보장해주기 때문이다. 여기서 우리 관심사는 바로 이론의 일관성이며, 이런 상황에서 동어반복은 적절할 뿐만 아니라 증명을 통해 입증해내려는 바로 그것이라 할 수 있다."[22]

그렇다면 다음으로, 그 논리가 검증 가능한지에 대해 생각해보자. 자연 선택에 대한 또 다른 비판은, 형식적으로는 동어반복이 아님에도 불구하고 검증할 수 있는 어떤 예측도 해내지 못한다는 데 있다. 어떤 학자들은 이런 비판에 대해 반발하며, 자연 선택의 원칙은 당연히 예측을 만들어낼 수 있다고 주장한다. 예를 들어, 캐나다의 진화생물학자 브루스 네일러(Bruce Naylor)와 폴 핸드포드(Paul Handford)는 "비록 다윈의 이론이 어떤 생물체나 현상들에 대한 미래의 특정한 형태를 예측하기 위해 만들어지지는 않았지만, 원칙적으로 그런 예측을 해낼 수 있다"라고 하면서, 적극적으로 신다윈주의(Neo-Darwinism)를 방어하고 나섰다. 이들은 살충제 DDT에 대한 저항성이라는 이미 잘 알려진 현상을 예로 들면서 검증 가능한 경우를 제시한다.

> DDT 저항성의 진화 현상은 200종이 넘는 곤충 및 기타 절지동물류에서 관찰된 바 있다(Brown, 1967). 그렇다면 DDT의 지속적 사용에 따른 결과에 대해 예측이 가능해진다. 즉 모든 계통이 멸종되든지, 아니면 DDT의 살충 효과를 피할 수 있는 모종의 메커니즘이 발생할 것이다.[23]

하지만 모든 계통이 멸종되든지 아니면 그렇지 않은지라는 식의 추론은 많은 진화생물학자(특히 1960년대 말이나 1970년대 초에 학위 과정을 마친 학자)로 하여금 자연 선택 이론 전체를 냉소적으로 바라보도록 만들었다. 한 예로, 미국자연사박물관의 고생물학자 돈 로젠(Donn Rosen)은, 자연 선택의 공리적(자명하다는) 본성을 실제로 검토해보면, 그것이 에테르라든지 플로지스톤(phlogiston)과 같은 과거의 공상적 부류에 속함을 알게 된다고 주장했다.[24] 일리노이 대학교의 조엘 크래크래프트(Joel Cracraft) 역시 자연 선택에 거부감을 나타냈다. 그는 1981년의 저술에서 "'표현형 X는 적응의 결과로서 자연 선택이라는 방법을 거쳐 진화된 것이다'라는 식의 설명은 전적으로 검증될 수 없다. 이 주장에 대해서는 반박하는 데 필요한 데이터를 모을 수도 없다. 우리는 이것을 과학적인 설명이라기보다는 믿음에 기초한 주장으로 받아들여야 할 때가 많다"라고 했다.[25]

그러나 자연 선택을 회의적인 시각으로 재평가하는 가장 중요한 비판을 꼽는다면, 그것은 마치 자연 선택이 생명의 역사에서 창조적인 역할을 하는 것처럼 인식되는 것에 대한 우려다. 신다원주의 옹호자들은 종종 자연 선택과 진화론을 한데 묶어 비판하는 것이 경솔한 처사라고 반박해왔는데, 왜냐하면 자연 선택의 경험적 내용들을 이해하기 어렵다는 이유로 진화 이론의 정당성을 부인하는 것은 옳지 않기 때문이라는 것이다. 예를 들어, 엘리엇 소버는 동어반복 문제에 대한 생각을 밝히면서 "문제가 부풀려지는 것을 빈번하게 본다. 진화론의 경험론적 지위 전체가 하나의 주장 내용에 의해서 서거나 넘어지는 것처럼 보이니 말이다. 그러나 어떤 주장 내용이 경험론적이든 그렇지 않든, 그것이 그리 중요한가?"라고 했다.[26]

그러나 동어반복의 문제는 중요하며, 이 문제에 대해 명백하게 가릴 것은 가려야 한다. 왜냐하면, 역사적으로 자연 선택이 주장되어왔기 때문이다. 이 부분에서 많은 진화론자의 지적 판단이 흐려지는 것을 보게 된다. 즉 그들은 자연 선택의 원리에 대해 지금까지 얼마나 큰 신뢰가 주어져왔는지를 정확하게 기억하지 못하는 것으로 보인다. 여기 몇 가지 예를 들어보겠다. 먼저 다윈 자신은 "나는 생물종이란 불변의 개념이 아님을 확신한다.···더 나아가서 나는 확신하건대, 자연 선택이 그 변화의 주된 메커니즘이며, 다만 변화를 일으키는 유일한 방법은 아니다"라고 했다.[27]

하지만 뉴욕 주립대학교 스토니브룩 분교의 저명한 진화 이론가 조지 윌리엄스(George Williams)는 "자연 선택은···적응을 발생시키는 유일하게 수용 가능한 원리다"라고 표현했다.[28]

그런가하면 도브잔스키, 아얄라, 스테빈스(Stebbins), 발렌타인(Valentine) 등 신다원주의를 이끌어가는 유명한 학자들의 표현은 어떤가? "···진화 이

위대한 설계, 그 흔적들

론에 따르면 자연 선택은 생물체의 적응의 원인이 되는 과정이다. 또한 진화적 변화가 나오도록 만드는 가장 주된 과정이기도 하다."[29]

영국의 진화 이론가 존 메이나드 스미스(John Maynard Smith)는 다음과 같이 설명했다.

> 진화라는 사실은 어떻게 진화가 일어났는지, 특히 어떻게 생물체가 환경에 적응하게 되었는지에 대한 하나의 이론이 제시되기 전까지는 일반적으로 받아들여지지 않았다. 그 이론이 아직 없을 때, 적응은 설계, 즉 조물주의 산물로 주장되었다. 다윈의 자연 선택 이론이 충족시킨 요구가 바로 이것이었다. 비로소 그는 환경 적응이 자연에서 일어나는 과정들의 필연적인 결과임을 보여줄 수 있었다."[30]

리처드 도킨스는 "적응은 무작위적 부동(random drift)으로는 이루어질 수 없으며, 자연 선택 이외에는 어떤 실제적인 진화적 힘에 의해서도 나올 수가 없다"라고 했다.[31]

마지막 예를 하나 더 든다면, 신다윈주의의 최고참이라 할 수 있는 하버드 대학교의 동물학자 에른스트 마이어(Ernst Mayr)가 있다. 그는 "…다윈주의의 진짜 핵심은 자연 선택 이론이다. 이 이론은 다윈주의자들에게는 매우 중요하다. 왜냐하면 이 이론을 통해 적응을 설명할 수 있고, 자연신학에서 말하는 '설계', 즉 신의 간섭이 아닌 자연의 수단에 의한 설계를 설명할 수 있기 때문이다"라고 말하였다.[32]

내가 이 부분을 이렇게 장황하게 설명하는 것은, 만일 자연 선택이 옳지 않다면 신다윈주의 이론은 설 자리를 잃고 무너질 수밖에 없음을 강조하기 위함이다. 즉 자연 선택은 신다윈주의의 주변 관점이 아니다. 자연 선택 원리는 바로 신다윈주의 이론의 가장 중심에 놓여 있다.

자연 선택 재설계하기

이런 사실을 이해한다면, "자연 선택의 원리는 적응에 대한 설명이 아니다", "자연 선택의 원리는 새로운 변이체의 '번식' 또는 새로운 적응에 대한 문제를 다루지 그들의 '기원'을 다루지 않는다", "자연 선택은 단지 집단에서의 빈도 변화만을 초래할 뿐이다" 등의 표현에 다소 놀라게 된다.[33] 이 표현들은 캘리포니아 대학교의 유전학자 존 엔들러(John Endler)가 1986년에 쓴 "야생에서의 자연 선택"(Natural Selection in the Wild)이라는 보고서에서 발췌한 것들이다. 어떻게 신다윈주의자인 엔들러의 자연 선택에 대한 견해가 다윈, 마이어, 메이나드 스미스를 비롯한 다른 진화론자들과 이렇게 근본적으로 다를 수 있을까?

엔들러는 스스로 이런 보고서를 쓴 것이 "자연 선택은 동어반복이 아닐 뿐만 아니라 형이상학적 세뇌도 아님"을 보여주기 위해서라고 밝히고 있다.[34] 자연 선택만이 아니라 적응 개념에 대해서도 유사한 어려움을 피하기 위해(동어반복으로 책임을 추궁당할 수 있기 때문에), 엔들러는 자연 선택의 원리를 재공식화하는 수고를 아끼지 않았다. 그러나 그의 수고는 결국 원리의 내용을 근본적으로 변질시키는 결과를 낳았다.

"유용한" 변이체란 생존(그리고 번식)에 유리한 경향을 의미한다고 말한 다윈의 주장을 상기해보라. 하지만 엔들러의 공식(formulation)에서는 "유용성"의 이런 속성이 자취를 감추었다. 그 이유는 앞에서도 자세히 언급한 바와 같이, 실질적 생존 및 번식에 대해 독립적으로 측정하는 것 자체가 불가능하기 때문이다. 엔들러는 다음과 같은 추론 논법을 세우고 있다.

만일, 어떤 한 생물종 또는 집단 내에서 개체들이
a. 어떤 특질, 즉 형질 q(생리학적·형태학적·행동학적)가 변이한다면: 변이의 조건.

위대한 설계, 그 흔적들

b. 형질 q의 유무와 일관된 관계로, 자손의 수를 다르게 남긴다면: 선택 차의 조건.

c. 형질 q가 부모와 자손 사이에 충실하게 전달된다면: 유전의 조건.

d. 그렇다면 형질 q의 빈도는 모든 부모의 집단과 모든 자손의 집단 사이에서 예측할 수 있게 서로 다르게 나타나게 된다.[35]

엔들러는 조건 a, b, c가 서로 합쳐져서 자연 선택 즉 조건 d가 일어나기 위한 필요충분한 조건이 된다고 강조했다[또한 엔들러는 유전적 부동(genetic drift)이라는 과정이 무작위로 표본을 뽑았을 때, 조건 b가 결여됐다는 점에서 자연 선택과는 다르다는 점을 지적하기도 했다]. 이렇게 보면, 엔들러의 공식은 표면적으로는 다윈과 닮아 보인다. 하지만 이 둘은 실제로 크게 다르다.

우선 앞에서도 언급한 바와 같이, 엔들러의 공식은 순환논리의 문제─더 구체적으로는 "유용성"(즉 적응)이 "생존과 번식"에 파묻혀버리는 문제─를 성공적으로 피하고 있다. 이것은, 올라손이 "표현형의 질"이라고 불렀던 것에 대해서는 전혀 평가하지 않기 때문이다. 즉 어떤 변이체가 다른 변이체보다 "더 잘 적응함"으로 더 잘 살아남는다는 개념이 얼마나 정확한지, 그에 대한 어떤 평가도 엄격하게 배제했기 때문이다. 그러나 엔들러의 시도는 다윈이 애초에 자연 선택에 불어넣었던 위대한 직관의 힘을 벗겨내는 결과를 가져왔다. 신다윈주의는 이렇게 말할 것이다. 새가 자연 선택으로 날개를 가지게 되는 이유는 날개가 생존을 위한 전투에 유용하기 때문이다. 새의 날개는 적응의 산물이요, 적응은 자연 선택으로 만들어진다. 등등.

그만, 그만! 엔들러는 (효과적으로) 소리 지른다. 우리는 내리막길을 이미 열심히 내려왔고 그 길로 늪에 빠지고 말 것이라고 외친다. "새로운 적응은 자연 선택을 통해서만 일어날 수 있다고 말하는 것은, 자연 선택과 적응과 진화에 대한 불완전한 설명이고, 동어반복이며, 잘못된 표현일 뿐이다."[36]

엔들러는 자연 선택의 작용에 대해 올바르게 추론하기 위해서는, 조건 a, b, c에 대한 지식을 가지고 있어야 하며, 그럼으로써 원리로서의 자연 선택의 내용은 고갈될 수밖에 없다고 강조했다.

설계를 재설계하기

이와 같은 개념 정리, 즉 자연 선택이란 단순히 생물종의 형질의 빈도에서 방향성을 가진 변화라는 정리는, 다윈이나 현대의 신다윈주의자들이 구상한 것이 아니다. 뿐만 아니라, 이 정리는 엔들러의 공식과 기존의 흠집 난 공식 간의 두 번째이자 더 중요한 의미 있는 차이점을 만들어낸다. 다윈의 시각에서 자연 선택은 생물체에서 나타나는 놀라운 설계를 만들어낸 제1의 장인(crafter)이었다. 그러나 엔들러의 공식에서는 이런 원인 작용이라는 것은 비슷한 것조차 찾아볼 수 없다. 대신 우리 관심은, (a) 변이, (b) 변이와 자손 간의 일관된 관계, (c) 유전성을 입증할만한 증거를 제시해야 한다는 필요성에 집중된다. 이런 증거가 없다면, 자연 선택은 빈껍데기에 불과하다.

이런 사실은 다음의 마지막 예로 설명될 수 있겠다. 도킨스는 "자연 선택 이론은, 어떻게 생물체가 마치 어떤 목적으로 설계된 것처럼 보이는가를 해명하는 기계론적 원인을 제공한다"라고 주장 했다.[37] 따라서 만일 우리가 생물체의 어떤 특정한 구조—예를 들어 척추동물의 눈—을 선택했다면, 앞서 설명한 엔들러의 공식은 그 구조의 기원에 대해 "기계론적 원인 해명"(mechanistic, causual account)의 방향으로 설명할 것이다.

그렇다면 척추동물의 눈이 어떻게 발생했는지를 설명하려 한다고 하자. 여기 대해서는 1983년에 칼 갠스(Carl Gans)와 글렌 노스컷(R. Glenn Northcutt)이 척추동물 고유의 해부학적 구조의 기원에 대한 그들의 이론에서 설명했다. 그들은 "화석 증거는 도움이 되지 않는다. 왜냐하면 최초의 척추동물로

위대한 설계, 그 흔적들

확인되는 화석에는 이미 모든 감각기관과 뇌 구분(brain divisions)과 두개골 신경이 나타나 있기 때문"이라고 쓰고 있다.[38] 아울러 갠스와 노스컷은 현존하는 척추동물종들을 이용해서 다음과 같은 시나리오를 제시했다. 아래 내용은 그 주요 가설들을 번호를 붙여 나누어놓은 것이다. 현재의 관찰에 따르면, 척추동물의 눈은 머리에 있으며, 그 신경망은 뇌에 연결되어 있다. 따라서 갠스와 노스컷은 현명하게도 우선 척추동물 머리의 기원이 되는 원인부터 제시하고 있다.

1. 척추동물 상태로의 첫 번째 변화는, 여과-섭식 메커니즘(filter-feeding mech-anism, 물에서 먹이 입자나 작은 생물체들을 무작위로 걸러내는 먹이 획득의 한 형태-역자 주)에서 선택적 포식(selective predation)과 좀더 큰 먹잇감을 포획할 수 있도록 만들어준 메커니즘으로의 변화였다.

2. 환경으로부터 큰 먹잇감을 포획하게 됨에 따라, 포획에 따른 영양 획득의 범위가 증가하며, 포획자의 크기도 커질수록 유리해지고 신진대사에 의한 산출도 커졌을 것이다. 이는 가스 교환을 위한 메커니즘의 진보를 가져왔으며, 따라서 실질적인 우월성을 획득하도록 해주었을 것이다.

3. 이런 진보는 외측판 중배엽(hypomere)이 근육화되어 아가미분절근(branchiomeric muscle)으로 분화되는 것과 인두부(pharynx) 근육을 변형시킬 수 있는 능력을 갖게 되는 것으로 나타났다.

4. 또한 콜라겐성의 인두부 연결 부위(collagenous pharyngeal bars)가 더 탄력성이 높은 연골성으로 대체됨으로써, 인두부 근육을 변형시킬 때 저장된 에너지를 사용하면서 탄력적인 반동을 할 수 있게 되었다.

5. 이와 함께, 순환계의 세분화가 일어났다. 즉, 아가미 상피조직 밑면에 깔린 모세혈관층, 대동맥궁(aortic arches)의 근육화, 심장 중심부의 발생, 적혈구의 순환 등으로 세분화되었다.

6. 한편, 장관(gut) 벽이 근육화 되고, 이로써 좀더 큰 먹잇감을 포식하여 공간이 커진 관강(lumen)에서 세포에 흡수되기 전 소화작용을 해낼 수 있게 되었다.

7. 이 모든 변화는 새로운 감각 조절, 운동 조절 및 통합적인 조절의 발달을 수반했고, 이 조절은 신경관들이 확장되어 척수와 후뇌가 형성됨으로써 중심으로 집중되게 되었다.

8. 이 단계에서 외부의 특수한 감각기관들이 쌍을 이루며 발생하고, 아울러 이들이 제공하는 늘어난 정보를 이용하기 위해 중앙에서 통합 조절하는 능력이 발달하게 되었다.[39]

다소 복잡한 이 시나리오에서, 자연 선택이 설명에 도움을 주는 부분은 어디일까? 두 번째와 세 번째 가설에서 "선택에 의한 우월성"(selective advantage)이라는 말이 지나가듯 언급된다―그러나 이 우월성이란 그 원인이 되는 변이나 전이와 마찬가지로 전적으로 가설이다. 그러므로 여기서 자연 선택이란 다수의 진화론적 변수들이 개입되어 작동하는 하나의 추리 공식일 뿐 그 이상의 아무것도 아니다.

요컨대, 만일 어떤 "가상의 전척추동물"(hypothetical proto-vertebrate, 갠스와 노스컷의 용어)이라는 종에서,

- 탄력성 있는 인두부가 새로이 진화되어 나오기 위해, 그의 근육조직(가설 3)과 콜라겐성 조직(가설 4)에서 충분하게 변이가 일어났다면,
- 모세혈관층, 근육 대동맥궁, 심장 중심부, 순환 적혈구가 새로이 진화되어 나오기 위해, 그의 순환계(가설 5)에서 충분하게 변이가 일어났다면,
- 관강 또는 내강이 넓어진 근육질 장관이 새로이 진화되어 나오기 위해, 그의 소화계(가설 6)에서 충분하게 변이가 일어났다면,
- 척수와 후뇌가 새로이 진화되어 새로운 감각 조절, 운동 조절 및 통합적인 조

위대한 설계, 그 흔적들

절이 진화되어 나오기 위해, 그의 신경계(가설 7)에서 충분하게 변이가 일어
났다면,

그렇다면, 척추동물의 눈이 진화되어 나왔을 것이다.

사실, 도킨스가 자연 선택 이론이 보여준다고 약속했던 "기계론적 원인
해명"은 많은 가설로 연결된 긴 사슬이다. 그리고 이것이 맞는지 틀린지는
자연 선택을 추론하는 것과는 전혀 무관하다. 다윈은 "유익한 변이들이 일
어나지 않는다면, 자연 선택이 영향을 끼치는 것은 전혀 없다"라고 설명했
다.[40] 그런 변이들이 일어났는가, 또는 일어날 수 있느냐라는 실제적 질문에
자연 선택이 대답할 수 있는 것은 아무것도 없다. 실제로, 엔들러는 "진화의
근본적인 메커니즘은 새로운 유전적 변이들을 만들어내는 분자 메커니즘
과, 유전 및 발생 시스템을 통해서 그 변이들이 발현되는 메커니즘과 그 변
이체들이 출현하고 기능하는 것에 대한 제한 요인들이다"라고 했다.[41] 이런
메커니즘들은, 자연 선택이 개입하기 이전에 이미 모여 있어야 한다. 바로
이 점이 진화생물학이 발생을 매개로 하는 변이의 정확한 메커니즘을 이해
하면서 가장 취약했던 부분이다.

미지의 존재를 위한 대리인

이제 우리는 자연 선택의 원리가 유전적 변이라는 관찰 증거를 연료로 사용
하는 단순한 추론 기계임을 이해하게 되었다. 이 연료가 없다면, 기계는 움
직이지 않고 주저앉게 된다. 1979년 스웨덴의 진화생물학자 소렌 로프트럽
(Soren Løvtrup)은 다음과 같이 설명했다. "변이가 없으면 선택은 없으며, 선
택이 없으면 진화도 없다. 이는 매우 간단한 논리다. 흔히 선택 압력(selection
pressure)을 진화의 동인 중 하나로 관련짓지만, 이는 적절한 돌연변이들이

전제되지 않는다면 몰지각한 주장이 될 수밖에 없음을 알아야 한다.”[42] 생물 철학자 마이클 브래디(Michael Bradie)와 마크 그롬코(Mark Gromko)가 주장한 것처럼,

> 자연 선택의 원리는 어떤 주어진 생물종 또는 형태가 가진 진화론적 역사를 설명해준다. 하지만 그러기 위해서는 알고자 하는 특정한 형질이 무엇이며 그 환경에서의 특정한 요인들이 무엇인지가 정해진 한계 내에서만 설명이 가능하다. 따라서 자연 선택 원리는 형질과 요인들의 존재 효과에 대해서만 설명할 수 있는 실존주의적 주장이라고 볼 수 있다. 특정 형질과 요인들이 분리되어 나오기 전까지는, 자연 선택 이론은 문제의 진화 과정에 대해서는 기껏해야 대략적인 개요 정도밖에는 설명할 수 없다.[43]

미네소타 대학교의 과학철학자 아서 캐플랜(Arthur Caplan)은 “자연 선택 그 자체로는 아무것도 설명할 수 없다”라고 썼다.[44] 하지만 이런 통찰은 그가 다음과 같이 더 나아간 주장을 펼치면서 위험을 감수하고 있다.

> 오히려 유전자, 유전자형, 표현형, 환경 등의 수준에서 일어나는 원인 상호작용들이 모여서 이루어진 엄청난 복잡성을 설명하고자 한다면, 자연 선택은 하나의 유용한 꼬리표가 될 수 있다. 그것은 유전학, 발생학, 생태학, 인구통계학에서 법칙처럼 일반화된 원리이자, 생물학자들이 생명의 역사에서 변화와 혈통을 설명하기 위해 궁극적으로 의존하는 개념이기 때문이다. 이렇게 자연 선택은 진화론적 변화 또는 그 변화의 산물을 만들어내는 데 수반되는 다양한 과정을 설명하면서 단순하게 하나의 방패막이 혹은 대리인(place-holder)이 되고 있다.[45]

하지만 많은 진화생물학자가 인식한 바처럼, 자연 선택은 실제적인 증거

가 그렇지 않음을 보여주는 곳에서는 대리인 역할을 수행하지 않는다. 더 정확히 말하면 (대규모의 유전될 수 있는 변이를 보여주는) 증거가 빠져 있기 때문에 실제로 자연 선택은 아무것도 설명해주지 못한다. "새로운 형태학적 특성들은 현대의 통합이론(synthetic theory)으로는 여전히 설명되지 않는다"[46]라고 주장하는 오스트리아의 진화 이론가 게르하르트 뮐러(Gerhard Müller) 같은 생물학자들이 다윈이나 도킨스의 주장을 읽어보지 않은 것은 아니다. 오히려 그들은 이 주장 안으로 들어가서 자연 선택이 진정 무엇인지를 깊이 고찰해본 뒤, 그것이 단순한 추론 공식임을 확인하고는 빈손으로 돌아 나온 것뿐이다.

다윈 자신은 생물체들의 본질을 들여다보는 많은 관점에서, 그의 추종자들에게는 허락되지 않는 많은 것들을 계속 가정했다. 그리고 이 가정들은 신다윈주의자들로 하여금 생물체에서 나타나는 다양한 설계를 설명하도록 전해져 내려왔다. 다윈은 가장 절친했던 친구 지질학자 찰스 라이엘(Charles Lyell)에게 다음과 같이 썼다.

> 나는 자네가 말한 "창조의 능력이 지속적으로 관여해야 하는 필요성"에 대해 많이 숙고해보았네. 그러나 나는 그런 필요성을 찾아볼 수 없어. 더구나 그 필요성을 받아들인다는 것은 자연 선택 이론을 무가치한 것으로 만들어버리게 되는 일이라고 생각해. 미꾸라지나 폐어(Lepidosiren) 같은 단순한 생물체의 전형이 오감과 어느 정도의 의지가 있는 것을 보면, 나는 모든 척추동물의 발생을 자연 선택으로 설명할 수 있다고 확신하게 되네."[47]

그러나 미꾸라지는 단순한 생물체가 아니다. 그리고 기원이 설명되어야 할 바로 그 대상―예를 들어 "오감"―의 존재를 미리 가정하는 것은 게임을 망치는 일이 아닐 수 없다. 자연 선택은 생물체를 우연에 의해 만들어내는 일을 할 수도 있고 그러지 못할 수도 있다. 하지만 내가 말하고 싶은 것은, 그런 일은 일어나지 않는다는 것, 진화생물학자들도 그 사실을 점차 인식하고 있다는 것, 따라서 설계의 문제는—자연산 파리의 기원 문제를 포함해서—해결되지 않은 채 여전히 열려 있다는 사실이다.

캄브리아기 대폭발

_로버트 드한 · 존 위스터

◆ 로버트 드한(Robert F. Dehaan)은 시카고 대학교에서 인간발달학으로 박사 학위를 받았다. 시카고 대학교와 호프 칼리지에서 발달심리학을 가르쳤으며 지금은 은퇴했다.

◆ 존 위스터(John L. Wiester)는 스탠포드 대학교에서 지질학을 공부했고, 미국 과학자 연맹(ASA, 복음주의 기독교 과학자들의 단체로 창조-진화 논쟁에서 중도적 견해를 밝히면서 논쟁을 중재하려는 노력을 기울임 -역자 주)의 회장으로 일하고 있다. 지난 5년간은 바이올라 대학교에서 지질학을 가르쳤다. 『창세기 연결 고리』[1]의 저자이자, 『과학 교육에서 논쟁의 분위기』[2] 및 『다윈과 함께 할 수 있는 것은 무엇인가?:진화에 관한 친절한 토론』[3]의 공저자이기도 하다.

(이 글에는 저자들이 견지하는 유신론적 진화론에 입각한 내용이 포함되어 있음을 참고하기 바란다－역자 주)

찰스 다윈의『종의 기원』은 서구 문화가 자연 속의 설계를 바라보는 관점을 급격히 바꾸어놓았다. 그 위대한 작품이 출판되기 전에는 상식적으로, 생물체의 놀라운 복잡성에는 응당 그것을 설계한 지적인 힘이 있을 것이라고 믿었다. 하지만 이제는 그렇지 않다. 다윈주의자들은 생물체에 나타나는 설계적 특징이 그렇게 보일 뿐 실재는 아니라고 주장한다. 1994년 미국 과학진흥협회(American Association for the Advancement of Science, 과학학술지 *Science*를 출판－역자 주)의 회장이었던 프란시스코 아얄라는 다음과 같이 말했다.

생물체의 기능적 설계와 그 특징들을 보면 어떤 설계자가 존재했을 수도 있다는 주장도 가능할 것 같다. 그러나 다윈의 가장 위대한 업적은, 생물체에서 나타나는 방향성을 가진 조직화(directive organization)는 자연적인 과정, 즉 자연 선택으로 일어난 결과로 설명될 수 있으며, 거기에는 창조주 또는 외부적인 대행자에게 도움을 요청할 필요가 없음을 보여준 것이다.…다윈의 이론은 종교적인 사회 속에서 반대에 부딪혔는데, 그것은 그가 생물체의 진화적 기원을 주장했기 때문이 아니라(이런 주장은 이전에도 여러 차례 제시됐으며 심지어 기독교 신학자에 의해서도 주장되었다), 그가 주장한 자연 선택이라는 메커니즘이 생물체의 명백한 설계에 대한 원천으로 설명되던 창조주를 배제했기 때문이다.[4]

이것은 그야말로 기념비적 주장이었다. 아얄라는 단지 작은 변이를 일으키는 자연 선택만을 말한 것이 아니었다. 즉 핀치새가 다양한 음식의 종류에 적응하기 위해 부리 모양이 변화되거나, 거피(guppy, 서인도 제도에서 서식하는 열대어 – 역자 주)가 약탈자로부터 자신을 보호하기 위해 위장하는 색깔의 변화를 일으키는 것과 같은 작은 변이만 언급한 것이 아니라, 자연 선택이 아주 작은 변이에서부터 거대한 혁신적 변이에 이르기까지 모든 생물체의 특징에 원천적인 이유가 되기에 충분하다고 말하고 있다. 아얄라의 주장으로 자연 선택은 지적 설계를 과학의 전당으로부터 완전히 추방해 역사의 쓰레기통으로 처박아놓았다.

자연 선택은 유전 물질 내의 무작위적인 돌연변이로 일어나기 때문에, 다윈의 이론에서는 "우연"이 생명의 근원에 자리 잡고 있다. 즉 "우연"이 지적 설계의 중추적인 특징인 "목적"을 대신하게 된 것이다. 다윈 이전의 관점에 의하면 생명은 설계된 것이었으며 목적이 분명했다. 하지만 다윈주의의 관점으로는 생명은 스스로 발생하고 진화하는데, 아얄라는 이에 대해 아무런 목적이나 "미리 계획된 설계"의 개입 없이 "우연과 필요의 창조적인 이중 주"라고 표현하고 있다.

줄리안 헉슬리(Julian Huxley)는 한 걸음 더 나아가, 아얄라의 생물학적인 진화를 우주적인 규모로 확장했다. 1959년 시카고 대학교에서 있었던 다윈의 『종의 기원』출판 100주년 기념식에서, 헉슬리는 전 우주가 우연한 과정으로 자연 선택의 방향을 따라 발생하게 되었고 또한 존재한다고 주장했다. 그리고 전체 우주가 그렇다면 인간의 역사와 문화도 그렇지 않겠느냐고 말하기도 했다.

이 주장은 모든 것을 휩쓸었다. 우연과 필요가 모든 것을 지배하게 된 것이다. 결국 지적 설계는 생물학, 천문학, 우주론, 역사, 문화 등 어떤 토론에서도 소외되었다. 헉슬리의 말을 빌리자면, 지적 설계는 완전히 시대에 뒤처진 퇴물이 되어버렸다.

화석의 증언

과연 아얄라와 헉슬리는 옳았을까? 이 글에서 나는 그들이 옳지 않음을 주장하고자 한다. 이 글의 목적은 두 가지다. 첫째, 자연 선택이 생명의 역사 속에서, 특히 새로운 종의 형성에서 유일한 조직화 원리를 제공한다는 주장이 얼마나 터무니없는가를 보여주고, 둘째, 새로운 종의 형성이 가능하기 위해서는 지적 설계가 반드시 필요하다는 것을 보여주고자 한다.

따라서 핵심적인 질문은 바로 이것이다. 과연 자연 선택은 생물체에서의 "대혁신"의 기원, 즉 새로운 종의 형성을 설명해낼 수 있는가? 예를 들어, 대형 동물체에서 최초의 몸체 방식들, 식물체 및 동물체에서 새로운 기관, 형태, 기능의 출현, 동물계의 큰 그룹들 사이에서 나타나는 계층적 구조와 불연속성 등의 대혁신의 기원을 설명할 수 있는가? 과연 설계의 개념 없이 이 설명이 가능한가?

화석 기록은 이 질문에 대한 대답을 찾는데 필요한 과학적인 증거를 제공해줄 수 있다. 화석이란 먼 옛날에 살았던 동식물의 광물질화된 잔재와 흔적으로서, 지각을 이루는 암석층에 퇴적되고 보존된다. 공룡은 오늘날 사랑받는 화석 기록이다. 하지만 화석은 공룡 이상으로 훨씬 다양하다.

아얄라가 주장한 대로 과연 자연 선택이 "여러 생물체로 방향성 있는 조직화"를 설명할 수 있는지를 알아보기 위해, 다윈과 그 추종자들이 예측한 내용부터 살펴보기로 하자. 그들은 다윈의 이론이 옳을 경우, 화석 기록을 통해 발견되리라고 기대되는 것들에 대해 말했다. 즉, 다윈주의에 의하면 무작위적인 변이에 작용하는 자연 선택의 메커니즘에 대해 다음과 같이 추론할 수 있다.

1. 동물의 주 계통 또는 군(群)들은 자연 선택으로 변형된 종들과 변종들로부터 시작되었고, 이들은 아마도 수천 세대가 지나 훨씬 많은 다른 그룹을 형성했을 것이며, 결국에는 가장 고등한 수준으로 조직화된 독특한 그룹이 형성되었을 것이다. 다시 말해, 다양성(diversity, 변종들과 종들)이 먼저 이루어진 후에 차별성(disparity, 중복되지 않는 독특한 동물 그룹)이 형성되었다.
2. 이렇게 다양화가 차별화를 낳게 되는 과정 속에는 수많은 중간 종, 즉 전이 형태와 실패한 실험, 즉 자연 선택의 부산물이 반드시 동반되어야 했다.
3. 새롭게 형성된 주 동물문(phyla)들은 때때로 지질학적 연대가 바뀌면서 출현하기도 했으며, 점차 계통적으로 많은 가지가 뻗어나오게 되었다.

이런 다윈주의의 추론을 증명하기 위해서는 약 5억 3천만 년 전의 화석 기록 속으로 돌아가볼 필요가 있는데, 이것이 바로 생명의 역사에서 획기적인 사건이라고 불리는 캄브리아기 대폭발(Cambrian explosion)이다. 이 대폭발을 중요하기로 치면 생명의 기원 다음가는 것인데, 어떤 이들은 "생물학

위대한 설계, 그 흔적들

적 빅뱅"이라고도 부른다. 캄브리아기 대폭발은 다세포 동물들이 캄브리아기라는 지질학적 연대의 지층에서 갑작스럽게 폭발적으로 출현하는 현상을 일컫는다.

캄브리아기 대폭발의 전체적인 기간은 5백만 년에서 1천만 년에 불과하다. 진화론적 연대에서는 상대적으로 짧다고 할 수 있는 이 기간에 50종 정도의 독특한 동물체가 나타났다. 이들 대부분은 이전에는 어떤 화석 기록에서도 발견할 수 없는 것들이었고, 그중 다수는 현재까지도 살아남아 있는 생물체였다. 캄브리아기 대폭발에 이르기 전에 무슨 사건이 일어났음이 분명하다. 하지만 선캄브리아기(Precambrian eon)에는 캄브리아기 대폭발이 일어나도록 한 곳으로 모여들거나 증대되거나 조직화되는 어떤 일도 일어나지 않았다. 캄브리아기 대폭발로 서로 완전히 다른 50개의 동물 유형이 발생했고, 그 하나하나가 생명 역사에서 주요 테마의 선조가 되었다.

이 사건은 갑작스럽게, 지질학적으로 눈 깜짝할 사이에 일어났다. 그리고 다시 반복되지도 않았다. 더욱 중요한 것은, 이 사건이 기본적인 동물체 설계에서 대단히 넓어진 범위를 제공했다는 사실이다. 이 캄브리아기 동물들로부터, 지구상에 존재해왔던 거의 대부분의 주요 동물군, 즉 문(Phyla)들이 파생되었다.

50개의 캄브리아기 동물 유형은 각각의 독특한 몸체 방식(body plan)을 기반해서 식별이 가능하다. 여기서 무엇이 문제가 되는가를 보자. 자동차를 생각해보라. 자동차는 기본적인 차체의 설계를 가지고 있다. 바퀴, 차축, 차대, 차체, 동력 공급 장치, 정지 및 방향 조종을 위한 메커니즘 등이 그것이다. 새로운 모델의 자동차에는 각각의 변형을 더하여지지만 기본적인 차체의 설계는 변경할 수 없다. 다음으로 비행기를 생각해보라. 그 기본적인 설계는 자동차와 마찬가지로 고정된 것이면서, 자동차와는 상당히 다르게 독특하다. 또 다른 예로 선박을 생각해보아도 마찬가지다. 이들 모두는 각각 독특한 기본 설계를 가지고 있다. 이것들은 서로로부터 특별한 구성 부품을 빌려올 수도 있지만, 이차적으로 개발 변형된 형태와 관계없이 기본적인 설계는 변하지 않는다.

증거 vs. 이론

따라서 문제는 캄브리아기에 나타나는 기본적인 생물체의 설계로 귀결된다. 이들 설계 중 37개의 몸체 방식은 오늘날까지 생존하고 있다. 이들은 수억 년에 걸쳐 세대와 세대를 이어내려왔던 것이다. 이들은 여러 추가적인 특징들로 정교하게 변화되어오긴 했지만, 결코 기본적인 틀은 변하지 않았다. 예를 들면, 캄브리아기 대폭발에서 나타난 "Yunnanozoon"이라는 동물이 있는데, 중국 남부의 운남성에 위치한 징강(澄江) 화석 지대에서 발견되었다(캄브리아기 바다에서 번창했던 1-2인치 크기의 동물로서 유연하면서 단단한 척추를 가지며 척추동물 아문에 속한 것 중 현재까지 발견된 가장 오래된 조상─역자 주). 이 동물의 설계는 척색(脊索)─후대에 가서 척수를 둘러싼 척추가 되었다─과 줄무늬 근육을 요소로 하고 있다. 이 두 가지 특질은 "Yunnanozoon"의 모든 자손에게서 나타나며, 척추동물 아문(subphylum)이 속하는 척색동물문을 구별하는 주요 특징이기도 하다. 세월이 지나면서 지느러미, 다음으로는 사지(四肢), 더 나아가 모피와 유선(乳腺)에 이르기까지 여러 가지 새로운 구조가 첨가되었을 것이다. 하지만 수억 년이 지난 후에도 어떤 후손도 척추동물의 특징인 척추를 잃어버린 적은 없다.

그렇다면 캄브리아기의 동물들과 그 후손들은 앞서 설명한 세 가지의 추론을 입증하고 있는가? 즉 다윈주의가 맞는다면 당연히 화석 기록이 보여주어야 할 것들을 그 추론은 입증하고 있는가? 과연 이 추론이 화석 기록, 특히 캄브리아기 대폭발로 증명되고 있느냐 하는 것이다. 동물에서 1차적

위대한 설계, 그 흔적들

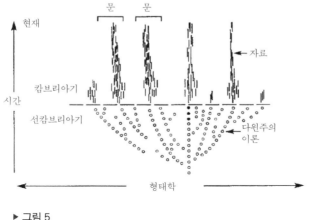

▶ 그림 5
다윈의 이론 vs. 화석으로 나타나는 증거

분류 카테고리인 문부터 생각해보자. 이것은 다윈의 이론이 추론한 대로 종들이 오랜 세월 동안 퍼져 나옴으로써 생겨난 것일까? 그림 5를 보라. 이 그림은 화석 기록과 관련지어 다윈주의를 묘사한 것이다. 아래 가로축은 형태적인 다양성을 나타낸다. 좌측 세로축은 시간 축으로 약 12억 년 전인 선캄브리아기로부터 캄브리아기에 이르는 시간대를 보여주고 있다. 지질학적인 대분리는 5억 4천5백만 년 전에 일어났으며 선캄브리아기로부터 캄브리아기가 나누어졌다. 생물학적 대분리는 5억 3천만 년 전, 즉 캄브리아기 도중에 일어나게 되는데, 따라서 이를 캄브리아기 대폭발이라고 부른다.

다윈주의는 그림 5에서 선캄브리아기의 작은 방울들로 표시한 것처럼 단일 조상으로부터 거품이 일 듯 끓어올라 수많은 가지의 계통으로 뻗어나왔다고 추정한다. 그렇다면 이들이 곧 캄브리아기 동물들의 선조가 되어야 마땅하다. 하지만 발견되는 데이터는 그렇지 않다. 대폭발로 이어지는 도화선이 선캄브리아기로 연결되는 듯 보이는 경우도 있지만, 사실상 모든 문(phyla)은 캄브리아기 대폭발로부터 발생하고 있다. 각 문이 발생한 기초 부분은 매우 좁으며, 다윈 이론에서 가설적으로 설명하는 조상과의 연결은 비록 있다 하더라도 얼마되지 않음을 주목하라.

캄브리아기 대폭발을 두고, 닐스 엘드리지(Niles Eldredge. 미국의 고생물학자로서 스티븐 제이 굴드와 함께 단속평형이론을 주장함－역자 주)는 "대량으로 그리고 집중적으로 나타나는 화석 기록을 특징으로 하는, 복잡한 생명체의 갑작스러운 출현"이라고 표현했다.[5] 그는 이것이 "진화가 작용할 수 있는 현상적 속도의 황홀한 한 예다"고 말했지만, "자연 선택으로 일어나는 변화는 느리고 점차적"이라는 다윈주의의 추론과 정면으로 대립하는 것이 분명하다. 요컨대, 캄브리아기 대폭발은 생명의 역사에서 다른 모든 사건과 구별되는 세 가지 특징을 가진다. 속도(5천만-1천만 년), 범위(동물문이라 불리는 그룹의 선조가 되는, 50개의 서로 다른 동물 그룹), 결말(이 시대 이후에 새로 생긴 동물문은 오직 하나뿐)에 있어서 그렇다.

더욱이, 각 문은 서로 경계가 뚜렷이 구분된다. 문들 간에는 다윈주의에서 추론한 바와 같은 전이 형태가 없다. 다윈주의가 말하는 선택과 변이 메커니즘은 생물종 내에서 일어나는 소규모 변이들에 대해서는 그럴듯한 설명이 될 수 있다. 핀치새 부리 모양의 다양성 같은 현상처럼 말이다. 그러나 그 메커니즘은 "새로운 종의 형성" 같은 현상에서는 전혀 발견되지 않는다.

다윈주의가 추론한 대로 동물문의 개수는 시간이 흐르면서 늘어났을까? "문들의 기원"(Origin of the Phyla)이라고 제목 붙인 그림 6을 보면 그 답을 알 수 있다. "다윈주의적 추론"이라고 된 위쪽 그래프를 보면 시간에 따라 문의 수는 증가해야 한다. 동시다발적으로 일어나는 자연 선택 과정에 의해 동물의 진화는 끝없이 새로운 종들을 만들어내야 하는 것이다. 그러나 "화석 증거"(The Fossil Evidence)라고 된 아래 그래프는 5억 3천만 년 전에 동물문의 수가 1천만 년 이내에 급격히 증가하여 50개까지 이르렀다가 그 이후에는 감소하여 현재의 37개에까지 이르렀음을 보여준다. 화석 기록의 과

위대한 설계, 그 흔적들

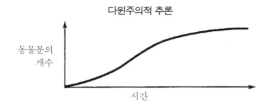

다윈주의적 추론

동물문의
개수

시간

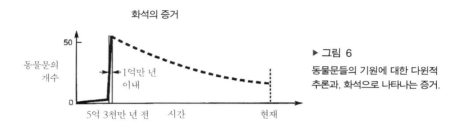

화석의 증거

동물문의
개수

50

1억만 년
이내

0

5억 3천만 년 전   시간   현재

▶ 그림 6
동물문들의 기원에 대한 다윈적
추론과, 화석으로 나타나는 증거.

학적 증거가 다윈주의의 추론들을 증명해야 할 바로 그 지점에서, 다윈주의
는 철저하게 무너지고 있다. 가장 많은 동물문을 보여주는 기원의 시점, 바
로 그곳에서 말이다.

불연속성과 생명의 분류 체계

캄브리아기 대폭발 이후로부터 지구상의 생명의 역사에서는 무슨 일이 일
어난 것일까? 저명한 진화론자 데오도시우스 도브잔스키는 생물 세계의
다양성이 보여주는 두 가지 눈에 띄는 특징, 즉 불연속성과 계통적 조직화
(hierarchial organization)를 제시했다. 우선 불연속성에 대해서는, 자연 선택
이 유일한 조직화 과정이라고 할 때, 생명은 생각할 수 있는 생명의 역사 과
정에서 식물과 동물이 무작위로 나타나는 뒤범벅이 아니라는 것이다. 오히
려 화석 기록들은 식물과 동물이 하나의 시초에서 나와서 서로 구별되는 생
물군으로 조직화되었으며, 그들 중 어떤 것은 수백만 년 동안 존재해왔음을

보여준다. 다시 말해, 이들 생물군은 서로 겹치는 것이 아니므로 불연속적이라는 것이다.

앞에서도 언급한 것처럼, 어떤 거대한 동물군은 등뼈 또는 척수를 둘러싸고 있는 척추를 가지고 있다. 이 동물군에는 어류를 비롯하여 양서류, 파충류, 포유류, 결국 인간까지 포함되고, 이 군을 척추동물이라고 부른다. 다른 또 하나의 동물군은 등뼈나 내골격을 가지지 않는 부류이다. 이 동물들은 외골격, 즉 딱딱한 외부 껍질을 가지고 있다. 무척추동물이라고 불리는 이 동물군에는 곤충류, 게, 바닷가재류 등 외골격을 갖춘 것들이 포함된다. 여기에는 37개 문이 있어서 앞에 나열한 것 외에도 환형동물류, 해파리류, 산호류, 연체동물류 등 다양한 동물을 포함한다. 이들은 모두 완전히 서로 다른 몸체 방식(body plan)을 가지고 있다.

화석 기록에서 발견되는 주요 설계 주제(design theme)들 사이의 불연속성들은, 기술에서의 주요 설계 주제 사이의 불연속성(예를 들면, 자동차와 비행기와 컴퓨터 간의 차이)이 보여주는 것을 그대로 반영한다. 설계 주제들은 상호 간에 요소들을 빌려 쓸 수는 있지만, 결코 각자의 독특한 개성을 잃지 않는다.

도브잔스키에 의하면 동물과 식물들이 나타내는 중요한 두 번째 특징은, 지질학적 연대를 따라 각 주요 생물군들이 계통적으로 발생하여 ─ 마치 피라미드같이 ─ 나왔다는 것이다. 하지만 밑에서부터 위로 올라가는 피라미드와는 달리, 동물문들은 위에서부터 아래로 발생하여 나온다. 그림 7에서 볼 수 있는 것처럼, 각 문은 꼭대기에 있는 단일 조상으로부터 시작되는데, 각 조상은 후손들 모두에게 물려줄 특징을 가지고 있다. 각 계통의 하부 단계에서는, 생물군에 새로운 구조적 혁신이 일어나고 그 수가 엄청나게 늘어나며 종류도 다양해진다. 하지만 이 동물들의 어떤 세대에서도 이 문의 특성을 규정하는 특징을 잃어버린 적이 없고, 조상이 된 캄브리아기의 동물로

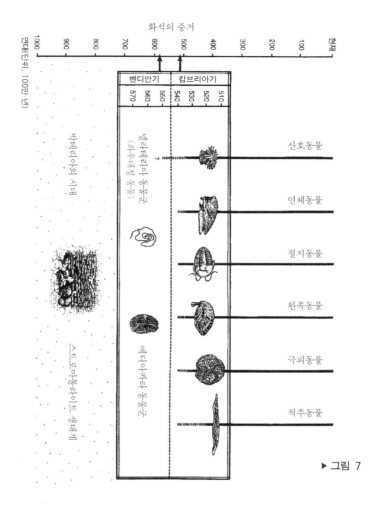

화석의 증거

연대(단위, 100만 년)

1000 900 800 700 600 500 400 300 200 100 현재

벤디안기 | 캄브리아기

570 560 550 | 540 530 520 510

박테리아의 시대

멀티켈라 동물군 (쉬누데칸 동물)

에디아카라 동물군

스트로마톨라이트 생태계

?

산호동물

연체동물

절지동물

완족동물

극피동물

척추동물

▶ 그림 7

부터 그대로 물려받고 있음을 주목할 필요가 있다.

　생명의 계통적 분류조직화(hierarchical organization)는 과학자들로 하여금 동식물을 질서 정연하게 분류할 수 있도록 해준다. 생물체 사이에 나타나는 계통적 패턴들은—그 패턴 안에서 최초로 주요 설계 주제가 발원되고 그 설계 주제상에서 여러 변이가 따라오게 된다—기술적인 장치들 간의 계통적 패턴들이 보여주는 것을 그대로 반영하고 있다. 이 패턴 안에서도 최초의

11장_ 캄브리아기 대폭발

225

주요 설계의 발원과 그 주제상의 여러 변형들이(예를 들어 다양한 스타일의 자동차들) 이루어진다.

화석 기록은 과연 계통적 패턴을 보여주는가? 많은 과학적 증거는 동물군들이 위에서 아래로 계통적으로 분류조직화되고 있음을 보여준다. 그런데 이런 하향식(top-down) 패턴은 화석 기록으로 나타나는 서로 다른 생물군에서 반복적으로 나타나고 있음을 볼 수 있다. 따라서 화석 증거가 가르쳐주는 것은, 이런 하향식 진화 과정의 상부(최초) 단계에서 자연 선택이 유일한 주원인은 아니라는 사실이다.

이들 계통은 캄브리아기 동물들이 가진 독특한 몸체 방식에 근원을 두고 있기 때문에, 그리고 다윈주의 진화 메커니즘 또는 자연주의적 진화 과정이 몸체 방식을 형성시킬 수 있다는 어떤 실질적인 증거도 없기 때문에, 우리는 생물체에서 나타난 계통의 형성과 불연속성에 대한 기초로 맹목적인 자연주의적 진화 과정만을 고려해야 할 하등의 근거가 없다. 우연과 필요는 생명의 출현과 발전에서 결정적인 원인이 되는 요소로 간주할 수 없다는 의미다.

캄브리아기 설계

그렇다면 불연속성이나 생물계의 계통들을 지적 설계의 증거로 볼 수 있는가? 화석 기록에 나타나는 과학적 증거들이 설계 추론(design inference)을 보증해주느냐는 것이다. 우리 대답은 "그렇다"이다. 지적 설계는 목적이 있으며, 미래지향적 행위이며, 생물학적 과정에서 구조와 조직화를 만들어낸다. 지적 설계의 이런 면모들은 캄브리아기 대폭발에 잘 들어맞음을 볼 수 있다.

    1. 캄브리아기 대폭발 자체가 설계의 한 표현이라 할 수 있다. 캄브리아기 대폭

발로 인해 선캄브리아기의 생물학적 혼돈 상태로부터 질서가 생겨났기 때문이다. 즉 모든 동물이 50개 발생 계열로 정리되었고 그중 37개 계열은 오늘날까지 이어져오고 있다.

2. 각 계통학적 분류 계열은 각각의 조상이 되는 캄브리아기 동물의 몸체 방식에 따라서 규정된다. 그리고 그 기본적인 설계 구조가 수억 년의 시간을 통해 보전됐다고 보고 있다. 또한 캄브리아기 대폭발로부터의 생물체의 역사를 살펴보면 불연속성이 이어져왔음을 알 수 있다

3. 몸체 방식은 몸체 설계(body design)라고 부르는 것이 타당하다. 즉 그 설계 구조들은 목적이 뚜렷하며, 그로 인해 형성된 동물문들 사이의 불연속성은 이 생물체 세상에서 변하지 않는 특징으로 나타난다.

4. 캄브리아기 대폭발로부터 기원하는 동물문 계통들이 분류 체계를 이루도록 배열되었으며, 이것들 모두가 지질학적 연대를 따른 발달 과정과 일치하고 있다.

그렇다면 자연 선택은 어떤가? 아얄라가 주장한 것처럼 "생물체들의 방향성 있는 조직화"를 설명하고 있는가? 우리는 아얄라의 주장에 심각한 의구심을 가질 수밖에 없도록 만드는 여러 가지 데이터를 살펴보았다. 이 데이터들은 오히려 지적 설계에 대한 강력한 증거를 제시하고 있다. 동시에 캄브리아기 대폭발에서 나타나는 것과 같은 주요 생물학적인 혁신에 대해 설명하고자 시도하는 모든 이론에는, 반드시 지적 설계의 개념을 도입해야 한다는 필요성을 보여준다.

그럼에도 다윈주의의 신화는 계속된다. 다윈주의 이론이 단순한 사실일 뿐만 아니라, 논쟁의 여지가 없는 난공불락의 진리로 여겨지고 있다. 그러나 역사가 우리에게 가르쳐주는 것은, 겉으로 보기에는 틀림이 없는 이론들이 실제로는 그렇지 않다는 사실이다. 19세기 중반에 지질학에서는 "주요

산맥은 과연 어떻게 만들어진 것일까?"라는 질문에 답하기 위해 이른바 지향사 이론(geosynclinal theory)이 제시되었다. 이 이론은 거대한 계곡 모양의 침하된 구조, 즉 지향사(geosyncline)에 퇴적물이 채워지면서 더욱 침하가 심해짐으로써 점차 구조가 불안정해지고, 지구 내부의 열에 의해 퇴적층이 압착되고 습곡이 형성되면서 융기가 일어나 산맥을 형성하는 것이라 설명했다. 이 이론은 잘 확립되어, 클라크(Clark)와 스턴(Stearn)의 『북아메리카의 지질학적 진화』[6](Geological Evolution of North America) 1960년도 판에서 다윈의 자연 선택 이론에 버금가는 이론으로 제시되었다. 이 책에 서술한 구절은 다음과 같다.

> 지향사 이론은 지질학에서 위대한 통합 이론 중 하나다. 이 이론이 지질학에서 하는 역할은, 생물과학 분야에서 많은 지류를 통합시키는 데 기여한 진화 이론의 역할과 여러 가지 면에서 흡사하다. 진화 학설이 생물학자 사이에서 보편적으로 받아들여지는 것과 마찬가지로, 지향사에 의한 주요 산맥의 기원은 지질학에서 잘 확립된 법칙이다.[7]

그러나 지향사 이론은 이 책이 출판된 지 10년도 채 되지 않아서 판 구조론(plate tectonics)으로 대체되고 말았다. 즉 대륙 이동설과 해저 확장설을 조합하여 산맥의 형성 원리를 설명하게 된 것이다. 이 새로운 이론의 주장에 의하면, 대륙 지판들이 이동하면서 서로 충돌하여 현재의 대륙에서 볼수 있는 산맥들이 융기해서 올라왔다. 예컨대, 히말라야 산맥은 인도-호주 대륙 지판이 아시아 대륙 지판과 서서히 충돌하여 형성되었다는 것이다.

그렇다면 다윈주의 진화 이론은 어떤가? 이 이론 역시 지향사 이론보다 더 확고부동하다고 할 수 없을 것이다. 오히려 지적 설계 이론이 생물학에서 설계 구조에 대한 새로운 관점을 제시하면서, 다윈의 자연 선택 메커니

위대한 설계, 그 흔적들

즘을 대체하려 하고 있다. 단지 패러다임의 변화를 도입하는 것에 망설이고 있을 뿐이다. 더 이상 자연 선택은 생명과 우주의 역사에서 주요 혁신적 변화에 기여했다고 평가받을 수 없다. 자연의 질서를 통해서 바라볼 때, 우리는 오히려 지적 설계의 흔적들이 모든 자연에 스며들어 있음을 발견하게 된다. 지적 설계는 과학은 물론 실재의 본질에 대한 서구 문화의 관점들을 근본적으로 바꾸어놓게 될 것이다.

12장

우주에서 상수와 조건의 미세 조정

"바로 그" 우주

_월터 브래들리

◆ 월터 브래들리(Walter L. Bradley)는 텍사스 대학교에서 재료공학으로 박사학위를 취득했으며, 현재 텍사스 A&M 대학교 기계공학 교수이자 고분자 기술센터(Polymer Technology Center) 소장으로 일하고 있다. 재료공학 분야에서 100편이 넘는 논문을 발표했으며, 찰스 택스턴과 함께 생명의 화학적 기초에 대해 독창적으로 설명한『생명 기원의 신비』(*The Mystery of Life's Origin*)를 저술하기도 했다. 또한 미국재료학회(American Society for Materials)와 미국과학자 연맹(American Scientific Affiliation)의 평의원이다.

인간의 척도로 볼 때, 엔지니어가 제품을 디자인한다는 것은 무엇을 의미할까? 광대한 규모로 확장해서, 이 우주는 어떤 지적인 설계자가 만들어낸 작품이라고 말하는 것은 무엇을 의미하는가? 그리고 이런 주장을 지지해줄 증거는 과연 무엇인가? 우주의 어떤 특징들이, "집"이 우리에게 잘 맞도록 세심하게 만들어져 있음을 보여주고 있는가?

월리엄 페일리는 고전이 된『자연신학』[1]에서, 설계된 우주에 대한 물리학적 증거와 생물학적 증거들을 제시했다. 그러나 설계를 강조한 그의 주장은 당대의 과학적 이해가 가지는 한계로 인해 제한될 수밖에 없었고, 그 후 다윈의 진화론에 의해 그 타당성에 의문이 제기되기에 이르렀다. 하지만 20세기 후반에 들어서면서, 천문학과 우주론 분야에서의 여러 발견으로 인해 설계된 우주에 대한 매우 강력한 증거들이 제시되고 있다. 이 증거들은 우리 우주가 일반적인 생명체, 특히 인간에게 매우 적합한 거주 장소로 설계되어 있음을 보여준다. 그 증거들을 살펴보기 전에 우선, 과연 설계라는 것이 무엇을 의미하는지부터 명확히 할 필요가 있겠다.

엔지니어는 어떻게 제품을 설계하는가?

엔지니어가 소비자를 위해 제품을 설계할 때 무엇을 하는지를 이해하기 위해서, 먼저 우리가 어떤 목적을 달성하기 위해 물리적인 현상들을 어떻게 이용할 수 있는지에 대한 간단한 예를 살펴보자. 지금 나는 이탈리아의 피사의 사탑 꼭대기에서 물 풍선을 던져서 그 아래 광장 위를 걷고 있는 내 친구를 맞히려고 한다(단, 다른 관광객을 맞히면 안 된다). 나는 뉴턴(Newton)이 운동과 중력 인력에 대해 발견해냈던 방정식을 사용해서 물 풍선이 광장 쪽으로 낙하하는 현상을 다음의 대수학으로 설명하게 된다.

$$H(t) = h_0 - (Gm / r^2)\ t^2/2 - v_0\ t$$

이 식에서 G는 중력 인력의 강도를 가리키는 만유인력 상수(universal constant), m과 r은 지구의 질량과 반경, h_0는 물 풍선을 던지게 될 탑 꼭대기의 높이, v_0는 물 풍선을 던질 때의 수직 속도이다.

이들 상수와 초기 조건들이 정의되면, 낙하하고 있는 물 풍선의 높이를 계산할 수 있다. $H(t)$는 내가 물 풍선을 던질 때부터 시간에 따른 물 풍선의 높이를 가리키게 된다. 그리고 이 식은 물 풍선이 광장에 있는 내 친구를 맞힐 수 있도록 정확한 시간에 광장 위 지점에 도달하도록 예측해줄 것이다. 내가 해야 할 일은 광장을 거닐고 있는 내 친구가 언제 바로 내 밑 지점에 위치할 것인지를 결정하는 것이다. 그리고 나서 나는 이 식을 이용해서 내가 물 풍선을 던져야 하는 초기 속도를 결정하게 될 것이다. 아니면 던지지 않고 그냥 떨어뜨려도 된다. 즉 초기 속도 v_0 = 0으로 설정하고 계산된 시간에 떨어뜨리면 되는 것이다. 던져진 물 풍선의 속도를 얼마나 정확하게 규정해낼지는 그 방정식의 수학적 형태, 특정한 값의 만유인력 상수 G, 초기 조건 b_0에 의해 좌우된다. 방정식의 간단한 수학적 형태, 실제적인 중력 상수 G, 피사의 사탑의 높이라는 세 가지 값을 가지고 있으면 내 친구를 맞히는 것은 비교적 쉬운 일이다.

　물 풍선의 운동을 예측하는 데 필수적인 세 가지 인자는, 공학 작업에서 뜻하는 결과를 얻기 위해 일반적으로 필요로 하는 인자라 할 수 있다. (1) 자연이 취하는 수학적 형태(방정식으로 표현되는 물 풍선의 낙하 현상). (2) 보편상수 값(방정식에서 G값). (3) 경계조건들(물 풍선을 던지는 탑의 높이 b_0, 물 풍선을 던질 때의 초기 속도 v_0 등)이다. m과 r항은 추가적인 경계조건으로서 물 풍선을 던지는 탑이 지구상의 다른 곳이 아닌 바로 그 곳에 위치한다는 것을 나타내는 값이다. 공학자는 자연법칙과 수학적 형태에 대해서는 어찌할 수가 없다. 중력 상수 등과 같은 보편상수에 대해서도 마찬가지다. 공학자가 할 수 있는 것은 단지 경계조건을 조정하는 일이다. 이는 마치 어떤 장치를 만들 때 그 장치가 조립되어 어떤 모습을 하게 될지를 정확하게 규정하기 위해서 청사진을 그려내는 것과 같다.

　이런 설계 과정을 설명하기 위해서, 어떤 공학자가 자동차를 설계한다고 할 때 규정해야 할 필요조건들(혹은 경계조건들)을 생각해보자. 공학자는 우선 가솔린 연료가 가진 화학 에너지가 방출되어 자동차 바퀴의 회전력으로 전환될 수 있는 조건들을 매우 상세하게 규정해야 한다. 엔진의 부속 각각의 치수는 그 부속들이 함께 조화롭게 작동하기 위해 결정적으로 중요하다. 각 부속의 절대적인 크기와 모양은(그것들의 서로 잘 들어맞기 위한 상대적 크기와는 다르게) 발생시키고 전달시키고자 하는 동력의 크기에 따라 달라질 수 있고, 아울러 자동차의 무게와 고객에게 제공하고자 하는 최대 속력도 고려되어야 한다. 자동차의 무게는 자동차의 크기, 승객의 숫자와 싣게 될 짐의 하중에도 영향을 받게 된다. 이 모든 인자를 고려하여 엔진에 사용될 실린더와 피스톤의 크기가 결정되고, 그 실린더 안으로 뿜어질 가솔린의 유입 속도가 정해진다. 제동 장치와 현가 장치 역시 자동차의 무게 조건에 맞도록 별도로 조정되어야 하며 타이어도 그러하다.

얼마나 많은 부품과 그들 각각의 특정한 조건들이 서로 관련되어 있는지, 그리고 그것들이 결코 독립적으로 규정되거나 배치될 수 없다는 것을 주목하기 바란다. 이렇게 각 특정화된 경계조건들이 가진 상호의존성이 크면 클수록, 시스템은 더 복잡해지고 설계상의 필요조건들은 더욱 커지게 된다. 이들 조건 중 어느 하나라도 아주 작은 오류가 발생한다면 자동차의 성능은 떨어지게 되고, 심하면 아예 작동하지 않을 수도 있다.

그렇다면 우주는 어떤가? 우주 역시 우리가 설계와 결부시키는 본질적인 특징들을 모두 가지고 있음을 알 수 있다. 앞에서 언급한 것처럼, 자연 세계에서 목적을 가진 결과들은 (1) 자연이 취하고 있는 수학적 형태, (2) 보편상수의 값들, (3) 초기 또는 경계 조건들에 의해 좌우된다. 공학자는 경계 조건들만을 조절할 수 있지만, 이 우주가 생명체 특히 인간에게 살기 적합한 영역이 되는 데 필요한 거주 적합성은 이들 세 가지 모두에 따라 달라질 수 있다. 따라서 이제 우리는 이 필요조건 각각이 생명체의 거주 적합대를 만들어내는 데 얼마나 필수적인가에 대해 살펴볼 것이다.

놀라운 수학적 형태

단순한 계산과는 구별되는 수학은 주전 6세기 그리스에서 시작된 이론적인 지적 활동이다. 그 주요한 인물로는 피타고라스(Pythagoras)와 그의 후계자 유클리드(Euclid)와 아르키메데스(Archimedes) 등이 있다. 이들의 연구는 특히 직선, 원, 타원, 원뿔 곡선(conic sections, 원뿔을 임의의 평면으로 잘랐을 때 그 단면에 나타나는 곡선) 등과 같은 기하학적 대상에 초점이 맞추어졌다. 주전 3세기에 이르러서는 아폴로니오스(Apollonios of Perga)가 원뿔 곡선을 집중적으로 다룬 여덟 권의 기념비적인 책을 쓰기도 했다. 그는 원뿔 곡선의 특성을 "불가사의하다"라고 묘사했다. 하지만 이 수학자들도, 수학이 보여주는 아름다운 이론적 형태들이 실제 현상을 나타낸다는 사실을 미처 깨닫지 못했다. 약 1800년이 지난 후 독일의 천문학자 요하네스 케플러(Johannes Kepler, 1571-1630)는, 태양을 공전하는 행성의 궤도가 바로 그 아름답지만 이론적인 수학적 형태를 따르고 있다는 사실을 발견했는데, 그 때 케플러의 기쁨이 얼마나 컸을까를 생각해보라. 케플러는 이렇게 적고 있다. "현상 세계에 대한 모든 탐구의 최고의 목적은 하나님이 그 위에 적용시키신 합리적인 질서와 조화를 발견하는 것이 되어야 한다. 하나님이 그 질서와 조화를 수학이라는 언어를 통해 우리에게 나타내신다."[2]

이탈리아의 과학자 갈릴레오 갈릴레이(Galileo Galilei, 1564-1642)는 "자연법칙들은 하나님의 손에 의해 수학이라는 언어로 쓰여진다"라고 했다. 미국의 수학자 모리스 클라인(Morris Kline)은 『수학: 확실성의 상실』(*Mathematics: The Loss of Certainty*)[3]에서 이렇게 설명한다. "16-17 세기의 종교적 수학자들―뉴턴, 갈릴레오, 케플러, 코페르니쿠스(Copernicus) 등―은 우주가 질서 정연하며 따라서 수학으로 설명될 수 있는데, 이것은 합리적인 하나님이 우주를 그렇게 만들었기 때문이라고 믿었다." 또한 클라인은 이들 과학자이자 수학자들은 "하나님이 우주를 설계하셨다. 그러므로 자연의 모든 현상은 하나의 마스터 플랜을 따른다. 우주를 설계한 지성이 그와 관련되는 모든 현상을 지배하는 기초 원리들의 체계를 적용시켰을 것이다"라고 믿었다고 서술한다.[4]

우리는 자연 속에서 발견되는 놀랍도록 다양한 현상을 아주 적은 숫자의 물리학 법칙으로 설명할 수 있다. 그리고 이 법칙 하나하나는 단순한 수학적 형태로 되어 있다. 사실 이 법칙들은 표 1에 나타난 것처럼, 종이 한 장에 모두 쓸 수 있다.

표 1. 자연의 기본 법칙들

역학-해밀턴(Hamilton) 방정식

$$\dot{p} = -\frac{\partial H}{\partial q} \quad \dot{q} = \frac{\partial H}{\partial p}$$

전기역학-맥스웰(Maxwell) 방정식

$$F^{\mu\nu} = \partial^{\mu} A^{\nu} - \partial^{\nu} A^{\mu}$$

$$\partial_{\mu} F^{\mu\nu} = j^{\nu}$$

통계역학-볼츠만(Boltzmann) 방정식

$$S = -k\Sigma P_i \, ln \, P_i$$

$$\frac{dS}{dt} \geq 0$$

양자역학-슈뢰딩거(Schrödinger) 방정식

$$i\hbar \, | \, \dot{\psi} \, \rangle = H \, | \, \psi \, \rangle$$

$$\Delta x \Delta p \geq \frac{\hbar}{2}$$

일반상대론-아인슈타인(Einstein) 방정식

$$G\mu\nu = -8\pi \, G T_{\mu\nu}$$

위대한 설계, 그 흔적들

물리학자 유진 위그너(Eugene Wigner)는 널리 인용되는 그의 논문 "물리과학에서의 수학이 가진 엄청난 효율성"(The unreasonable effectiveness of mathematics in the physical sciences)[5]에서 지적하기를, 과학자들이 종종 실제적 세계를 설명하면서 수학이 보여주는 놀라우면서도 기적 같은 효율성에 대해 너무 당연시하는 경향이 있다고 했다. 위그너의 말을 인용하면 다음과 같다. "수학이 가진 막대한 유용성은 신비에 가깝다.…그것에 대해서는 논리적으로 설명할 방법이 없다.…물리학 법칙을 정형화하는 수학이라는 언어의 적절성은 기적과 같으며, 우리가 이해할 수도 없을 뿐더러 받을 만한 자격이 있는지 의심스러울 정도로 놀라운 선물이다.…" 알버트 아인슈타인은 한 친구에게 보낸 편지에서 이 세상을 수학적으로 이해할 수 있다는 사실에 감명 받은 자신의 심경을 다음과 같이 묘사한다.

> 내가 이 세계에 대한 수학적 이해를 기적 혹은 영원한 신비로 간주하고 있다고 말한다면 자네는 좀 이상하다고 여길지 모르겠네. 글쎄, 선험적으로 우리는 이성으로는 도무지 이해될 수 없는 혼돈된 세계에 대해 생각해야 한다고 보네.… 이 세계는 예를 들어 뉴턴의 중력 이론으로 정의되는 질서 같은 것과는 전적으로 다른 것이라 할 수 있네. 이와 같은 이론의 기본 원리들은 사람에 의해 제안되지만, 이 제안은 객관적 세계가 고도의 질서를 가지고 있음을 미리 전제하지. 하지만 그것은 선험적으로는 기대할 수 없는 것이네. 그래서 바로 "기적"이라 할 수 있으며, 이 기적은 인간의 지식이 확장되어감에 따라 지속적으로 확실해지고 있네.[6]

한편 아인슈타인이나 위그너와는 달리, 많은 현대 물리학자들은 뉴턴이나 동시대 학자들과 입장을 같이 한다. 그들은 놀라운 수학적 형태들을 보면서 그것은 바로 자연이 어떤 지적인 설계자의 존재를 입증하는 것이라고 본다. 예를 들어, 러시아의 걸출한 물리학자 알렉산더 폴리야코프(Alexander Polyakov)는 "우리는 자연이 모든 가능한 수학 중의 최선의 것으로 묘사될 수 있음을 잘 알고 있다. 그 이유는 자연을 하나님이 창조하였기 때문이다"라고 지적했다. 호주의 천체물리학자 폴 데이비스는 "물리 방정식들은 그 안에 놀라운 간결함과 고상함과 아름다움을 가지고 있다. 그 자체가 내게는 우주의 원인이 되는 모든 법칙을 만들어낸 창조주가 있음을 보여주는 충분한 증거가 된다"라고 말했다.

그럼에도 단순히 "수학적 형태"라고만 표현한다면 생명체가 거주하기 적합한 우주를 확증하기에는 충분치 않다. "특정한 수학적 형태"가 중요하다. 예를 들어 어떤 안정된 계가 존재하려면, 특정한 수학적 형태가 원자 및 우주 레벨에서 규정되는 것이 필수다. 표 1에서, 비상대론적 뉴턴 역학과 일반상대론적 아인슈타인 이론에 대한 해밀턴 방정식의 해답을 구하는 것을 예로 들어보자. 만일 중력 위치 에너지가 r의 역수(r은 중심으로부터의 거리)에 비례하지 않는다면—이는 3차원 공간인 우주가 가지는 필수적 특성이다—하나의 태양과 주위 행성들 간의 관계를 풀어주는 해답은 불안정할 수밖에 없다.

수소 원자의 안정된 결합 에너지에 대한 슈뢰딩거 방정식(표 1)의 해답을 찾기 위해서도, 역시 3차원 공간의 우주가 전제되어야 한다. 맥스웰 방정식(표 1)도 오직 3차원 공간의 우주에서만 유효하다. 더욱이, 리하르트 쿠란트(Richard Courant)는 전자기파 신호 또는 음파 신호의 고충실도 전송은 우리가 사는 3차원 공간의 우주에서 최적화되어 있음을 발견했다. "실제적인 물리적 세계는 음파 또는 전자기파 신호들을 커뮤니케이션의 근간으로 삼고 있는데, 바로 이 세계가 수학적으로 생각해볼 수 있는 모든 모델 중 본질적인 간결함과 조화로움을 가지는 유일한 것이라 할 수 있다."[7]

요약하여 말한다면, 우리가 살고 있는 이 우주가 가진 특정한 수학적 특성은 이 우주가 생명이 살아가기에 적합한 곳이 되기 위한 필수적인 특성임이 명백하게 드러난다. 그러나 왜 자연이 이렇게 정밀한 특정적 수학적 형태를 가지는지에 대해서는, 자연주의 또는 유물론적 세계관 내에서는 이해하기 어렵다.

우주론 상수들의 신비

우주를 수학적으로 설명할 때 필수적으로 들어가는 보편상수가 있다. 그중 일부를 표 2에 정리했는데, 플랑크 상수 h, 빛의 속도 c, 만유인력 상수 G, 양성자, 전자 및 중성자의 질량, 전자 혹은 양성자의 단위전하, 약력, 강력 및 전자기력, 볼츠만 상수 k 등이 그것이다.

　20세기 중반 우주론적 모델들이 처음으로 만들어졌을 때, 특정한 세트의 상수들이 선택되어 있다는 것은 생명의 거주 적합대를 형성하는 데 그리 결정적인 요소는 아니라고 단순하게 생각했다. 하지만 그 후 체계적으로 상수를 변화시키는 연구가 진행된 결과, 이들 중 어느 하나의 상수라도 변화를 주게 되면 상상 가능한 어떤 형태의 생물체도 생존할 수 없는 완전히 다른 우주가 나온다는 사실이 밝혀졌다.

　이와 같은 우리 우주의 놀라운 특징을 설명하기 위해 지난 10년간 많은 책들이 발표되었는데, 이 책들은 우주가 생명체의 거주 적합대가 되기 위해서는 보편상수들이 "바로 그"(just so) 상수이어야 함을 알려준다. 이 책들로는 『우주론적 인류 원리』(The Anthropic Cosmological Principle, 1986),[8] 『우주들』(Universes, 1989),[9] 『우연한 우주』(The Accidental Universe, 1982),[10] 『초력』(Superforce, 1984),[11] 『우주의 청사진』(The Cosmic Blueprint, 1988),[12] 『우주의 우연 일치』(Cosmic Coincidences, 1989),[13] 『인류 원리』(The Anthropic Principle, 1991),[14] 『물리학에서의 보편상수들』(Universal Constants in Physics, 1993),[15] 『창조 가설』(Creation Hypothesis,

1994),[16] 「순전한 창조」(1998) 등이 있다. 여기서는 여러 가지 보편상수와 물질 특성들이 "바로 그" 조건을 만족시키기 위해 어떠해야 하는지 예를 들어 설명하고자 한다.

» 미세 구조 물리 상수들

자연계에 존재하는 4가지 기본적인 힘(중력 또는 만유인력, 약력, 전자기력, 강력)은 그것들이 자연에서 작용할 때 각각의 상대적인 크기가 비교될 수 있도록 무차원적 형태로 표현될 수 있다. 표 2에 이것들을 정리했는데, 그 값들의 차이가 10^{41}배(10 뒤에 0이 40개 붙는다)에 달함을 알 수 있다. 다시 말해서, 이들 상수 중 어느 것이 조금만 변한다면 우주에서는 엄청난 변화가 발생하게 되고 그 결과 생명체가 살 수 없는 상황이 되고 만다. 우리 우주가 이렇듯 "미세 조정된" 본질적 특성을 가지고 있음은 다음의 여러 예를 통해 알 수 있다.

표 2.

보편상수들

볼츠만의 상수	$k = 1.38 \times 10^{-23}$ j/°K
플랑크의 상수	$h = 6.63 \times 10^{-34}$ J/s
빛의 속도	$c = 3.00 \times 10^8$ m/s
중력적 상수	$G = 6.67 \times 10^{-11} \frac{N - m^2}{kg^2}$

소립자들의 질량

중간자 정지 질량/에너지	$m_\pi = 0.238 \times 10^{-24}$ kg/135 MeV
중성자 정지 질량/에너지	$m_n = 1.675 \times 10^{-27}$ kg/939.6 MeV
전자 정지 질량	$m_e = 9.11 \times 10^{-31}$ kg/0.511 MeV

양성자 정지 질량	$m_p = 1.673 \times 10^{-27}$ kg/938.3 MeV
단위 전하	$e = 1.6 \times 10^{-19}$ coul
질량 에너지 관계식	$c^2 = \dfrac{E}{m}$ J/kg

미세 구조 상수

중력 미세 구조 상수

$$\alpha_g = [\frac{m_p^2}{hc} \cdot G] = 0.5 \times 10^{-40}$$

약한 상호 작용의 미세 구조 상수

$$\alpha_w = [\frac{m_e^2 c}{\hbar^3} \cdot g_r] = 10^{-11}$$

전자기적 미세 구조 상수

$$\alpha_e = [\frac{1}{\hbar c} e^2] = 1/137$$

강한 상호 작용의 미세 구조 상수

$$\alpha_f = f = 3.9$$

우선, 중력과 전자기력의 상대적 크기가 결정적인 요인이 된다는 여러 가지 근거가 밝혀졌다. 표 2에서 보면 전자기력은 중력에 비해 10^{38}배 크다. 우주 내의 별들에서 양성자들을 서로 융합시킴으로써 동시에 에너지를 내도록 하는 힘이 바로 중력이다. 전자기력은 오히려 양성자들을 서로 밀어내게 하는 힘이다. 표 2에서 보는 것 처럼 중력의 크기는 전자기력에 비해 훨씬 작기 때문에, 별들에 있어서 융합에 의해 "태우는"(burn) 반응은 매우 느리게 일어나게 된다. 이런 이유로 행성들은 매우 긴 시간 동안 에너지의 안정적인 공급원이 될 수 있다. 만일 전자기력과 중력의 비가 10^{38}배가 아니라 10^{32}배라 (즉 중력이 지금보다 훨씬 컸다면) 어떻게 되었을까? 행성들은 크기가 지금보다 수십억 배 작아졌을 것이고 백만 배 이상 빨리 타 없어지게 되었

을 것이다.

태양에 의해 생성되는 전자기 방사선(electromagnetic radiation)의 주파수 분포 또한 중대한 요인 중 하나다. 이것은 지구상에 있는 화학결합들의 에너지에 맞도록 조정되어 있어야 하기 때문이다. 만약에 방사선 광자들의 에너지가 너무 높으면(너무 많은 자외선이 지구상으로 들어와서) 화학결합들은 파괴되고 말 것이며 분자들은 그만큼 불안정한 상태가 될 것이다. 만약 광자들의 에너지가 너무 약하면(너무 많은 적외선이 들어와서) 화학반응이 너무 느리게 될 것이다. 태양으로부터 방출되는 방사선은 전자기력(alpha-E)과 중력(alpha-G) 간에 이루어진 섬세한 균형에 따라 방출되고 있는데, 수학적 관계(alpha-E)^{12}가 포함됨으로써 전자기력의 특정화가 특별히 중요한 요인이 됨을 보여준다. 한편, 화학결합 에너지의 경우는 양자역학적 계산에 의해 얻어질 수 있는데 이 계산에는 전자기력, 전자의 질량, 및 플랑크 상수 등이 포함된다. 따라서 방사선이 생명체에 필수적인 화학 반응들에 적합하도록 조정된 우주가 가능하기 위해서는, 이 모든 상수의 크기는 서로 간에 상대적인 조화를 갖추어 결정되어야 한다.

또 하나의 흥미로운 미세 조정은, 태양으로부터 방출되는 방사 스펙트럼이 보여주는 물에 대한 특성이다. 앞서 언급한 것처럼 태양의 방사 스펙트럼은 화학 반응을 일으키기에 이상적일 뿐만 아니라 물에 대해서도 최적화되어 있다. 즉 화학 반응에 대해 이상적인 에너지 준위에서 최고점에 도달할 뿐만 아니라, 물에 대한 광학적 파장대(optical window)에서 최고점에 도달한다. 물은 자외선과 적외선에 대한 흡광도가 가시광선 스펙트럼에 대한 흡광도에 비해 10^7배 강하다(자외선이나 적외선에 비해 가시광선에 대해 10^7배 더 투명하다). 일반적으로 생물체 조직들, 특히 눈은 주로 물로 구성되어 있기 때문에, 물이 이와 같이 독특한 빛 투과 파장대를 가지지 않았다면 시각에 의한 의사 전달은 불가능했을 것이다. 다시 말해, 물의 빛 투과 파장대는 태양으로부터 나오는 광선에 대해 이상적으로 대응된다. 그러나 분명히 알아두어야 할 것은, 이런 절묘한 조화는 플랑크 상수와 전자의 질량뿐만 아니라 중력 및 전자기력 상수의 값이 정교하게 특정화되어야만 가능해진다는 사실이다.

다음으로 생각해볼 힘은 핵력이라고도 불리는 강력이다. 자연계에서 생명체를 이루는 가장 결정적인 원소는 탄소이다. 그런데 최근 분명하게 밝혀진 사실은, 자연계에 탄소가 풍부하게 존재하게 된 것은 바로 강력과 전자기력이 정밀한 균형을 이룸으로써 핵의 양자 에너지 준위들을 결정해주기 때문이라는 것이다. 즉 핵에는 특정 에너지 준위들만 허용될 수 있는데, 이 준위들은 마치 사닥다리의 계단과 같다. 만일 두 개의 충돌 입자의 질량-에너지가 양자 "에너지 사닥다리"(energy ladder) 상에서 허용되는 에너지 준위와 동일하거나 약간 낮은 준위의 결합 질량-에너지가 된다면, 두 핵은 충돌에 의해 서로 쉽게 결합하거나 융합되게 되는데 이때 필요한 에너지는 충돌 입자들의 운동 에너지로부터 충당된다. 만약 결합된 입자들의 질량-에너지 준위가 허용 에너지 준위와 정확하게 일치한다면, 즉 "바로 그"(just so) 준위가 된다면, 그 충돌은 공명을 가지며, 충돌 입자들의 융합을 위한 고효율의 충돌이라고 말할 수 있다. 한편, 만일 결합 질량-에너지가 에너지 사닥다리에서 허용되는 에너지 준위보다 약간 높다면, 입자들은 서로 결합하고 융합되기보다 서로 튕겨나가게 될 것이다. 1970년 프레드 호일(Fred Hoyle)은 탄소 원자에 대한 알려지지 않은 공명 에너지가 존재할 것이라 예측했는데, 후에 이 예측은 옳은 것으로 판명되었다. 헬륨과 베릴륨의 융합은 탄소에서의 공명 에너지보다 4퍼센트 적은 질량-에너지 값을 만들어내며 그것은 운동 에너지로부터 쉽게 만들어진다(2개의 헬륨이 우선 베릴륨을 형성하고 1개의 헬륨이 첨가되어 탄소를 형성하게 되며 더 많은 헬륨이 첨가됨에 따라 산소 등 더 무거운 원소가 형성되는 반응이 일어나는데 이를 헬륨 핵융합 반응이라 한다. 별들은 이와 같은 핵

융합 반응에 의해 에너지를 얻게 되고, 동시에 순수한 수소로 이루어진 상태에서 출발하여 무거운 원소까지 어떤 원소들도 만들어낼 수 있게 된다–역자 주). 한편 **탄소와 헬륨**의 융합에서 만들어지는 질량–에너지는 산소의 에너지 사닥다리에서의 양자 에너지 준위보다 1퍼센트 높다. 이런 이유로 이 반응이 쉽게 일어나지 못하는 것이다. 따라서 거의 모든 베릴륨은 탄소로 바뀌게 되지만, 탄소는 아주 적은 양만이 산소로 바뀌게 된다. 이런 결과가 나올 수 있으려면 강력과 전자기력의 상대적인 세기가 약 1퍼센트 이내로 조정되어야 가능하다. 표 2에서 보는 바와 같이, 이 두 값은 절대치가 매우 큼에도 불구하고 그 상대적 차이가 100배 비율로 다르다는 사실은 정말 놀랍다.

그렇다면 만일 강력의 크기가 전자기력에 비해 2퍼센트로 커진다면 어떻게 될까? 우주에는 수소가 남아 있지 못하며, 그렇게 되면 수소를 태워서 긴 시간 동안 에너지를 내며 살아가는 별들도 없고, 생명체의 궁극적인 용매가 되는 물(2개의 수소원자와 1개의 산소원자로 구성) 또한 존재할 수 없게 된다. 이번에는 반대로 강력이 전자기력에 비해 5퍼센트 정도 작아진다면 어떻게 될까? 이때는 양성자와 중성자의 결합에 의해 중양성자(deuteron, 중수소의 원자핵으로 양성자와 중성자가 1개씩 결합한 것–역자 주)가 형성될 수 없게 된다. 이렇게 되면 더 무거운 핵들이 만들어질 수 없게 되는데, 즉 중양성자의 융합에 의해 헬륨을 만들어내고 헬륨과 헬륨의 융합에 의해 베릴륨을 만들어내는 등의 반응이 일어날 수 없게 된다.

이번에는 약력에 대해 생각해보자. 표 2에 있는 약력 결합 상수(weak force coupling constant)가 조금이라도 크다면 어떻게 될까? 중성자들은 더 빠르게 붕괴되고 그만큼 중양성자의 생성은 줄어들어 헬륨과 더 무거운 핵을 가진 원소들이 만들어지지 못할 것이다. 반대로 약력 결합 상수가 조금 더 약하다면, 빅뱅에 의해 거의 모든 수소원자는 반응을 일으켜 헬륨이 되어버리고, 우주에는 수소가 거의 사라져버리는 대신에 더 무거운 원소들로 채워

위대한 설계, 그 흔적들

질 것이다. 즉 긴 시간 동안 존재하는 별도 없고 수소 원자를 포함하는 화합물도 없는 상황이 되어버리는 것이다. 1991년 한스 브로이어(Hans Breuer)는 강조하기를, 수소 원자 함유 화합물, 긴 수명의 별들, 더 무거운 원소들을 만들어내는 데 필요한 수소와 헬륨의 적합한 비율은 75퍼센트의 수소와 25퍼센트의 헬륨인데, 이는 바로 우리 우주에서 발견되는 바로 그 비율이라고 했다.

여기서 설명된 것은 우주에서 발견되는 우연의 일치를 모두 보여주는 것이 아니라 단지 몇 가지 예일 뿐이다. 이 예들이 명확하게 보여주는 것은, 자연계의 4가지 힘의 크기가 매우 정교하게 조정되어야 한다는 사실이다. 즉 이런 미세 조정으로 인해 우리 우주가 긴 시간 동안 에너지를 줄 수 있는 원천들과 생명체에게 필수적인 성분이 되는 다양한 원자들을 제공해줄 수 있었음을 알 수 있다. 이외에도 4가지 힘의 미세 조정에 대한 수많은 예는 앞서 언급한 여러 책에서 찾아볼 수 있다. 그렇다고 해서 우주의 미세 조정이 이 4가지 힘에만 국한된다는 뜻은 아니다. 빛의 속도와 플랑크 상수 등 다른 보편상수들은 물론이고, 많은 소립자 역시 매우 정밀하게 조정되어 있다는 사실이 밝혀지고 있다.

» 소립자의 질량과 기타 보편상수들

과학자들은 소립자의 질량이 상호 간은 물론 자연계의 힘들에 대해서도 매우 미세하게 특정화되어 있음을 알게 되면서 놀라지 않을 수 없었다. 예를 들어 스티븐 호킹(Stephen William Hawking)은 중성자의 질량과 양성자의 질량의 차이가 대략 전자의 질량의 2배가 되어야 한다는 사실을 발견했다. 양성자의 질량-에너지는 938.28 MeV, 전자의 질량-에너지는 0.51 MeV, 중성자의 질량-에너지는 939.57 MeV이다. 양성자의 질량-에너지와 전자의 질량-에너지의 합이 중성자의 질량-에너지보다 조금이라도 작지 않았다면, 전자는 양성자와 결합하여 중성자가 되어버리고 모든 원자의 구조는 붕괴되고 말 것이며, 이 세상에는 중성자만 존재했을 것이다.

반대로 중성자 질량과 양성자 질량의 차이가 지금보다 컸다면, 중성자는 모두 양성자와 전자로 붕괴되었을 것이며, 중성자는 양성자와 결합하여 더 무거운 핵과 그 원소들을 만들어내는데 필요하기 때문에, 중성자가 없다면 결국 이 세상에는 수소원자만 존재하게 되었을 것이다. 하지만 지금의 우주가 보여주듯, 중성자는 충분히 무거워서 7개의 양성자마다 중성자 하나의 비율로 존재하면서 별들의 연료가 되는 수소원자를 풍부히 공급할 뿐 아니라, 더 무거운 원소가 우주에 존재할 수 있도록 해준다. 다시 말해 소립자들의 질량이 상호 간에 정밀하게 특정화된 값을 가진다는 사실은, 우리 우주에 긴 시간 동안의 에너지 원천과 다양한 원소들이 존재할 수 있도록 해주는 결정적인 요인이 된다.

저명한 과학자들은 우리 우주에 나타나는 우연의 일치 현상들에 대해 어떻게 말하고 있을까? 프리먼 J. 다이슨(Freeman J. Dyson)은 "우리가 우주를 관찰하고 우리에게 유익한 많은 물리학적 천문학적 사건들이 일어나고 있음을 확인할 때마다, 마치 우주는 어찌 보면 우리가 올 것을 미리 알고 있는 것처럼 보인다"라고 썼다.

노벨상을 수상한 아르노 펜지어스(Arno Penzias)는 수수께끼 같은 우주의 특성에 대한 관찰을 다음과 같이 묘사했다. "천문학은 우리를 독특한 사건, 즉 우주로 인도한다. 이 우주는 무(nothing)로부터 창조되었고 생명체를 유지시키는 데 필요한 정확한 조건들을 제공하도록 섬세하게 균형이 맞추어졌다. 현대 과학이 관찰하는 것들은 우리에게 초자연적인 계획(supernatural plan)을 시사해준다."

영국의 유명한 천문학자 프레드 호일은 초기에는(1951년) 우연의 일치는 우연의 일치일 뿐이라고 주장했으나, 1984년에는 생각을 바꾸어 다음과 같이 말했다. "이런 특징들은 마치 자연 세계라는 직물에 행복한 우연의 일치라는 실이 통과시키는 것처럼 보인다. 그러나 분명히 생명체에 필수불가결한 희한한 우연의 일치들이 많이 존재하고 있으며, 그것들의 이유를 밝히는 설명이 필요해 보인다."

초기 조건들의 놀라운 정교함

자연이 특정한 수학적 형태를 보여주고 있다는 사실이라든지 여러 보편상수와 소립자들의 질량이 고도로 특정화된 값을 가진다는 사실 자체로는 생명에 대한 설명이 불가능하다. 이들은 필요조건이기는 하지만 충분조건은 되지 못한다. 이 모든 정교한 미세 조정은 앞에서 설명한 바와 같이, 발생할 수 있었을 수도 있지만, 만일 결정적인 경계조건들이 적합하게 설정되지 않았다면 생명은 여전히 발생할 수 없었을 것이다. 따라서 우리는 여기서 빅뱅의 초기 조건들을 살펴보아야 한다.

빅뱅에서 결정적으로 중요한 기본 경계조건은 바로 초기 속도(initial velocity)다. 만약 이 속도가 너무 빠르다면 우주의 물질들은 너무 급격히 팽창해서 행성이나 별이나 은하로의 병합은 일어날 수 없다. 반대로 초기 속도가 너무 느리면 우주는 짧은 시간 동안만 팽창하고 나서 중력의 영향 아래에 들면서 급속히 붕괴할 것이다. 보편적으로 받아들여지는 우주론 모델에 의하면, 초기 속도는 $1/10^{55}$의 정밀함으로 특정화되어야 한다. 이런 필요조건으로 볼 때 우연의 가능성은 배제할 수 있으며 그로 인해 새로운 창의적인 대안이 요구되는데 그중 한 시도가 최근에 제안된 빅뱅에 대한 새로운 팽창 모델이다.

그러나 급팽창 자체는 오히려 미세 조정을 필요로 함을 알 수 있다. 급팽창이 일어나기 위해서, 그리고 은하를 위해 너무 작지도 너무 크지도 않은 불규칙성들이 형성되기 위해서는 미세 조정이 반드시 필요하다. 팽창 유도 우주론 상수(expansion-driving cosmological constant)의 두 가지 구성 요소는 $1/10^{50}$의 정확도로 서로 상쇄되어야 한다는 사실이 일찍이 추정된 바 있다. 또한 「사이언티픽 어메리컨」(Scientific American) 1999년 1월호는, 요구되는 이 정확도를 $1/10^{123}$로 더 높여 추정해서 발표하기도 했다.[17] 더욱이 중력 에너지와 운동 에너지의 비는 1.00000에 맞추어져야 하는데 그 편차는 1/100,000에 불과하다고 계산되었다. 이 추정치는 현재 활발하게 후속 연구가 계속됨에 따라 수정되는 중이다. 그럼에도 어떤 모델이 우주의 빅뱅 이론에 대해 최종적으로 정립되더라도, 그 안에는 매우 고도로 특정화된 경계조건들이 존재할 수밖에 없다.

우주에 우연은 없다

앞에서 내가 제시한 설계의 예는 매우 단순했다. 이 예에는 물리학 법칙 하나, 보편상수 하나, 초기 조건 2개만이 포함되었다. 이것만 가지고도 물 풍선이 피사의 사탑 광장을 걷고 있는 친구를 정확하게 맞히기 위한 조건을 설명하기에 충분하다. 그것은 비교적 쉬운 설계 문제였다.

　그러나 설명해야 할 대상이 우주로 확장된다면 이야기는 매우 복잡해진다. 우리 우주가 다양한 원소들을 만들어내고 긴 시간 동안의 에너지 원천을 공급하며 화학 반응을 일으킬 수 있는 적절한 파장대의 광선을 내는 별들을 가지기 위해서, 그리고 생명의 기원뿐만 아니라 생명체들이 살아가기에 적합한 환경이 되기 위해서는, 자연법칙들의 수학적 형태, 19개의 보편상수(표 2에서 모두 정리하지는 못했지만) 및 많은 초기 조건이 반드시 "바로 그러해야"(just so) 한다.

　더욱이, 이 필요조건들 중 많은 것은 서로 밀접한 관계에 있다. 예를 들면, 초기 조건은 중력의 세기와 관련되어 있다. 독특하면서도 상호 밀접하게 연결된 수많은 필요조건을 볼 때, 이 모두가 되어야 할 방식으로 정확하게 이루어진 것은 "우연"이라 말하기 어렵다. 여러 보편상수에 대해 많은 상호 의존적인 제약 조건들이 있음을 볼 때, 이 상수들을 대체하면서 "작동할 수 있는" 다른 상수들이 있을 것 같지도 않다.

이것으로 지난 30여 년 동안 왜 그토록 많은 과학자가 생각을 바꾸어 우주를 우주론적 우연으로 설명하는 것이 이치에 맞지 않다는 사실에 동의하는지 어렵지 않게 이해할 수 있다. 세심하게 만들어진 우리의 거주 환경인 우주에 대해 이해하면 할수록, 그것을 만든 지적인 설계자가 존재한다는 증거는 점점 더 강력해진다.

지혜의 흔적들

_윌리엄 뎀스키

◆ 윌리엄 뎀스키(William Dembski)는 시카고 대학교에서 수학으로 박사 학위를, 일리노이 대학교에서 철학으로 또 다른 박사 학위를 받았으며 프린스턴 신학교에서 목회학 석사 학위를 받았다. 디스커버리 연구소 과학과 문화 회복 센 터 회원으로서, 『설계 추론』과 『지적 설계: 과학과 신학을 연결하는 다리』(*Intelligent Design: The Bridge Between Science and Theology*)[1]의 저자이며 「순전한 창조」의 편집자이기도 하다.

지적 설계는 다음 세 가지 개념, 즉 필연, 우연, 설계 사이의 차별성을 다룬 다. 일상의 삶 속에서도 우리는 이 세 가지 개념을 구별하는 것이 중요함을 알 수 있다. 그녀는 그냥 떨어진 것인가, 아니면 누가 밀어서 떨어진 것인 가? 만일 그녀가 낭떠러지에서 그냥 떨어진 것이라면, 그저 운이 나빠서 그 랬던 것인가, 아니면 떨어질 수밖에 없었던 것인가? 좀더 일반적으로, 어떤 주어진 사건, 물체, 구조가 있을 때, 우리는 다음과 같은 것을 알고자 한다.

1. 그것은 일어났어야 했는가?
2. 그것은 우연히 일어났는가?
3. 어떤 지적인 존재가 그것을 일어나게 했는가?

어떤 사건을 설명하고자 할 때, 가장 우선 결정해야 할 일은 그것이 반드시 일어났어야 했는가 하는 것이다. 만일 그렇다면, 그 사건은 필연적이다. 여기서 내가 "필연적"이라는 말을 쓴 것은, 단지 논리적으로만 필연을 의미하는 것이 아니라, 물리적인 필연성까지 포함한다. 논리적으로 필연은 모든 가능한 세계를 통틀어서 진실이라는 뜻이며, 물리적으로 필연은 앞선 정황들과 그 결과로 일어나는 사건들 간의 법칙과 같은 관계를 뜻한다. 그러나 모든 사건이 필연적인 것은 아니다.

일어났으되 반드시 일어날 필요는 없는 사건을 불확정적이라고 말한다. 일상적 삶 속에서 우리는 두 가지 불확정성(contingency)이 있음을 알게 된다. 즉 맹목적 불확정성(blind contingency)과 유도된 불확정성(directed contingency)이 그것이다. 맹목적 불확정성은 사건을 지배하는 지성이 없으며, 통상적으로 확률에 의해 규정된다. 이 맹목적 불확정성을 다른 말로 우연이라고 부른다. 반면, 유도된 불확정성은 사건을 지배하는 지성에 의해 발생되며, 이것의 다른 이름은 설계다.

아주 오래된 질문

필연, 우연, 설계를 앞과 같이 규정하는 것을 이론적인 접근이라고 볼 수는 없다. 다시 말해서 설계에 대한 정확한 과학적 이론을 세우기에는 적합하지 않다. 따라서 우리는 어떤 원칙에 입각해 이 개념들을 구별할 수 있는지 알아볼 필요가 있다. 철학자와 과학자들은 이 개념들을 어떻게 구별할 것인가에 대해서 뿐만 아니라, 그 개념들의 타당성 자체에 대해서조차 합의를 하지 못했다. 예를 들어 에피쿠로스학파는 우연을 가장 중요한 것으로 간주했고, 스토아학파는 필연과 설계를 강조한 반면, 우연은 거부했다. 중세에 와서 모세스 마이모니데스는 필연과 설계를 두고 이슬람 아리스토텔레스 해석가들과 논쟁을 벌였다. 마이모니데스의 표현을 빌리자면 이슬람 해석가들은 하늘을 "자연법칙의 필연적인 결과물"로 보았는데, 그들이 필연을 보는 곳에서 마이모니데스는 설계를 보았던 것이다.

마이모니데스는 『방황하는 자들을 위한 안내서』(Guide for the Perplexed)에서 설계를 주장하면서, 하늘에 별들이 불규칙적으로 분포해 있는 것에 주목했다. 그에게 이 불규칙성은 일종의 불확정성을 보여주었다. 하지만 이 불확정성이 우연의 결과였을까, 아니면 설계의 결과였을까? 마이모니데스나 이슬람 아리스토텔레스 해석가들 누구에게도, 에피쿠로스학파가 주장하는 우연에 대한 관점은 소용이 없었다. 그들에게 우연이란 결코 근본적이 될 수 없으며 기껏해야 무지의 다른 이름 정도였다. 따라서 그들의 질문은 어떤 원칙에 기초한 판별에 의해 필연과 설계를 구별해낼 수 있는가 하는 것이었다. 이 질문에 대해 마이모니데스는 자연에서 불확정성이 관찰된다는 사실에서 설계를 구별할 수 있다고 주장했다. 반면 이슬람 해석가들은 아리스토텔레스 철학을 신학으로부터 독립시켜 순수하게 지키고자 의도했기에, 필연과 설계를 구별할 수 없다고 주장했다.

현대의 종언

현대 과학 역시 필연, 우연, 설계를 어떻게 구별할 것인가에 대해 고심해왔다. 결정론적 물리 법칙이라고 할 수 있는 뉴턴 역학은 오로지 필연만을 허용하는 것처럼 보인다. 그러나 뉴턴은 『프린키피아』(Principia) 2판에 추가한 "일반 주해"(General Scholium)에서 태양계의 안정성은 보편적인 중력 법칙이 규칙적으로 작동함에 의해 이루어지는 것이기도 하지만, 그와 더불어 행성과 혜성들이 태양에 대해 최초부터 정확하게 배치됨으로써 가능해짐을 강조했다. 그는 이렇게 설명했다. "태양과 행성들과 혜성들은 중력의 단순한 법칙들을 따라서 그들의 궤도를 돌지만, 사실 그 법칙들로부터는 궤도에서의 최초의 위치를 스스로 잡을 수는 없다.…따라서 태양과 행성들과 혜성들의 가장 아름다운 시스템은 지적이며 전능한 존재의 권고와 통치가 없다면 진행될 수 없다." 마이모니데스와 마찬가지로 뉴턴은 필연과 설계를 합리적인 해석으로 보았지만, 우연에 대해서는 큰 관심을 두지 않았다.

뉴턴이 『프린키피아』를 출판한 것은 17세기였다. 그 후 19세기까지 필연은 여전히 안에, 우연은 밖에 있었지만, 한편으로 설계는 호소력을 점점 잃어갔다. 나폴레옹이 라플라스(Laplace)에게, 하나님이 그의 천체역학 방정식의 어디에 위치하는지를 물었을 때, 천문학자이자 수학자였던 라플라스는 "폐하, 저에게는 그런 가설이 필요하지 않습니다"라는 유명한 대답을 했다. 라플라스는 천체들을 정확하게 배치해놓은 주체로서 지적 설계가 아닌 성운(nebular) 가설을 제시했던 것이다. 이 가설은 태양계의 기원이 절대적으로 자연에 존재하는 중력들의 결과라고 설명했다.

라플라스의 시대 이후, 과학은 대부분 설계와는 무관하게 진행되었다. 두말할 나위 없이, 찰스 다윈은 생물학으로부터 설계를 배제하는 데 결정적인 역할을 했다. 이렇게 과학은 설계와 무관하게 진행됨과 동시에, 라플라스의 결정론적 우주관과도 무관하게 되었다[라플라스의 악마(Laplace's demon)를 상기하기 바란다. 라플라스는 우주의 모든 입자의 정확한 위치와 운동량을 알고 있는 존재가 있다면, 이 존재는 뉴턴의 역학법칙을 이용하여 과거, 현재의 모든 현상을 설명하고 미래까지 예언할 수 있다고 했는데, 현재에 대해 모든 것을 알고 그것을 통해 미래를 유추할 수 있는 그 존재를 후대 사람들은 악마라고 부른다]. 통계역학과 양자역학이 발달하면서 물리학에서 우연의 역할이 배제될 수 없는 것으로 간주되기 시작했다. 결과적으로, 결정론적이고 필연론적인 우주가 확률론적인 우주에 자리를 내주게 되었는데, 확률론적 우주에서는 우연과 필연 모두가 과학적 해석의 근본적인 형태로 간주되며, 상호 독립적이고 서로에게로 환원되지 않는다. 결론적으로, 이 시대 과학은 필연과 우연 간에는 원칙에 근거한 구별을 허용하지만, 설계는 받아들이지 않고 있다.

베이컨과 아리스토텔레스

그러나 과학이 설계를 받아들이지 않는 것은 타당한 일인가? 내가 『설계 추론』을 쓰면서 의도했던 것은 설계를 복원하는 것이었다. 나는 설계가 우연 및 필연과 마찬가지로, 적절하고도 근본적인 과학적 해석 중 하나라고 주장한다. 나의 목적은 설계를 복원하는 데 있으므로, 우선 왜 과학에서 설계가 제거되었는지를 살펴보는 것이 도움이 될 것이다. 사실 설계는 지금 우리가 과학이라고 부르는 자연철학 안에서 한때 전적으로 타당한 역할을 하고 있었다. 즉 설계는 아리스토텔레스가 제시한 형상인(formal cause, 그것이 무엇인가를 알려주는 원인—역자 주)과 목적인(final cause, 그것이 무엇을 위한 것인가를 알려주는 원인—역자 주)이었다. 하지만 현대 과학의 발흥과 함께 이 원인들은 오명을 쓰게 되었다.

어떻게 이런 일이 일어나게 되었는지는 프랜시스 베이컨(Francis Bacon)을 살펴보면 알 수 있다. 베이컨은 갈릴레오, 케플러 같은 과학자들과 동시대를 살면서 자신은 과학자는 아니었지만 과학에 대한 사상을 열렬히 선전한 철학자였다. 특히 그는 과학을 적절히 수행하는 데 관심을 두었으며 실험적 관찰, 실험 결과의 기록, 결과로부터의 추론 도출 등을 위한 구체적인 기준을 제시했다. 하지만 우리가 여기서 궁금한 것은 그가 아리스토텔레스의 4가지 원인을 어떻게 취급했는가 하는 점이다. 아리스토텔레스는 어떤 현상을 옳게 이해하기 위해서는 그 현상에 대한 4원인, 즉 질료인(material cause), 형상인(formal cause), 작용인(efficient cause), 목적인(final cause)을 이해해야 한다고 주장했다.

여기서는 아리스토텔레스의 네 원인에 대해 두 가지 점을 살펴보는 것이 적절할 것이다. 첫째, 아리스토텔레스는 네 가지 원인 모두에 동일한 비중을 두었고, 그것들 중 하나라도 빠진 탐구는 근본적으로 결함이 있다고 보았다. 둘째, 베이컨은 과학 안에 형상인과 목적인을 포함시키는 것을 단호하게 반대했다[베이컨의 『학문의 진보』(*Advancement of Learning*)를 보라]. 베이컨에게 형상인과 목적인은 형이상학에 속하지 과학에 포함될 수 없었다. 베이컨에 따르면, 과학은 질료인과 작용인에 국한되어야 하며, 그렇게 해야 과학과 형이상학을 융합시키려 할 때 불가피하게 초래되는 무의미로부터 벗어날 수 있다. 이것이 베이컨이 그토록 강력하게 주장했던 노선이었다.

오늘날에는 베이컨의 이 노선이 대세다. 예를 들어 노벨상을 수상한 생물학자 자크 모노는 『우연과 필연』[2]에서, 우연과 필연만으로도 우주의 모든 양상을 설명하기에 충분하다고 주장했다. 이제는 우연과 필연에 대해 어떤 설명을 덧붙인다 하더라도 그것은 기껏해야 아리스토텔레스의 형상인에 대한 환원적인 설명에 지나지 않으며, 아리스토텔레스의 목적인에 대해서는 말할 여지조차 남겨두지 않는다. 모노는 과학 안에서 목적을 언급하는 것에 대해서 노골적으로 부정하고 있는 것이다.

여기서 나는 아리스토텔레스의 원인 이론으로 되돌아가자고 주장하는 듯한 인상을 주고 싶지 않다. 아리스토텔레스의 이론에는 분명히 문제가 있고, 다른 것으로 대체되어야 할 필요가 있다. 내 관심은 무엇으로 그 이론을 대체할 것인가 하는 점이다. 이에 대해 베이컨은 과학적인 탐구를 질료인과 작용인에 국한함으로써 우연-필연과 어우러지게 했으며, 결국 과학으로부터 설계를 배제하는 그의 과학관이 대세를 이루게 되었다.

위대한 설계, 그 흔적들

설계 본능

여기서 일단 설계에 대한 선험적인 금지를 제쳐두고 생각해보자. 이렇게 할 경우, 어떤 것을 지적인 존재에 의해 설계되었다고 설명한다면 무엇이 문제가 되는가? 일상에서 일어나는 많은 일에 대해 우리는 설계의 개념으로 설명하고 있다. 뿐만 아니라 우리 일상 생활에서 우연과 설계를 구별하는 것은 절대적으로 중요하다. 예를 들어, 다음과 같은 질문에 답을 찾아야 할 때가 있다. 어떤 여자가 낭떠러지에서 떨어졌다면, 그녀는 그냥 떨어진 것인가 아니면 누군가가 그녀를 밀어서 떨어진 것인가? 또 다른 사람은 우연한 사고로 죽은 것인가 아니면 자살한 것인가? 이 노래는 독립적으로 창작된 것인가 아니면 표절된 것인가? 누군가는 주식 시장에서 우연히 행운을 잡은 것인가 아니면 부당한 내부 거래가 있었던 것인가?

이런 질문에 답을 구할 뿐만 아니라, 모든 산업의 영역에서도 우연과 설계를 구분하는 일이 충실하게 수행되고 있다. 몇 가지만 예를 든다면, 법의학, 지적 재산권법, 보험 청구 조사, 암호 작성과 해석, 난수 발생 등이 있다. 과학은 우연과 설계를 구별함으로써 자체의 정직성을 지켜나가야 한다. 1998년 1월호 「사이언스」(Science)는,[3] 과학에서의 표절과 데이터 조작이 우리가 인정할만한 수준보다 훨씬 더 일반화되어 있음을 보여주었다. 이런 잘못을 저지하려면 그것을 탐지해내는 우리 능력이 요구된다.

이렇게 과학의 영역 밖에서 설계가 얼마든지 탐지될 수 있다면, 그리고 그 탐지 가능성이 과학자들을 정직하게 만드는 주된 요인 중 하나라면, 왜 설계는 과학의 실제적인 내용으로부터 차단되어야 하는가? 여기가 바로 우리가 우려하는 바다. 즉, 우리가 인간의 인위적 산물이라는 좁은 영역을 떠나 과학적 탐구라는 무한의 영역으로 들어갔을 때, 설계와 비설계 간의 신뢰할만한 구별은 불가능해진다. 예를 들어, 다윈이『종의 기원』마지막 장에서 언급한 내용을 생각해보자.

> 최근에 여러 저명한 박물학자들은 각각의 속(genus)에 속한다고 알려진 다수의
> 종(species)이 진정한 종이 아니며, 오히려 다른 종이 진정한 종이라는 사실, 즉
> 그것들이 독립적으로 창조된 것들이라는 믿음을 발표했다.…그럼에도 그들은
> 어떤 것이 창조된 형태의 생물인지, 어떤 것이 이차적 법칙에 의해 만들어진 것
> 인지를 정의할 수 있다거나 혹은 추측할 수 있다고 주장하지 않는다. 그들은 두
> 경우가 어떻게 다른지 구분하지 않은 채, 어떤 경우에는 변이를 진짜 원인(vera
> causa)으로 인정하면서도, 다른 경우에는 제멋대로 부정하고 있다.[4]

다윈의 언급은 무엇인가를 설계(다윈의 글에서는 창조라고 되어 있다)의 결과
로 잘못 이해하는 것에 대한 염려를 보여주는데, 나중에는 오히려 이 염려
로 인해 설계가 과학 안으로 들어오는 것을 막는 결과를 초래했다.

그러나 이 염려는 과거에는 이해할 수 있었는지 몰라도 지금은 더 이상
정당화될 수 없다. 사실 이제는 지적인 원인에 의한 사물과 그렇지 않은 사
물을 구별할 수 있는 엄격한 기준이 분명히 존재한다. 비록 아직 이론화되
지는 않았지만, 많은 특수한 과학 분야에서 이미 이 기준은 사용되고 있다
(예를 들어 법의학, 인공지능, 암호 작성과 해독, 고고학 및 외계 지능 탐사 등). 『설계 추
론』에서 나는 이 기준이 무엇인지 설명하고 그 상세한 내용을 소개했다. 나
는 이것을 복잡성–특정성 기준(complexity-specification criterion)이라 부른다.
어떤 지적인 존재가 활동할 때, 그 행위의 특정 징표 또는 특징적 표시가 뒤
에 남게 되는데, 이것을 나는 특정화된 복잡성(specified complexity)이라 부른
다. 복잡성–특정성 기준은 설계된 사물에 대한 이 징표를 확인함으로써 설
계를 감지해낸다.

위대한 설계, 그 흔적들

복잡성-특정성 기준

복잡성-특정성 기준에 대한 자세한 설명과 정당화는 전문적인 내용으로서 『설계 추론』에서 찾아볼 수 있는데, 기본적인 아이디어는 간단하며 쉽게 설명될 수 있다. 영화 "컨택트"에서 전파 천문학자들이 어떻게 외계 지능을 탐지했는지를 생각해보자. 칼 세이건이 쓴 소설에 기초한 이 영화는 외계 지능 탐사 연구(SETI) 프로그램을 대중에게 알리는 재미있는 작품이었다. 영화의 재미를 더하기 위해 이 영화에서는 외계 지능 탐사 연구원들이 실제로 외계 지능을 발견한 것으로 설정했다(실제의 SETI 프로그램은 아직 그렇게 운이 좋지 않다).

그러면 이 영화에서 SETI 연구원들은 외계 지능을 발견했다고 어떻게 확신했을까? 연구원들은 외계 지능을 발견할 수 있는 확률을 높이기 위해 외계 공간으로부터 오는 수백만 가지의 전파 신호를 관측한다. 우주 공간에 있는 많은 자연 물체는 전파를 발생시킨다[예를 들어 펄서(pulsar, 주기적으로 빠른 전파나 방사선을 방출하는 천체─역자 주)가 그렇다]. 이렇게 자연적으로 발생되는 모든 전파 신호 중에서 설계의 흔적을 찾는 것은 마치 건초더미에서 바늘을 찾아내는 것과 같다. 건초더미를 샅샅이 뒤지기 위해, SETI 연구원들은 동일한 패턴을 찾아내는 프로그램이 설치된 컴퓨터를 통해 신호들을 탐색한다. 어떤 신호가 미리 입력된 패턴들과 일치하지 않을 경우, 그 신호는 패턴을 맞추는 프로그램에 걸려들지 않고 통과한다(만일 그 신호에 지적인 원인이 포함되어 있더라도 그러하다). 반면에, 어떤 신호가 미리 입력된 신호 패턴과 맞다면, 맞는 패턴이 어떤 것인지에 따라 SETI 연구원들은 그 성과를 자축하게 될 것이다.

영화 "컨택트"에서 SETI 연구원들은 다음과 같은 신호를 찾았고, 이것은 자축할만한 일이었다.

1101110111110111111101111111111101111111111111111111111111111111
01111111111111111111011111111111111111111111111111111111111111111
11111111111111111111111111111111111111111011111111111111111111111
11111111111111110111111111111111111111111111111111111111110111
11111111111111111111111111111111111111110111111111111111111111
11111111111111111111110111111111111111111111111111111111111111
11111111111111101111111111111111111111111111111111111111111111
11111111111110111111111111111111111111111111111111111111111111
11111111111111110111111111111111111111111111111111111111111111
11111111111111111110111111111111111111111111111111111111111111
11111111111111111111111111101111111111111111111111111111111111
11111111111111111111111111111111111111111111111111111011111
11111111111111111111111111111111111111111111111111111111111111
11111111111110111111111111111111111111111111111111111111111111
11111111111111111111111111111111111111110111111111111111111111
11111111111111111111111111111111111111111111111111111111111111
11111111111110111111111111111111111111111111111111111111111111
1111111111111111111111111111111111111111111111111111111111

SETI 연구원들은 1,126개의 펄스(beat)와 휴지(pause)의 서열로 신호를 받았는데, 여기서 1은 펄스를, 0은 휴지를 의미한다. 이 연속된 신호는 2에서 101까지의 소수(prime number)를 나타내는데, 특정 소수는 해당되는 펄스(즉 1들)의 수로 표현되어 있고 각각의 소수는 휴지(즉 0)로 구분되어 있다. SETI 연구원들은 이 신호가 외계 지능을 결정적으로 확신시키는 증거가 된다고 보았다.

이 신호의 무엇이 설계의 증거를 보여주는가? 우리가 설계를 추론할 수

위대한 설계, 그 흔적들

있으려면 다음 세 가지, 즉 불확정성(contingency), 복잡성(complexity), 특정성(specification)을 확증해야 한다. 불확정성이란, 문제의 사물이 자연 발생적인 결과가 아님을, 다시 말해서 다른 선택의 여지가 없는 비지성적 과정의 산물이 아님을 보여주는 것이다. 복잡성이란, 그 사물이 우연에 의해 얼마든지 설명될 수 있을 정도로 단순한 것이 아님을 보여주는 것이다. 마지막으로 특정성이란, 그 사물이 지성의 특징적인 패턴을 보여주는 것이다. 이제이 세 가지 요구 조건에 대해 좀더 자세히 살펴보도록 하자.

» 불확정성

실제로 어떤 사물, 사건, 구조 등의 불확정성을 입증하기 위해서는, 그것 자체와 그것의 생성에 관여된 규칙성(regularity)들이 조화를 이루고 있으면서도, 그 규칙성이 다른 여러 가지 대안을 허용할 수 있음을 보여주어야 한다. 통상 이런 규칙성들은 자연법칙 또는 알고리즘으로 이해되고 있다. 어떤 사물, 사건, 구조는, 그 생성에 관여하는 규칙성들과 조화를 이루는 것이지, 그 규칙성들에 의해 반드시 나와야 하는 것은 아니기 때문에, 그것은 기초가 되는 물리적 필연으로 환원되지 않는다. 마이클 폴라니와 티모시 르누아르(Timothy Lenoir)는 이런 불확정성을 입증하는 방법에 대해 다음과 같이 설명했다. 예를 들어 스크래블 판 위에서 스크래블 조각의 위치는 조각의 운동을 지배하는 자연법칙의 문제로 축소(환원)되지 않는다. 종이 위에 인쇄된 잉크의 배열 형태는 종이와 잉크의 물리적·화학적 원리의 문제로 축소되지 않는다. DNA 염기의 서열은 염기들 간의 결합 친화력의 문제로 축소되지 않는다. 이렇게 이 방법은 매우 일반적으로 적용된다. 앞에서 다룬 경우를 보자면, 소수의 서열을 만들어내는 0과 1의 배열은 전파 신호의 전달을 지배하는 물리학 법칙의 문제로 환원되지 않는다. 따라서 우리는 이 서열을 불확정적이라고 간주할 수 있다.

» 복잡성

다음으로는 설계를 추론함에 있어 왜 복잡성이 중요한지 보기 위해, 다음의
비트 서열을 생각해보자.

$$110111011111$$

이 서열은 앞선 서열 중 처음 12비트로 된 것으로서, 소수 2, 3, 5를 나타
내고 있다. 하지만 확실한 것은, 어떤 SETI 연구원도 이 12비트의 서열을 발
견했다고 해서 「뉴욕타임즈」의 과학 기사 편집자를 만나거나 기자 회견을
열거나 외계 지능을 발견했다고 발표하지는 않으리라는 사실이다. 이 서열
로 인해 "외계인들은 처음 세 개의 소수를 잘 알고 있다!"라고 머리기사의
표제를 달 일은 없다.

문제는, 외계 지능이 소수들을 잘 알아서 이 신호를 만들어낸 것이라고
확증하기에는 이 서열이 너무 짧다(즉 너무 단순하다). 무작위로 펄스를 주는
전파원이라도 우연히 이런 서열을 만들어낼 수 있다. 그러나 2부터 101까지
의 소수를 나타내는 1,126비트로 된 서열의 경우에는 이야기가 다르다. 이
서열은 충분하게 길기 때문에(즉 충분하게 복잡하므로) 어떤 외계 지능이 만들
어낸 것이라고 볼 수 있다.

여기서 설명하고자 하는 복잡성이라는 것은 일종의 확률이라 할 수 있
다(이 글의 후반부에서 설계 추론의 논리에 대해 설명하고자 하는데 그때는 복잡성에 대
한 좀더 일반적인 개념이 필요할 것이다. 하지만 지금으로서는 복잡성이 확률의 한 형태라
는 것만으로 충분하다). 복잡성과 확률이 서로 연결되어 있음을 보여주는 한 예
로, 숫자 조합 자물쇠를 생각해보자. 자물쇠의 숫자 조합이 많으면 많을수
록 메커니즘은 좀더 복잡해지고 결과적으로 자물쇠가 우연히 열릴 수 있는
가능성은 더욱 낮아진다. 그러므로 복잡성과 확률은 반대로 움직인다. 즉

복잡성이 커질수록 확률은 낮아진다. 따라서 무엇인가가 설계 추론을 보증할 수 있을 만큼 충분하게 복잡한가를 결정하는 것은, 그것이 충분하게 낮은 확률을 가지는가를 결정하는 것과 같다.

그렇더라도 복잡성(혹은 우연히 일어나지 않을 확률)만으로는 우연을 배제하고 설계를 입증할 수 있을 만큼 충분치는 않다. 만일 내가 동전 던지기를 1,000번 시도한다면 그것은 고도로 복잡한(즉, 그야말로 우연히 일어날 수 없는) 사건이 될 것이다. 실제로, 내가 동전을 던져 만든 서열은 1조 × 1조 × 1조⋯(이 생략부호는 1조가 22번 반복된다는 의미다) 가지 서열 중 하나가 될 것이다. 하지만 이 동전 던지기 서열을 가지고 설계 추론을 유추해낼 수는 없다. 왜냐하면 이 서열은 복잡하기는 하지만 적합한 패턴을 보여주지 않기 때문이다. 이 서열과, 앞서의 2에서 101까지의 소수를 나타내는 서열을 비교해 보라. 소수를 나타내는 서열은 복잡하면서도 적합한 패턴을 가지고 있다는 점에서 다르다. 영화 "컨택트"에서 SETI 연구원들은 이 서열을 발견하고서 이렇게 말한다. "이것은 노이즈가 아니다. 이것은 구조를 가지고 있다."

» 특정성

그렇다면 설계를 추론하기에 적합한 패턴이란 어떤 것일까? 아무 패턴이나 다 적합한 것은 아니다. 어떤 패턴들은 설계 추론에 타당하게 사용될 수 있지만 다른 것들은 그렇지 못하다. 그런데 설계되었음을 보여줄 수 있는 패턴과 그렇지 않은 패턴은 직관적으로 쉽게 구별해낼 수 있다. 예를 들어 활쏘는 궁수를 생각해보자. 어떤 궁수가 활과 화살을 들고 넓은 벽으로부터 50미터 떨어진 곳에 서 있다. 그 벽은 워낙 넓어서 궁수가 화살로 맞출 수밖에 없다. 그런데 궁수가 화살을 쏠 때마다 마치 명중시킨 것처럼 벽에 박힌 화살의 주위에 과녁을 그려 넣는다고 생각해보자. 이 시나리오에서 우리가 얻어낼 수 있는 결론이 무엇인가? 궁수의 활쏘기 실력에 대해 알 수 있는 것은 아무것도 없다. 그렇다. 패턴은 맞아들었지만, 그것은 화살이 쏘아진 후에 만들어진 것이다. 따라서 이 경우 패턴은 순전히 임기응변적이다.

그러나 이번에는 궁수가 벽에 고정된 과녁을 그려 넣고 그 후에 활을 쏘았다고 가정해보자. 궁수는 100개의 화살을 쏘았는데 그것들이 모두 명중했다고 하자. 이 두 번째 시나리오에서 우리는 어떤 결론을 얻을 수 있는가? 당연히 그가 세계적 수준의 궁수라는 추론을 내릴 수밖에 없다. 궁수가 쏜 화살은 결코 운이 좋아서 명중한 것이라고 말할 수 없으며, 당연히 궁수의 기술과 숙달됨으로 인해서라고 추론해야 한다. 기술과 숙달된 실력은 설계의 실례임은 두말할 나위가 없다.

이 궁수의 예는 설계를 추론함에 있어 필수적인 세 가지 요소를 보여준다.

1. 가능한 사건들을 참조할 수 있는 집합(벽 위의 특정화되지 않은 위치를 맞춘 화살)
2. 그 참조 집합을 제한하는 패턴(벽 위에 그려진 고정된 과녁)
3. 발생된 정확한 사건(벽 위의 정확한 위치를 맞춘 화살)

설계 추론에서는 이 참조 집합, 패턴, 사건이 서로 연결되는데, 즉 패턴은 사건과 참조 집합을 연관지음으로써 이 사건이 우연에 의한 것인지 설계에 의한 것인지를 결정할 수 있게 해준다. 다만 어떤 사건이 설계를 입증할 만큼 우연히 일어날 확률이 충분히 낮은지, 즉 충분히 복잡한지를 결정하면서, 우연히 일어나지 않을 확률이 발생한 사건 자체에 대한 것이 아니라 과녁/패턴에 대한 것을 보는 것이 적절하다. 실제로 과녁이 크면 클수록 우연히 그것을 맞추기 쉬워지며 따라서 설계와는 무관해짐을 알 수 있다.

궁수가 먼저 과녁을 고정해놓고 그 후에 화살을 쏘는 그런 패턴의 유형

위대한 설계, 그 흔적들

은 통계학에서 흔히 사용된다. 즉 통계학에서 실험 이전에 우선 기각역(棄却域, rejection region)을 설정하는 것이 이에 해당된다. 통계학에서는 실험의 결과가 기각역 안에 들어오면 그 결과가 우연히 나온 것이라는 우연 가설을 기각한다. 실험 전에 기각역을 설정하는 이유는 통계학자들이 소위 "데이터 스누핑"(data snooping) 또는 "체리 피킹"(cherry picking)이라고 부르는 데이터 사용오류를 미연에 방지하기 위함이다. 사실 우리가 면밀히 살펴보면 어떤 데이터 집단이라 할지라도, 이상하고 우연히 일어나지 않을 것 같은 패턴을 포함하고 있다. 그렇기 때문에 통계학자들은 실험자에게 실험하기 전에 우선 기각역을 설정함으로써, 우연에 의해서도 일어날 수 있는 가짜 패턴으로부터 그 실험을 보호한다.

그런데 여기서 잘 생각해보면, 우연을 배제하고 설계를 입증해내기 위해 사건 이전에 어떤 패턴이 먼저 주어질 필요는 없다는 것이 명확해진다. 다음과 같은 암호문을 생각해 보자.

nfuijolt ju jt mjlf b xfbtfm

언뜻 보면 이것은 그저 문자와 빈칸을 무작위로 나열한 서열처럼 보인다. 즉 이것은 우연이 아니라 설계라고 추론할만한 어떤 패턴도 나타내지 않는다.

그러나 누군가가 이 서열을 시저 암호(Caesar cipher)라고 말해주었다고 생각해보자. 즉 각각의 철자를, 알파벳 순서로 하나씩 뒤에 있는 철자로 읽으라고 말이다. 이렇게 읽으면 앞의 암호는 다음과 같이 풀린다.

methinks it is like a weasel

비록 패턴(여기서는 해독된 문장)이 사실 이후에 주어졌다 하더라도, 그것은 여전히 우연을 배제하고 설계를 추론할 수 있는 패턴이라 할 수 있다. 항상 실험이 수행되기 전에 패턴을 정하는 통계학과는 달리, 암호 해독의 경우에는 사실이 주어지고 난 이후에 패턴을 발견해야 한다. 하지만 이 두 가지 경우 모두 설계를 추론하기에 적합한 패턴이다.

따라서 패턴은 두 가지 유형으로 나눌 수 있다. 하나는 복잡성이 존재하는 상태에서 설계 추론을 보증하는 유형이고, 다른 하나는 복잡성이 존재함에도 불구하고 설계 추론을 보증하지 못하는 유형이다. 첫 번째 유형의 패턴을 나는 특정성(specification)이라 부르고, 두 번째 유형의 패턴은 위조(fabrication)라고 부르겠다. 특정성이란 우연을 배제하고 설계 추론을 보증하기 위해 적절하게 사용될 수 있는 임기응변적이지 않은 패턴이다. 반대로 위조는 설계 추론을 보증하기 위해 적절하게 사용될 수 없는 임기응변적 패턴이다.

지금까지 설명한 내용을 요약하면, 복잡성-특정성의 기준은 불확정성, 복잡성, 특정성의 세 가지를 입증함으로써 설계를 탐지해낼 수 있다. 우리가 어떤 사건이나 사물이나 구조를 설명해야 한다면, 그것이 필연, 우연, 설계 중 어느 패턴으로부터 나온 것인가라는 질문에 답해야 한다. 복잡성-특정성 기준에 따르면, 이 질문에 답하는 것은 다음 세 가지 단순한 질문에 답하는 것이라 할 수 있다. 그것은 불확정적인가? 그것은 복잡한가? 그것은 특정화되어 있는가? 결과적으로 복잡성-특정성 기준은 세 군데의 판단 분기점을 가지는 순서도로 표현될 수 있겠다. 이 순서도를 나는 "설명 여과 장치"(Explanatory Filter)라고 부르겠다.

위대한 설계, 그 흔적들

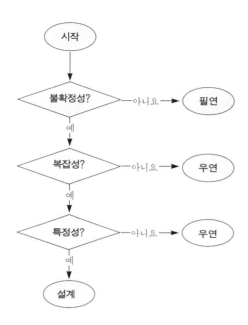

독립적인 패턴들은 분리가 가능하다

어떤 패턴이 특정적이라고 판정되기 위해서는, 언제 그것이 확인되었느냐가 아니라 그것이 설명하는 사건이 독립적인지 그렇지 않은지가 중요하다. 이미 벽에 꽂혀 있는 화살의 주변에 과녁을 그려 넣는 것은 화살의 궤적으로부터 독립적이라 할 수 없다. 결과적으로, 이런 과녁/패턴은 화살의 궤적을 설계의 결과라고 판정하는 데 사용될 수 없다. 특정적이라고 판정되는 패턴들은 설계된 것인지를 알아보려고 하는 사건에서 쉽게 읽어낼 수 없다. 오히려 패턴이 특정적이라고 판정되기 위해서 그 패턴은 사건으로부터 적절하게 독립적이어야 한다. 나는 이런 독립성의 관계를 분리가능성(detachability)이라고 부르는데, 어떤 패턴이 이 관계를 만족할 때라야 분리가능하다고 말할 수 있겠다.

즉, 분리가능성을 이해하려면 다음의 질문을 해볼 수 있다. 설계되었는지를 알아보려고 하는 사건과 그 사건을 설명하는 패턴이 주어졌을 때, 우리가 어떤 사건이 일어났는지 알지 못한다 하더라도 그 패턴을 구성할 수 있을까? 예를 들어 어떤 사건이 일어났는데 그 사건을 설명하는 패턴이 주어졌다고 하자. 그 사건은 일어날 수 있는 사건들의 범위 안에 있는 것 중의 하나다. 일어날 가능성이 있는 사건들의 범위는 알되, 어떤 사건이 실제로 일어날지에 대한 세부적인 것까지는 알지 못할 때, 우리는 여전히 그 사건을 설명하는 패턴을 구성할 수 있는가? 만일 그렇다면 그 패턴은 그 사건으로부터 분리가능하다.

동전 던지기 트릭

무엇이 정말 중요한 것인지 살펴보기 위해서 다음과 같은 예를 생각해보자 (사실 이 예가 나로 하여금, 보편적으로 무엇이 어떤 패턴을 특정화된 패턴으로 바꾸어주는지를 최종적으로 분명하게 알게 해주었다). 다음 사건 E는 동전을 100회 던져 앞면과 뒷면이 나오는 것을 기록한 것이다.

뒤앞뒤뒤뒤앞앞앞앞뒤뒤뒤뒤앞뒤앞뒤뒤앞앞앞뒤뒤앞뒤앞앞앞뒤앞
앞뒤뒤뒤뒤뒤뒤앞뒤뒤앞뒤뒤앞앞뒤뒤뒤뒤앞뒤앞뒤앞앞뒤뒤앞
앞뒤뒤뒤앞뒤뒤앞뒤앞뒤앞뒤앞앞앞뒤뒤앞뒤앞앞앞뒤앞앞앞
앞뒤뒤   E

사건 E는 우연의 결과인가 그렇지 않은가? 통계학 개론 수업에서 통계학 교수들이 많이 쓰는 트릭은, 학생들을 두 그룹으로 나누고 그중 한 그룹에서는 동전을 100회씩 던지게 한 후 앞뒤의 서열을 종이 위에 적게 한다.

나머지 한 그룹은 각자 마음속으로 마치 동전을 100회 던지는 것을 모방하여 "무작위로 보이는" 서열을 상상하게 하고 종이 위에 적게 한다. 학생들이 각자의 서열이 적힌 결과지들을 제출했을 때, 교수는 그 결과지들을 실제 동전을 던져 얻은 것과 머릿속에서 상상으로 만들어낸 것 두 가지로 분류한다. 그런데 놀랍게도 통계학 교수는 결과지들을 100퍼센트 정확하게 분류해낸다.

이것은 기이한 일이 아니다. 교수는 진짜 무작위적인 서열과 가짜로 무작위적인 서열을 구별해내기 위해 그 서열 중에 앞면이나 뒷면이 6회 또는 7회 정도 반복되는 곳이 있는지를 단순하게 찾았을 뿐이다. 동전을 100회 던졌을 때 그 정도의 반복이 일어날 확률이 높기 때문이다. 반면 상상으로 만들어낸 가짜의 무작위적 서열에는 앞뒷면을 너무 자주 바꾸려는 경향이 있다. 실제로 동전을 던져서 얻은 무작위 서열에서는 한 번 던진 결과가 그 전의 결과와 다르게 나올 확률이 50퍼센트임에 반해, 인간 심리학적 관점에서 보면 사람의 심리는 그 전과 다르게 바꿀 확률이 70퍼센트에 달한다.

그렇다면 이 통계학 교수는 사건 E에 대해 어떤 결정을 내리게 될까? 사건 E를 우연의 결과로 판정할까, 아니면 우연을 흉내 낸 사람이 상상한 결과로 판정할까? 교수의 무작위성을 판정하는 기준에 따른다면, 사건 E는 서열 중에 뒷면이 7회 반복되는 서열이 있기 때문에 진짜 무작위 서열로 판정될 것이다. 언뜻 보기에는 모든 것이 사건 E를 진짜 무작위 서열이라고 판별하게 한다. 사건 E의 서열에는 앞면과 뒷면이 바뀌는 것이 정확하게 50회 나타나는데, 이는 사람이 심리적으로 우연을 흉내 내었을 때 얻어지는 70회 바뀌는 것과는 큰 차이가 있다. 이뿐만이 아니다. 앞면과 뒷면이 나오는 상대적인 빈도수도 그러하다. 사건 E의 서열을 보면 앞면이 49회, 뒷면이 51회 나온다. 즉, 사건 E를 만들어낸 동전이 어느 한 면을 다른 한 면보다 더 유리하게 많이 보여준다고 볼 수 없다.

그렇다면 정말 우연일까?

그러나 이런 상황을 가정해보자. 앞에서 소개한 통계학 교수가 결과지들을 보면서, 이것이 통계학을 처음 접하는 학생들이 아니라, 자기를 속이려고 하는 동료 통계학자의 결과지가 아닐까 의심하고 있다. 문제를 좀더 조직화하고 신중하게 분석하기 위해서 컴퓨터에 그 서열을 입력하려고 해보니, 동전 앞면을 1로, 뒷면을 0으로 표시하여 동전 던지기 결과를 0과 1의 서열로 표시하는 것이 더 편리하다는 것을 알게 되었다. 이렇게 하니 사건 E는 다음의 패턴 D와 같이 나타낼 수 있게 되었다.

01000110110000010100111001011101110000000010010
00110100010101100111100010011010101111001101 11
10111100   D

그런데 이제 D를 보면, 무작위적으로 만들어진 서열이 아님을 알 수 있다. 그렇다면 사건 E가 패턴 D와 일치한다는 단순한 사실 때문에, 사건 E가 우연히 일어난 일이 아니라고 생각할 수는 없다. 패턴 D는 단순하게 사건 E를 다른 방식으로 기록한 것뿐이다.

그러나 패턴 D는 반드시 사건 E를 그대로 기록해야만 나오는 패턴이 아니다. 실제로 D는 E에 의하지 않고서도 만들어질 수 있는 패턴이다. 이를 확인하기 위해 D를 다음과 같이 써보자.

0
1
00

01

10

11

000

001

010

011

100

101

110

111

0000

0001

0010

0011

0100

0101

0110

0111

1000

1001

1010

1011

1100

1101

1110

1111

00   D

D를 앞과 같이 보면, 이진법을 조금이라도 배운 사람이라면 D는 단순히 이진수들을 커져가는 순서대로 적어 내려간 것인데, 한 자리 이진수(즉 0과 1)에서 시작하여 두 자리 이진수로 이어지고(즉 00, 01, 10, 11), 이런 식으로 계속되어 전체 100자리가 될 때까지 이어지고 있음을 쉽게 알아차리게 될 것이다. 그러므로 패턴 D는 진짜 무작위적인 사건(즉, 동전을 던져서 얻어진 사건)이 아니라 오히려 이진법을 조금 사용해서 만들어낸, 무작위적으로 보이지만 무작위적이지 않은 사건임이 명백하게 드러나게 된다.

측면 정보의 역할

이제 우연이라는 설명으로 사건 E를 해석하는 것이 적절치 않은 이유가 분명해졌지만, 왜 우연이라는 설명의 형태가 여기서 실패했는지를 좀더 구체적으로 살펴볼 필요가 있다. 우리는 우연으로 일어났다고 가정된 사건 E, 즉 동전을 100회 던져서 얻어진 결과일 것이라고 가정된 사건에서 시작했다. 앞면과 뒷면은 각각 확률이 1/2이고, 동전을 던질 때마다 이 확률은 곱해지기 때문에 E의 확률은 2^{-100} 또는 약 10^{-30}이 된다.

이와 더불어 우리는 사건 E가 따르고 있는 패턴 D를 구성했다. D는 단순히 E를 다른 방식으로 기록하여 구성된 것이기 때문에, 처음에는 패턴 D를 이용해 사건 E를 설명함에 있어 우연을 배제하기에는 충분치 않았다. 그런데 우연을 배제하려면 우리가 추가적으로 알아야 할 것이 있었는데, 이진수들을 이용해 약간의 간단한 연산을 하면 패턴 D가 손쉽게 구성될 수 있다는 점이다. 즉 우연을 배제하려면 추가적인 측면 정보(side information)를 이용해야 한다. 사건 E의 경우에서 측면 정보는 이진법에 대한 우리의 지식이다. 이 측면 정보로 인해 패턴 D가 사건 E로부터 분리될 수 있었고, 결과적으로 D의 특정성을 확인할 수 있었다.

측면 정보가 어떤 패턴을 사건으로부터 분리시키려면 두 가지 조건, 즉 조건부 독립성(conditional independence)과 적용 가능성(tractability)을 만족시켜야 한다. 첫째, 조건부 독립성이란 측면 정보가 사건 E로부터 조건부로 독립적이어야 한다는 것이다. 조건부 독립성은 확률 이론에서 잘 정의된 개념으로서, 측면 정보가 고려되더라도 사건 E의 확률이 변하지 않음을 의미한다. 조건부 독립성은 인식적 독립성을 분석해내는 표준적 확률론 방법이라 할 수 있다. 어떤 사실에 대한 지식(우리의 예에서는 측면 정보)이 다른 사실에 대한 지식(우리의 예에서는 사건 E의 발생)에 아무런 영향을 미치지 못한다면, 두 사실은 인식적으로 독립적이 된다. 사건 E의 예에서는 이진법에 대한 우리의 지식이 동전 던지기의 확률에 영향을 미치지 못하기 때문에 바로 이 경우에 해당된다.

두 번째 적용 가능성 조건은 측면 정보가 사건 E가 따르는 패턴 D를 구성해주어야 한다는 조건이다. 이것 역시 명백하게 우리의 예에 해당된다. 이진법에 대한 우리의 지식이 이진수들을 커지는 순서로 배열시켜주고 그 결과 패턴 D를 구성해주기 때문이다.

그렇다면 측면 정보에 근거해 패턴을 구성할 수 있게 하는 능력이 정확하게 무엇을 의미하는가? 아마 철학에서 가장 파악하기 어려운 단어라면 "할 수 있다", "가능하다", "할 수 있게 한다" 등일 것이다. 사건과 측면 정보 사이의 인식적 독립성을 규정하는 정확한 이론—즉, 확률 이론—이 있는 것처럼, 다행스럽게도 측면 정보를 근거로 패턴을 구성하는 능력을 규정하는 정확한 이론도 역시 존재하는데, 바로 이것이 복잡성 이론(complexity theory)이다.

복잡성 이론

복잡성 이론은 단순히 확률의 한 형태로서가 아니라 상당히 일반적으로 사용되고 있는 이론으로서, 어떤 과제를 성취하기 위한 자원이 주어진 상황에서 그 과제의 난이도를 평가해준다. 만일 계산을 이용해서 복잡성 이론을 개략적으로 적용한다면, 과제들은 난이도에 따라 순서가 매겨지고 이어서 어느 과제가 충분히 실행 가능하고 적용 가능한지를 결정해줄 것이다. 예를 들어, 현재의 주어진 기술을 가지고 사람을 달에 보내는 것은 적용 가능하지만 사람을 가장 가까운 은하계로 보내는 것은 적용 가능하지 않다.

　적용 가능성 조건에서, 성취되어야 할 과제는 하나의 패턴을 구성하는 것이며 그 과제를 성취하기 위한 자원들은 측면 정보가 된다. 따라서 적용 가능성 조건이 만족되기 위해서는 문제의 패턴을 구성함에 있어서 필요한 자원들이 측면 정보로부터 주어져야 한다. 이 모든 것이 복잡성 이론을 정확하게 공식화할 수 있음을 보여주며 내가 "측면 정보에 기초하여 패턴을 구성하는 능력"이라고 부르는 것을 명확하게 해준다.

　적용 가능성 조건과 조건부 독립성 조건을 연결시켜 의미를 설명한다면, 측면 정보는 어떤 사건이 따르는 패턴을 구성할 수 있도록 해주지만 실제 사건에 의지하지는 않는다. 이것이 아주 중요한 점이다. 측면 정보는 그 사건에 대해 조건부이고 인식적으로 독립적이므로 그 측면 정보로부터 구성된 어떤 패턴도 사건에 의지하지 않고 얻어질 수 있다는 것이다. 그러므로 측면 정보로부터 구성된 어떤 패턴도 즉흥적으로 나온 것이라는 비난을 받지 않아도 된다. 그렇다면 그것은 분리 가능한 패턴이다. 그것이 바로 특정성인 것이다.

선택의 문제

복잡성-특정성 기준은 설계를 탐지하기 위한 정확한 도구다. 그 이유를 알기 위해서 우리는 우선 무엇이 지적인 행위자를 탐지하도록 만드는가를 이해할 필요가 있다. 지적인 행위의 주된 특징은 선택이다. "지적"(intelligent)이라는 단어의 어원도 이런 점을 분명히 해준다. "지적"이라는 말은 두 가지의 라틴어, 즉 "~의 사이"를 의미하는 전치사 "인테르"(inter)와 "고르다" 또는 "선택하다"라는 뜻의 동사 "레고"(lego)가 붙어서 이루어진 단어다. 그러므로 어원에 따른다면 지성(intelligence)은 "~의 사이에서 선택하는 것"이라는 뜻이 된다. 따라서 지적인 행위자가 활동을 한다는 것은 경쟁하는 다양한 가능성 중에 선택함을 의미한다.

　이것은 단지 사람뿐만 아니라 동물은 물론, 외계 지능에게도 마찬가지다. 미로에서 길을 찾고 있는 쥐는 미로의 여러 곳에서 오른쪽으로 갈지 왼쪽으로 갈지를 선택해야 한다. SETI 연구원들이 외계로부터 수신된 전파로부터 지능을 발견해내려고 할 때, 그들은 어떤 외계 지능이 여러 가지 가능한 송신 전파들 중에 선택했을 것이라고 가정하고 수신된 전파를 다른 것들과는 구별되는 특정한 패턴에 맞춰보려고 시도한다. 사람이 어떤 의미를 가진 말을 하고 있을 때마다, 가능한 음성의 다양한 조합으로부터 선택이 이루어지는 것이다. 지적 행위라는 것은 언제나 특정한 것을 선택하고 다른 것은 배제함으로써 구분을 해나간다.

지능을 식별하기

지적 행위에 이런 특징이 있다면, 이제 중요한 질문은 그 지적인 행위를 어떻게 식별해낼 수 있는가 하는 것이다. 지적 행위자의 활동이란 선택함을 의미한다. 그렇다면 우리는 지적 행위자가 선택했다는 것을 어떻게 식별할 수 있을까? 잉크 한 병이 실수로 종이 위에 엎질러진다. 또는 누군가가 만년 필로 종이 위에 어떤 메시지를 쓴다. 두 가지 경우 모두 종이에 잉크가 흔적을 남겼다. 두 가지 경우 모두에서 거의 무한대인 가능성의 조합 중 하나가 실제화된 것이다. 두 가지 경우 모두에서 하나의 불확정성이 실현되었고 다른 것들은 배제되었다. 하지만 우리는 그 둘 중 한 가지를 지적 행위로 판단하고 다른 것은 우연으로 판단한다.

이 예와 관련된 차이점이란 무엇인가? 우리는 어떤 불확정성이 실현되었음을 관찰할 뿐만 아니라 그 불확정성을 특정화할 수도 있어야 한다. 그 불확정성은 독립적으로 주어진 패턴을 따라야 하고 아울러 우리는 그 패턴을 독립적으로 구성할 수 있어야 한다. 무작위적인 잉크 자국은 특정화되지 않은 것이다. 그러나 종이 위에 잉크로 쓰인 메시지는 특정화된 것이다. 정확하게 기록된 메시지라고 해서 반드시 특정화된 것은 아니다. 그럼에도 철자법, 구문론, 의미론적 제약들이 그것을 특정화할 것이다.

우리가 어떻게 지적 행위를 식별해내는지 즉 어떻게 설계를 탐지해내는지를 요약한다면, 여러 가지 경쟁하는 가능성 중에 하나를 실제화하고 나머지를 배제하며, 실제화한 그 하나를 특정화하는 것이라 할 수 있다. 동물의 학습과 행동을 연구하는 실험심리학자들은 이를 잘 알고 있다. 동물은 어떤 과제를 학습하기 위해 그 과제에 적합한 행동을 실제 행동에 옮기는 능력과 그 과제에 적합지 않은 행동을 배제하는 능력을 습득하게 된다. 더욱이 동물이 어떤 과제를 학습했다는 것을 알아내기 위해 심리학자는, 그 동물이 적절한 구별을 하고 있음을 관찰해야 함은 물론 그 구별을 특정화해야 할 필요가 있다.

위대한 설계, 그 흔적들

쥐와 미로

쥐가 미로를 통과해 나오는 것을 성공적으로 학습했는지를 식별해내기 위해서, 심리학자는 우선 우회전-좌회전의 어떤 서열이 쥐로 하여금 미로를 빠져나올 수 있게 하는지를 특정화해야 한다. 물론 미로를 무작위로 방황하는 쥐도 우회전과 좌회전의 어떤 서열을 구별하고 있는 것은 틀림없다. 그러나 쥐가 미로를 무작위로 방황하고 있다면, 그 쥐가 미로를 빠져나오기 위해 적절한 우회전-좌회전 서열을 구별하고 있음을 우리가 알 수가 없다. 결과적으로 심리학자에게는 그 쥐가 미로를 통과해 나오는 방법을 학습했다고 생각할 수 있는 아무런 이유도 없는 것이다.

쥐가 미로를 통과하는 법을 학습했다고 심리학자가 식별할 수 있으려면 심리학자에 의해 특정화된 우회전-좌회전 서열을 그 쥐가 실행해야만 한다. 그래야만 동물의 행동이 우리가 지적이라고 간주하는 학습된 행동이 될 수 있다. 그러므로 동물의 학습을 식별해내는 동일한 틀이 지적 행위를 식별해내는 데도 적용된다는 것은 전혀 놀랄 일이 아니다. 즉 그 틀이란 경쟁하는 여러 가능성 중 하나를 실제화한 것, 다른 가능성들은 배제하는 것, 그 실제화한 가능성을 특정화하는 것을 말한다.

또한 여기에는 복잡성도 내재되어 있음을 주목해야 한다. 이것을 살펴보기 위해서 미로를 통과해 나오는 쥐를 다시 생각해보자. 다만 이번에는 두 번의 우회전만으로 빠져나올 수 있는 매우 단순한 미로를 가정한다. 심리학자는 쥐가 미로를 빠져나오는 방법을 학습했다고 판단할 수 있을까? 이 미로에 쥐를 넣는 것은 불충분하다. 왜냐하면 이 미로는 너무 단순해서 쥐가 우연히 오른쪽으로 두 번 돌아서 미로를 빠져나올 수 있기 때문이다. 이런 상황에서 심리학자는 쥐가 실제로 미로를 빠져나오는 법을 학습한 것인지, 아니면 그저 운이 좋았던 것인지 분명히 알 수 없다.

반대로 이번에는 쥐가 빠져나오려면 좌-우회전의 정확한 서열을 따라야만 하는 복잡한 미로를 가정하자. 만일 쥐가 100번에 걸쳐 우회전과 좌회전을 해야 하고 한번이라도 실수를 범하면 미로를 빠져나올 수 없다고 생각해보라. 쥐가 실수 없이 회전을 하고 재빨리 미로를 빠져나오는 것을 심리학자가 확인했다면, 그 쥐는 실제로 미로를 빠져나오는 방법을 학습했고 뜻밖의 행운을 얻은 것이 아니었음을 확신할 수 있다. 지적 행위를 식별해내기 위한 이 일반적인 틀은 단지 복잡성-특정성 기준을 조금 변형한 것이라 할 수 있다. 일반적으로 지적 행위를 식별해내기 위해서는 다양한 경쟁하는 가능성 중 하나가 실제화된 것을 관찰해야 하고, 어떤 가능성들이 배제되는지를 확인해야 하며, 이어서 실제화한 가능성을 특정화할 수 있어야 한다. 또한 배제된 가능성들은 유효한 가능성이어야 하며 실제화한 가능성을 특정화하는 것이 우연에 의한 것이 될 수 없을 정도로 그 수가 충분하게 많아야 한다. 복잡성이라는 관점에서 말한다면, 이것은 단지 가능성의 범위가 복잡하다는 것을 다르게 표현한 것이다. 확률의 관점에서 말한다면, 이것은 실제화한 가능성이 낮은 확률을 가진다는 것을 다르게 표현한 것이다.

지적 행위를 식별해내기 위한 이 일반적 틀을 구성에서의 모든 요소(즉, 실제화하기, 배제하기, 특정화하기)는 복잡성-특정성 기준에서 그 대응되는 짝을 찾아볼 수 있다. 그러므로 복잡성-특정성 기준은 우리가 지적 행위자를 식별해내고자 계속해온 과정들에 대해 형식을 갖추게 해준다. 복잡성-특정성 기준은 우리가 어떻게 설계를 탐지할 수 있는지를 정확하게 보여준다.

설계, 형이상학, 그리고 그 이상의 것

설계를 표방하는 이런 노력은 현재 어디에 와 있는가? 설계의 대표적 트레이드 마크라 할 수 있는 특정화된 복잡성은 정보의 한 형태라 할 수 있다.

위대한 설계, 그 흔적들

이는 클로드 섀넌(Claude Shannon, 정보 이론의 창시자이자 디지털회로 설계 이론의 초석을 놓은 미국의 전기공학자이자 수학자—역자 주)이 제시한 순수 통계학적인 정보의 형태보다도 더 폭넓은 형태의 정보다. 비록 다양한 이름으로 불리고 적용되는 정도도 다양하지만, 특정화된 복잡성은 특별한 과학 분야에서 영향력을 발휘하기 시작했다.

몇 가지 예를 들어 설명하면, 특정화된 복잡성은 마이클 베히가 환원 불가능하게 복잡한 생화학적 기계들을 가지고 밝혀낸 것이며, 맨프레드 아이겐(Manfred Eigen)이 생명 기원의 위대한 신비로 보았던 것이며, 우주론자들에게는 우주 미세 조정의 기초를 이루는 것이며, 데이비드 차머스(David Chalmers)가 인간 의식에 대한 종합적인 이론의 토대가 될 것으로 기대하는 것이며, 맥스웰의 악마(Maxwell's demon)가 열적 평형(thermal equilibrium)에 도달하려는 경향이 있는 열역학적 시스템을 압도할 수 있게 해주는 것이며, 알고리즘 정보에 대한 콜모고로프–카이틴(Kolmogorov-Chaitin) 이론에서 고도로 압축 가능하고 무작위적이지 않은 숫자열을 확인해주는 것이기도 하다. 1999년 10월 산타페 연구소에서 열린 "복잡성, 정보, 설계에 대한 비평적 평가"라는 주제의 심포지엄에서는, 어떻게 복잡한 특정 정보가 생물체 밖의 환경으로부터 생물체의 유전체 안으로 들어오게 되었는가는 것이 핵심적인 논제였다.

순수 통계학적인 섀넌의 정보 이론은 그보다 폭넓은 이론이면서 이제야 빛을 보기 시작한 복잡한 특정 정보 이론(theory of complex specified information)에 길을 내어주고 있다. 따라서 설계 추론의 뒤를 자연스럽게 잇는 속편은 복잡한 특정 정보에 대한 일반화된 이론을 정립하는 일이 될 것이다.

그러나 설계가 과학에 미치는 광범위한 영향력에도 불구하고, 나는 설계에 관한 이 모든 일의 궁극적인 의미가 여전히 형이상학의 범주 안에 있다고 보고 있다. 내가 보는 관점으로는, 설계는 19세기 진화생물학 때문에 죽은 것이 아니라 그보다 2세기 앞서 나온 기계론 철학으로 인해 죽은 것이다. 당시에는 영국의 자연신학이 대중적이었음에도 불구하고 그렇다. 일반적으로 기계론 철학의 창시자들은 유신론자였지만, 그들이 가지고 있던 설계에 대한 관점이란 기껏해야 자연에 대한 기계론적 관점의 꼭대기에 불안하게 얹혀 있는 것에 불과했다. 지각이 없는 결합 원리에 의해—비록 그 결합 원리가 하나님에 의해 허락된 것이라 할지라도—입자들 혹은 지각이 없는 단위체들이 조직화되어 이루어지는 절대적으로 기계적인 세계 안에서 설계란 어떤 효용도 장식품도 되지 못했다.

일단 설계가 과학에 대한 폭넓은 영향력을 미치게 된 지금, 가장 주된 도전은 관계적 존재론(relational ontology)을 정립하는 것이다. 즉 존재한다는 것은 교감 가운데 있다는 것이며, 교감 가운데 있다는 것은 정보를 주고받는다는 것을 논증함으로써 존재의 문제를 푸는 것이다. 이런 존재론은 과학을 보호해주고 설계가 숨 쉴 적절한 공간을 남겨줄 뿐만 아니라, 이 세상을 성체(sacrament)로 이해할 수 있도록 해줄 것이다.

이 세상은 하나님의 살아 계심을 나타내는 하나의 거울이다. 기계론 철학으로는 이런 사실을 전혀 깨달을 수 없다. 그러나 지적 설계론은 물리적 실재가 가진 거룩한 본성을 기꺼이 받아들인다. 사실 지적 설계론은 요한복음의 로고스 신학(하나님의 말씀 신학)을 정보 이론의 언어로 다시 표현한 것이라 할 수 있다.

14장

지적 설계의 과학적 위상과 미래, 그 이론적 설명

지적 설계는 과학인가?

_부르스 고든

◆ 부르스 고든(Bruce Gordon)은 노스웨스턴 대학교에서 역사 및 과학철학(물리학)으로 박사 학위를 받았다. 현재 베일러 대학교 "과학과 종교" 프로젝트의 임시 책임자이자 같은 대학 신앙과 학문 연구소의 연구 조교수다. 최근까지 노트르담 대학교 종교철학센터에서 박사후 연구 과정을 수행했으며, 현재는 양자통계학의 형이상학적 의미에 대한 글을 쓰면서 책을 출판하기 위해 준비하고 있다.

이 글의 주제는 과학철학의 범주에 속한다. 따라서 과학철학과 그 중요성에 대한 개론적인 설명이 이 글에 포함된다. 그러나 한 가지 염두에 둘 사항은, 아주 많은 영역이 단지 몇 페이지 안에 거론되기 때문에 서술 과정에서 여러 가지 주제의 많은 세부적인 내용이 빠지게 될 것이라는 점이다. 그럼에도 이 글에서 필요한 주장들의 핵심을 왜곡 없이 담아내는 것은 여전히 가능하다.

과학철학이란 무엇인가, 그리고 왜 그것이 중요한가?

과학은 그 시대의 문화에서 중요한 역할을 한다. 종종 과학은 인간 업적의 최고 정점으로, 모든 지식에 대한 주장들이 비교되어야 하는 기준으로, 혹시 서로 갈등 관계에 있다면 당연히 복종해야 하는 규칙으로 추앙되기도 한다. 과학은 이렇게 삶 속에 스며들어 있기 때문에, 우리는 과학의 중요성을 하나의 활동으로서, 그리고 지식 습득의 한 형태로서 잘 인식하는 것이 중요하다. 이것이 바로 과학철학에서의 중심 과제다. 과학철학은 과학의 본질에 대해서, 그리고 과학이 어떻게 기능하는지에 대해서 원리와 실제의 측면에서 숙고하는 학문이다.

과학철학에서의 중요한 질문은 다음과 같다. 과학의 본질은 무엇인가? 과학은 본질을 가지고 있기나 한가? 진정한 과학과 사이비 과학의 구별은 과연 가능한가, 그리고 그 구별 기준은 무엇인가? 과학의 목표와 방법론은 어떤 것인가 그리고 그것들은 일반적인가 아니면 상황에 따라 달라지는가? 과학적 탐구에서 추정과 한계는 어떤 것인가? 과학의 방법론은 철저하게 자연주의적이어야 하는가? "자연의 법칙들"이란 무엇인가? 어떤 현상에 대한 과학적 설명은 무엇으로 구성되는가? 과학적 설명은 어떻게 검증되는가? 과학자는 주장의 타당함을 보여주기 위해 어떻게 하는가? 과학 이론은 어떻게 과학 공동체에서 받아들여지는가? 역사적·문화적 배경은 과학적 수행의 결과에 어떻게 영향을 미치는가? 과학적 진보란 무엇인가? 과학적 지식은 어떻게 발전하고 성장하는가? 또한 과학철학에는 이런 보편적인 관심사 외에도 물리학과 생물학에서의 개별적인 이론들의 개념적 기초에 대한 질문도 포함된다. 양자역학, 상대성 이론, 여러 형태의 진화생물학 등 모두가 해석과 의미에 대한 이슈를 만들어내는데, 이 논의 주제들은 각각의 사정에 맞게 특성화된 것이다. 또한 이들 모두가 과학철학 자체 안에서 추가적인 특성화를 위한 기초가 되기도 한다.

그러나 이런 질문은 통상적으로는 과학 연구의 과정에서는 제기되지 않는다. 예를 들면 입자 물리학자는 가속기 연구에서 어떤 특유한 산란 단면적(scattering cross-section) 특성을 설명하는 데 관심이 있지, 어떤 과학적 설명을 받아들이기 위해 가져야 할 일반적인 특성이 있는지 여부를 묻지는 않는다. 생물학자는 유전 현상을 조사하기 위해 과일 초파리를 이용해 연구하지, 관찰과 이론 사이의 관계에 대해서 고민하지는 않는다. 결과적으로 과학을 실행 중인 많은 과학자에게는 과학이란 무엇인지 그리고 과학이 어떻게 기능하는지에 대한 이상적 개념이 있지만, 그것이 실제적인 과학적 실행을 공정하게 보여주지는 않는다. 현대 과학이 이룬 놀라운 지적인 성취들과 현대 문화에서 과학이 가진 중요성에도 불구하고, 과학이 내는 결론들이 가진 위상과 과학이 취하는 방법론의 객관적 타당성은 많은 사람의 믿음처럼 그리 명백하지는 않다. 이런 이유로 과학적 설명들의 본질에 대해 살펴보는 것은 중요한 일이라 할 수 있다.

현대 과학을 견고하게 뒷받침하고 있는 한 가지 형이상학적 가정은, 우주는 기원과 기능에 있어서 맹목적인 물리적 과정들로 이루어진 폐쇄계라는 것이다. 많은 과학자가 이 형이상학적인 그림을 거부하지만, 동시에 그들은 이 가정이 과학에서 마치 사실인 것처럼 기능하는 것이 필수적이라고 생각한다. 이는 그들이 과학자로서 과학적 실행에 대한 하나의 필요한 통제수단으로 방법론적 자연주의를 받아들이고 있음을 의미한다. 방법론적 자연주의란, 어떤 설명이 과학적이 되기 위해서는 반드시 자연주의적이어야 한다는 것이다. 자연주의, 즉 이 설명은 반드시 물질적 우주 안에 포함되는 실재, 원인, 사건 및 과정에 대해서만 주장해야 한다는 것이다.

하지만 과학적 설명에 대한 이런 제한이 과연 필요할까? 그리고 만일 이런 방법론적 자연주의의 유보가 때때로 허용된다면 과학적 실행은 어떤 모습이 될까?

과학적 이론과 설명들

과학철학자들이 생각하는 질문은 복잡하고 어렵다. 그러다 보니 그들 서로가 질문의 답을 찾는 데 있어서 의견이 다른 경우가 빈번한데 이는 놀라운 일이 아니다. 여기에는 예외 없이 과학적 이론과 설명들을 규정하려는 시도도 포함된다.

» 오버튼 판사의 기준

이 문제의 핵심은 근래의 한 재판 사건을 통해 볼 수 있다. 1980년대 초, 아칸소 주에서는 "창조 과학"을 가르치는 것에 대한 논쟁이 일어났다. 아칸소 주는 창조 과학에도 진화론과 동등한 시간을 부여해 공립학교 교실에서 가르치도록 하는 이른바 동등 시간법을 통과시켰다. 창조 과학 지지자들은 지구의 나이가 1만년을 넘지 않는다는 것, 모든 화석화 작용은 전지구적 격변인 홍수(노아의 시대에)로 일어났다는 것, 생물종은 진화되어 나온 것이 아니라 하나님의 창조 행위로 인한 직접적인 산물임을 주장했다. 아칸소 주의 이 법령은 그 합헌성에 대해 다양한 단체로부터 도전을 받고 법정 공방을 벌이게 되었다.

이 논쟁에 중심이 되었던 이슈들 중 하나는, 과연 창조 과학이 과학이라고 하기에 적절한가 하는 문제였다. 이 문제를 다루기 위해 법정은 최소한 다음 세 가지 질문에 대답을 해야 했다.

(a) 과학이란 무엇인가?
(b) 어떤 주장이 과학적이라 할 때는 언제인가?
(c) 과학은 비과학이나 유사과학과 어떻게 구별되는가?

연방지방법원의 윌리엄 R. 오버튼(William R. Overton) 판사는 동등 시간법을 뒤집는 판결을 내리면서, 창조 과학은 과학적 이론이 전혀 아니며 공립학교에서 동등한 시간이 주어져서는 안 된다고 결론지었다. 오버튼 판사는 전문가 증인으로 법정에 선 여러 과학철학자의 증언에 기초해 과학 이론이라면 다음과 같은 특징을 가져야 한다고 규정했다.

1. 과학은 자연법칙에 의해 지배되어야 한다.
2. 과학은 자연법칙을 바탕으로만 설명되어야 한다.
3. 과학은 경험적으로 검증 가능해야만 한다.
4. 과학의 결론은 일시적이다. 즉, 최종적일 필요가 없고, 따라서
5. 과학은 반증 가능해야 한다.

오버튼의 판결문은 많은 과학자가 과학적 설명의 특징, 즉 그들이 추구하는 설명의 일차적 특징으로 무엇을 고려하는지에 대한 좋은 예를 보여주고 있다. 그러나 대부분의 과학철학자는 이런 과학 이론의 성격 규정에 동의하지 않는다. 그들은, 이런 정제된 "에센스"를 말하는 것이 표면적으로 내세우는 일이자 정치적 의제의 한 부분으로 법정에서 요구되는 것일 뿐, 실제적인 과학적 활동에 대한 특징을 규정함에는 그리 진지하게 받아들이지 않아도 된다고 생각하는 경향이 있다. 이제 그들이 왜 이렇게 생각하는지, 이해를 도울 수 있는 설명을 해보자.

금세기 많은 과학자가 특정 현상을 과학적으로 설명하는 것이 무엇을 의미하는지를 설명하려고 시도해왔다. 여기서는 지금까지 제시되어 온 세 가지 설명, 즉 연역적-법칙론적 모델(deductive-nomological model, D-N 모델), 인과적-통계학적 모델(causal-statistical model), 실용적 모델(pragmatic model)에 대해 간단히 살펴보고자 한다. 이 세 가지 모델을 살펴봄으로써 과연 문

제점이 어디에 있으며, 오버튼의 과학 이론에 대한 성격 규정이 왜 적절치 않은지를 알게 될 것이다.

» 연역적-법칙론적 모델

연역적-법칙론적(D-N) 모델은 공식적인 과학적 설명 모델 중 가장 앞서 나왔다. 또한 지금까지 많은 영향을 끼쳐온 모델로서 오버튼의 서술과도 닮은 부분이 많다. 이 모델은 과학적 설명에 대한 4가지 기준을 제시한다.

1. 설명되어야 할 대상(explanandum)은 제시될 설명(explanans)의 논리적 귀결이어야 한다. 다시 말해 설명이란 설명되어야 할 대상을 결론으로 하는 하나의 타당한 연역적 주장의 형태로 주어져야 한다.
2. 설명은 최소한 하나의 일반 법칙(general law)을 포함해야 하며, 실제로 이 법칙은 설명 대상을 유도해내는 데 필수적이어야 한다. 즉, 어떤 새로운 전제가 주어지지 않은 상태에서 설명으로부터 법칙(들)을 제거해 버리면 이 설명은 더 이상 타당하지 못하게 된다.
3. 설명은 경험적인 내용을 가지고 있어야 한다. 즉, 원칙적으로 검증될 수 있어야 한다.
4. 설명을 구성하는 서술들은 참이어야 한다.

이런 특성을 볼 때, D-N 모델은 회복될 수 없는 결점들을 가지고 있음이 분명해진다. 결점들은 다음 두 가지로 나눌 수 있겠다. (a) 진정한 과학적 설명이 되지 못하면서도 D-N 모델의 기준을 만족시키는 논증이 있다. (b) D-N 모델의 기준에 합하지 못하는 진정한 과학적 설명도 있다. 간단하게 말해서, 이 모델의 4가지 기준은 어떤 설명이 과학적임을 보증하기에는 충분하지도 필요하지도 않다. 이를 확인하기 위해, 이 모델과 맞지 않는 3

위대한 설계, 그 흔적들

가지 전형적인 예를 생각해보자. 깃대와 그 그림자, 남자와 피임약, 매독과 매독성 마비가 그것이다[좀더 깊은 토론을 위해서 브리탄(Brittan)과 램버트(Lambert)의 책[1]과 새먼(Salmon)의 책[2]을 참고하라].

우선 깃대에 드리워지는 그림자의 예를 생각해보면, D-N 모델이 과학적 설명으로는 부족하다는 것을 알 수 있다. 그림자의 길이는 깃대의 길이와 태양의 경사각에 의해 결정된다. 우리는 빛이 공간 속에서 최단거리(우리가 직선이라고 판단하는)로 움직이는 법칙을 사용해 이 설명을 D-N 모델의 형태에 맞춰 넣을 수 있다. 이 모델에 따라 우리는 깃대의 높이를 그림자의 길이와 태양의 고도로부터 추정할 수도 있고, 태양의 고도를 깃대의 높이와 그 그림자의 길이로부터 추정할 수도 있다. 그러나 이런 설명에는 문제가 있다. 왜냐하면 깃대의 높이에 대한 적합한 설명은 깃대의 구조에 달려 있으며, 태양의 고도에 대한 적합한 설명은 관측자의 지리적 위치, 1년 중의 계절, 하루 중의 시각에 달려 있기 때문이다. D-N 모델이 적절하게 적용되기 위해서는, 특별한 원인에 대한 질문을 고려해야 한다. 원인은 그 결과로는 적절하게 설명될 수 없다. 즉, 그림자의 길이는 태양이 특정한 고도에 있는 원인이 될 수 없다.

이번에는 유머스러운 반증 하나를 생각해보자. 어떤 남자가 아내와 사랑함에도 불구하고 작년 한 해 동안 임신하지 못했다. 이 남자는 그 이유가 자신이 아내의 피임약을 규칙적으로 복용했기 때문이라고 한다. 그는 피임약을 규칙적으로 복용한 남자는 임신하지 않을 것임을 법칙으로 일반화하려고 호소한다. 이 남자의 설명도 과학적 설명에 대한 D-N 모델을 따른다고 할 수 있다. 남자는 원래 임신할 수 없기 때문에 피임약은 전혀 관계가 없다는 것이 문제다. 우리가 옳은 전제로 확고한 논증을 구성할 수는 있지만, 그 전제가 주장하는 사실은, 설명하고자 하는 현상에 대한 참된 설명과 무관할 수 있다. 깃대 그림자와 임신에 대한 예를 통해 우리는, D-N 모델이 타당한 과학적 설명을 보장해주기에 부족하다는 사실을 알 수 있다.

　　D-N 모델이 타당한 과학적 설명에 필요한 조건들을 제공해주지 못함을 확인하기 위해, 매독성 마비의 발생에 대한 설명을 생각해보자. 매독성 마비는 제3기 매독의 한 형태로서 신체 마비와 정신기능 상실이 점진적으로 진행되는 증세를 말한다. 매독성 마비가 발생하려면, 잠재적인 매독이 치료되지 않은 상태가 전제되어야 한다. 하지만 실제로 그런 상태에 있는 사람의 25퍼센트에게서만 매독성 마비가 발병한다. 따라서 우리는 매독성 마비 발병에 필요한 하나의 조건을 가지고 있지만 어떤 개인에게서 발병될 것이라고 결론내거나 심지어 예측함에 있어서도 이 조건을 사용할 수가 없다. 오히려 우리는 발병하지 않을 것이라고 예측하는 편이 나을 수도 있는데, 그 이유는 75퍼센트의 경우에는 발병되지 않기 때문이다. 그렇다 할지라도 매독성 마비에 대한 적절한 과학적 설명은 무엇인가? 당연히 잠재적인 매독을 치료하지 않았기 때문이다. 이것 또한 D-N 모델을 따르지 않는 과학적 설명의 한 예일 뿐이다.

≫ 인과적-통계적 모델

과학적 설명에 대한 D-N 모델의 결점을 해결하기 위해서 "인과적-통계적" 또는 "통계적-관련성" 모델이 제시되었다. 이 모델의 지지자들은 과학적 설명에서 "원인" 요소의 역할을 강조하는 한편, 과학적인 설명이 반드시 연역적이거나 귀납적인 논증을 포함해야 한다는 것에는 동의하지 않는다. 그들은 예기치 않은 사건(잠재적 매독을 치료하지 않았을 때 매독성 마비가 발병하는 것과 같은)에 대한 합리적인 설명이 있음을 알기 때문에, 어떤 사건의 발생에 대한 과학적 설명이 적합하기 위한 조건으로 보편적이거나 통계적 법칙이나 경험적 사실이 반드시 주어져야 한다는 생각을 거부한다. 결과적으로 그들은 과학적 설명이 반드시 하나의 논증으로 구성되어야 한다는 생각에는 그리 마음을 두지 않는다.

인과적-통계적 모델의 배경에 되는 관점에 따르면, 과학적 설명은 다음 두 가지를 제시한다. (1) 사건의 발생과 통계적으로 관련이 있는 요인(factor)들의 집합과, (2) 그 요인들과 설명될 사건을 연결시켜주는 인과적인 틀 또는 연결 고리가 그것이다. 여기서 통계적 관련성이란 다음과 같이 정의된다. 요인 B가 요인 A와 통계적으로 관련성을 갖기 위해서는, B가 미리 발생하는 조건에서 A가 발생할 확률은 A가 독립적으로 발생할 확률과 달라야 한다. 즉 $P(A|B) \neq P(A)$이다. 그렇다면 사건과 요인들을 연결시키는 인과적 네트워크 또는 연결 고리는 무엇일까? 단순히 그것은 일어나는 인과적 과정과 인과적 상호작용에 대한 설명이라 할 수 있다. "인과적 과정"(causal process)이란 연속적인 공간적·시간적 과정이며, "인과적 상호작용"(causal interaction)은 두 가지 이상의 인과적 과정이 교차하는 비교적 간단한 사건이다. 인과적-통계적 모델은, 과학적 설명이 적합한 것이 되기 위해서는 사건이 실제적으로 일어나도록 만든 것들을 가지고 그 사건을 설명해야 한다는 확신을 바탕으로 한다.

이 인과적-통계적 모델은 상당히 견고해 보이지만, 그래도 반증의 예를 찾아볼 수 있다. 이 예는 양자역학의 예인데, 양자역학은 원자와 원자 내 입자들의 움직임에 대해 설명하는 이론이다. 인과적-통계적 모델이 왜 양자역학에서는 적용되지 못하는지에 대해서는 좀 복잡하다. 개략적으로 말하자면, 인과적-통계적 설명은 시공간적으로 결정론적이며 연속적 과정에 근거하는데, 양자역학은 물질 세계에 대한 이런 관점과는 맞지 않는다는 것이 일반적으로 받아들여진다. 양자역학은 20세기 과학의 업적 중 하나인데 그것이 인과적-통계적 모델과 상응하지 못하기 때문에, 우리에게는 이 모델이 과학적 설명에 대한 모델로서는 너무 좁다고 생각할만한 설득력 있는 이유가 있다. 따라서 어떤 설명이 과학적이 되기 위해서 인과적-통계적 기준을 따라야 할 필요는 없다.

» 실용적 모델

연역적–법칙론적(D-N) 모델과 인과적–통계적 모델의 단점들로 인해 과학적 설명을 위한 세 번째 모델, 즉 실용적 모델이 제안되었다. 이 모델은 프린스턴 대학교의 과학철학자 바스 판 프라센(Bas van Fraassen)에 의해 최근에 제시되었다. 판 프라센은 과학적 설명이 어떤 특징적인 형태를 가진다는 주장(D-N 모델에서 말하는 바와 같이)도 거부하였을 뿐만 아니라, 과학 자체의 이론, 사실 및 절차에 의해 제공되는 것 이외의 특징적인 정보를 공급한다는 주장(인과적–통계적 모델에서 말하는 바와 같이) 또한 거부했다. 어떤 설명을 "과학적"이라고 부른다는 것은 어떤 설명을 제공하기 위해 우리가 과학에 의지한다고 말하는 것과 같다. 그리고 이 기준을 만족시키는지 여부는 과학계에 의해 결정된다.

또한 과학적 설명은 근본적으로 가져야 하는 특징이 없다. 이런 이유를 들어 판 프라센은 과학과 비과학, 혹은 과학과 유사과학(pseudoscience) 사이의 근본적인 차이에 대해서 회의적이었다. 마지막으로 그는 법칙들, 즉 연역, 귀납, 인과적 네트워크의 방법으로서의 법칙들이 모든 과학적 설명에 필수적인 요소라는 생각을 받아들이지 않는다. 그렇다고 해서 그가 적절하게 제시되는 법칙론적 설명들(nomological explanations)을 받아들이지 않는다는 의미는 아니다. 그는 모든 진정한 과학적 설명들이 어떤 특정한 틀에 강제적으로 맞춰져야 한다는 생각을 거부하는 것이다.

판 프라센이 주장한 것은 다음과 같다. 즉, 과학적 설명은 왜인가를 묻는 질문에 답을 말해주는 반응(telling response)이라 할 수 있는데, 이 질문들은 "관심사가 되는 주제들"(topics of concern), "대조할 집합들"(contrast classes), "설명과의 관련성 조건들"(explanatory relevance conditions)에 의해 인식 가능하다. 즉, 어떤 과학적 설명이 그것이 설명하고자 하는 현상의 발생에 우호적이라면, 그 설명은 답을 말해주는 반응이 된다. 여기서 "관심 주제"란 설명되어야 하는 대상(explanandum)이다. "대조 집합"이란 대안적인 가능성의 집합인데 관심 주제도 그에 속하며, 이 집합에서는 어떤 특정한 상황(context)에서 하나의 설명이 요구된다. "설명과의 관련성 조건"이란 관점들(respects)을 말하는데, 그 관점들 안에서는 한 가지 답이 주어질 수 있다. 예를 들어, 판 프라센의 설명 중 하나를 빌려 살펴보자. 어떤 전기 전도체가 왜 휘어져 있는가라는 질문이 우리의 관심 주제라고 하자. 이 경우에서 대조 집합이란, 주변의 휘어지지 않은 다른 전도체가 원래 형태를 유지하는 것과 달리, 문제의 전도체는 휘어진 것으로 구성된다. 설명과의 관련성 조건이란 특별히 강력한 자기장의 존재, 전도체상의 습기의 존재 등이 될 수 있겠다. 그리고 이 모든 것은 상황에 매우 의존적이다.

실용적 모델은 앞의 두 모델과 비교할 때 상대적으로 단순하고 직접적이다. 뿐만 아니라 앞선 두 모델의 설명이 가지는 특수한 측면도 수용할 수 있으며, 적용할 수 있는 범위도 매우 넓다. 반면 실용적 모델에 대한 비판으로는 다음과 같은 질문을 들 수 있다. 과학자가 던지는 "왜"라는 질문은 모두 대조 집합을 필요로 하는가? 과학적 질문에는 때로는 "왜" 뿐만 아니라 "어떻게"에 대한 설명도 포함되는가?(예를 들어, 어떻게 유전자들은 복제되는가 같은 질문) 답을 말해주는 반응은 항상 관심 주제에 우호적이어야 하는가? 이 이론(모델)은 너무 범위가 넓어서, 과학계가 제외시키고자 하는 설명까지도 과학적이라고 정당화하지는 않는가?(비록 과학계가 실제적으로 수용하는 것은 정당화의 기준에 맞추어 이루어지지만)

결론적으로, 과학철학자들 사이에는 무엇이 적합한 과학적 설명을 이루는지 또는 어떤 이론이 진정 과학적이기 위해서는 어떤 기준을 가져야 하는지에 대한 의견 일치가 없다. 수많은 시도에도 불구하고, 과학을 비과학

또는 유사과학으로부터 구분해주는 경계를 명백하게 정해주는 기준은 없었다. 이런 노력이 실패했다는 사실로부터 우리는 과연 그런 기준이라는 것이 있기나 한 것인지 의심을 가지게 된다. 그렇지만 우리가 설계 이론에 근거한 설명들이 과학적이라 할 수 있는가 라는 질문을 던질 때, 이 세 가지 모델에 대해 다시 한 번 살펴보는 것도 유익하다 할 수 있다.

다시 살펴본 오버튼

과학적 이론에 대한 오버튼의 성격 규정으로 되돌아오면, 과학 이론이 자연법칙을 바탕으로 해서만 설명되어야 한다는 요건은 과학적 설명에 대한 모델에서 보편적인 특징이 아님을 알 수 있다. 더욱이 그의 성격 규정에 포함되어 있는 "검증 직관"(testing intuition)은 필수불가결한 요소이긴 하지만, 간단하게 제시된 표현과는 달리 그 적용에서는 명확하지 않다는 문제가 있다. 과학 이론은 대개 결정적인 보조적 가정이 없이는 검증 가능하지 않으며, 어떤 이론이 실험적 예측에 실패했다는 이유로 퇴짜를 맞아야(조작된 것으로 판정을 받아야) 하는지도 너무나 분명치 않다. 이와 관련된 예로서 다음 부분에서는 스몰린(Smolin)의 우주론 이론을 살펴볼 것이다.

　나는 창조 과학에 대한 열렬한 지지자는 아니다. 그러나 오버튼의 기준은 창조 과학이 비과학적이라는 결론을 분명하게 제시해주지 못하고 있다. 창조 과학자들은 지구의 나이가 1만년을 넘지 않는다거나 모든 화석은 그리 오래되지 않은 전 지구적인 홍수에 의해 만들어진 것이라고 주장함으로써 반증 가능한 주장을 펼쳐왔다. 나는 이런 주장들이 단지 반증 가능할 뿐만 아니라 반증되어왔음을 강조하고 싶다. 만일 그렇다면, 문제는 창조 과학이 과학적 이론이 아니라는 데 있는 것이 아니라, 그것이 나쁜 과학이론이라는 데 있다고 볼 수 있다. 잘못되었음이 밝혀져왔기 때문에 거부되어야 한다는 것이다. 창조 과학을 비판하는 사람들은 창조 과학이 과학 이론으로 적합지 않다고 주장할 수도 있고, 그것이 나쁜 과학 이론이라고 주장할 수도 있다. 그러나 그들은 이 두 가지 비판 모두에 대한 합리적인 이유를 제시하지 못하고 있다. 과학을 다른 인간 활동과 구별할 수 있는 경계를 설정하기에 어려움이 있음을 고려할 때, 그들 입장에서는 창조 과학은 나쁜 과학이니까 거부되어야 한다고 주장하는 편이 나을 것 같다.

물론 질문은 여전히 남는다. 창조 과학이라는 이론이 자연법칙을 적용하지 않기 때문에, 혹은 좀더 폭넓게, 방법론적 자연주의의 원칙을 따르지 않기 때문에, 그것이 비과학적이 되고 같은 이유로 묵살될 수 있는가 하는 질문이다. 창조 과학은 지구상의 생물종들이 진화된 것이 아니라 하나님의 창조 사역의 직접적인 산물이라고 주장한다. 만일 어떤 설명이 과학적이라고 판정되기 위해 방법론적 자연주의에 의한 검증이 요구된다면, 창조론의 경우는 하나님의 직접적인 활동을 그 설명의 원칙으로 적용하기 때문에 과학의 자격을 박탈당할 수밖에 없다. 왜냐하면 그 설명은 물리적 우주의 일부분이 아닌 원인에 호소하고 있기 때문이다. 여기서 우리는 과학 이론에 대한 검증 기준으로서의 방법론적 자연주의의 자격에 대해 더 자세히 들여다보아야 한다. 그리고 만일 방법론적 자연주의가 보편적인 원칙이 아니라 상황에 의존적인 원칙이라면, 과연 과학은 어떤 모습일 것인가라는 질문을 던져보아야 한다.

방법론적 자연주의, 그리고 과학의 한계들

과학이 직접적으로 설명할 수 없는 많은 영역이 있으며, 과학이 답할 수 없는 많은 질문도 있다. 예를 들어, 과학은 과학 자체의 방법들(methods)에 대한 타당성을 입증할 수 없다. 최소한 그것은 선결 문제 요구의 오류(begging the question, 증명되어야 할 결론적 주장을, 오히려 증명을 위한 전제로 삼는 오류—역자 주)가 될 수 있다. 또한 과학은 그 방법을 지배하는 가정들(presuppositions)을 주장하기 위해 사용될 수도 없다. 과학은 인간이 존재하는 궁극적 목적에 대한 질문에 직접적으로 답할 수 없으며 우주 자체의 궁극적인 목적에 대해서도 그러하다. 물론 우주는 아무런 목적도 없다고 주장한 과학자들도 분명히 있는데, 노벨상 수상자인 스티븐 와인버그(Steven Weinberg)도 그중 한 사람이다. 하지만 그런 선언은 결코 그들 자신이 만든 이론들로부터 나온 것도 아니며 그들의 과학적인 업적으로부터 나온 것도 아니다. 또한 과학은 우리가 무엇을 해야 하는지, 무엇이 도덕적으로 옳은지, 무엇이 그른지에 대해서도 말해줄 수 없다. 마지막으로, 앞으로 좀더 자세한 내용을 보겠지만, 과학은 자신이 연구하는 우주의 존재에 대해서 궁극적인 자연주의적 설명을 제공해줄 수 없다. 거기에는 아무리 멀리 뒤로 미뤄진다 해도 사라지지 않을 근본적인 설계의 문제가 있기 때문이다. 즉 여기서 질문은, 설계 문제가 과학의 영역 안으로 들어올 수 있는가 하는 것이다. 설계 문제를 과학 안으로 가져오는 것은, 방법론적 자연주의가 어떤 상황에서는 과학 이론에 대한 검증 기준으로서 문제가 있는 것으로 규정함을 내포한다.

» 우주론과 설계

근본적인 설계 문제가 어떻게 궁극적인 설명을 위한 자연주의적 시도들과 갈등을 빚고 있는지 구체적인 예를 한 가지 살펴보자. 우주론에서 우리가 직면하는 질문은, 왜 특정한 자연적인 물리량에는 그 자체의 값이 있는가 하는 것이다. 예를 들어, 왜 하나의 전자는 그 자체의 질량과 전하를 가지고 있는가? 왜 중력과 전기력은 자체의 힘을 가지고 있는가? 간단히 말하면, 왜 자연계의 여러 상수는 고유의 값을 가지고 다른 값들은 갖지 않는가? 이런 질문은, 이 상수들이 지극히 조금이라도 다른 값이었다면 우주는 더 이상 안정되지 않았을 것이며, 생명체 또한 존재할 수 없었을 것이라는 사실이 최근 들어 발견되면서 더욱 설득력을 얻고 있다.

이런 믿을 수 없는 일련의 우연의 일치에 대해 가장 직관적으로 설명한다면 그것은 당연히 설계이다. 즉, 보편상수들은 우주를 안정적으로 유지하고 생명이 살아갈 수 있도록 지적인 행위자(또는 행위자들)에 의해 미세 조정되었다. 지금까지, 과학계는 이런 반응이 과학의 범위 밖에 있다며 거부해왔다. 왜냐하면 그것은 방법론적 자연주의의 규범을 위반하는 것으로 이해되기 때문이다. 순수한 논리적 가능성의 관점에서 본다면 이렇게 이해될 수도 있을 것이다. 아마도 우리 우주는 훨씬 큰 물리적 우주에 속하고, 그 큰 우주에 살고 있는 형상화된 지적 행위자의 실험의 결과물로서 우리 우주가 존재하는 것이다. 그렇다고 해도 이런 이해는 설계의 문제를 한 발짝 뒤로 물러두는 것에 불과하다. 그들의 (더 큰) 우주는 어디서 온 것인가? 그리고 그것은 어떻게 가능한가라는 질문이 여전히 남기 때문이다. 설계라는 망령을 전적으로 피하기 위해서는 모든 가능한 물리적 우주에 대한 기원, 특히 우리 우주에 대한 기원에 대한 철저하게 자연주의적인 설명이 고안되어야 할 것이다.

» 우주론과 자연 선택

이런 자연주의적 이론 중에 리 스몰린의 "우주론적 자연 선택"(cosmological natural selection) 가설이 있다. 1999년 『우주의 일생』(The life of the cosmos)[3]에서 일반 대중에게 제시된 내용을 보면 스몰린의 생각은 꽤 단순하다. 고전적인 일반 상대성 이론은 블랙홀의 존재를 예측한다. 블랙홀이란 물질이 무한대 밀도로 수축되고 중력장이 무한대로 강해지는 공간-시간상의 특이점을 말한다. 그러나 양자론은 이런 예측과 충돌한다. 왜냐하면 물리적 물체가 크기가 수축될 때 일단 어느 선을 넘게 되면, 양자 효과가 더 지배하게 되어,

그 계는 더 이상 연속적인 인과 관계의 작용을 보여주지 않기 때문이다. 그러므로 우주론의 과제 중 하나는 이 모든 상태에 적합한 중력 양자론을 고안하는 일이다. 스몰린은 이 이론이 공간-시간의 특이점에 대한 개념이 개입되지 못하게 할 것이며, 앞으로 밝혀질 블랙홀의 정체는 공간-시간이 다른 방향으로 "튀어오르는" 그런 특이점이어서, 지금의 우주로부터는 인과 관계에 따라 접근할 수 없는 또 다른 우주를 만들어내게 될 것이라고 추측했다. 다른 말로 표현하면, 블랙홀은 우주를 실제로 만들어내는 우주 생성자(universe generator)라는 말이다.

지금으로서는 이것은 순전히 추측일 뿐이다. 현재의 양자 중력 이론이 스몰린의 추측을 지지하는지는 분명치 않다. 스몰린이 알고 있는 것은, 그가 말한 가능성이 현재의 우주론적 지식에 의해 거부되지 않는다는 사실 정도다.

그러나 스몰린은 한발 더 나아간다. 그는 공간-시간이 한 번 튀어오를 때마다 보편상수의 값은 아주 작은 무작위적 양만큼 변하게 될 것이라고 제안한다. 다시 말하지만 이런 일이 실제로 가능한지는 알 수 없고, 다만 (우리가 현재 알고 있는 지식으로는) 그것이 불가능하지는 않을 것임을 알 수 있는 정도다. 또한 만일 그것이 가능하다 하더라도, 여전히 그 변화들이 무작위적 양이라거나 작은 양일 것이라고 가정할만한 이론적 근거는 없다. 만일 변화들이 무작위적이 아니라면 그것들은 어떤 패턴을 따라야 할 것이다. 만일 어떤 패턴을 따른다면 그것은 법칙론적(법칙과 같은) 현상이라는 말이 된다. 그리고 어떤 법칙론적 현상이 있다면 자연스럽게 그 법칙들의 기원에 대한 질문이 제기된다. 반면, 변화들이 무작위적이지만 작은 양은 아니라면 우주론적 자연 선택 가설은 애당초 가능성이 없는 것이 된다. 왜냐하면 이 가설의 핵심은 블랙홀 생성을 최대화하는 안정된 범위의 값을 향해가는 점진적인 진화이기 때문이다.

블랙홀이(스몰린의 이론에서 말하는 것처럼) 우주를 무작위적으로 만들어내며, 보편상수들의 특정한 값은 다른 값일 때보다 블랙홀의 생성에 도움이 된다고 가정해보자. 우주론적 자연 선택 가설에서는, 우주론적 계(system)들의 자연적인 진화로 인해 블랙홀을 최대한 많이 만들어내는 우주들이 숫자적으로 더 많이 생성될 것인데, 그 이유는 그런 우주들이 가장 많이 후손을 남길 것이기 때문이라고 주장한다. 하나의 가정을 추가하여, 우리 우주가 이런 우주들의 집합 중에 속한 전형적인 우주라고 해보자. 그렇다면 우주론적 자연 선택 가설은 우리 우주의 기본 상수들(fundamental constants)의 미세 조정된 값을 설명하기 위해, 이 상수들이 블랙홀 생성이 최대화되도록 만드는 바로 그 상수들이라고 설명할 것이다.

스몰린의 이론은 지나치게 추측에 의존하는 현대 우주론의 특징을 대표적으로 보여주는 예이며, 많은 과학자들이 자연주의적 설명을 구성하기 위해 얼마나 멀리 갈 수 있는지 그 길이를 보여주는 것이기도 하다. 스몰린의 책을 읽어보면 그의 철학적 동기가 방법론적 자연주의의 한계 내에 머물러 있지 않음을 분명하게 알 수 있다. 그의 동기는 "형이상학적 자연주의"(metaphysical naturalism)에 헌신되어 있다. 형이상학적 자연주의란 인간 과학과 비인간 과학(nonhuman science)에 의해 연구되는 것은 모두 존재한다고 보는 주의다. 따라서 물리적 우주의 근원들보다 위에 있는 어떤 원인들에 호소하는 것은 필연적으로 잘못이 된다. 스몰린의 철학적 제약 조건들에 의하면, 그의 이론과 같은 주장은 아무리 그것이 타당하지 않아 보이더라도 참이 "되어야" 한다. 왜냐하면 그것 말고는 다른 선택이 없기 때문이다.

» 검증 가능성

스몰린은 우주의 기본 상수들이 블랙홀 생성을 최대화하는지 우리가 검증할 수 있기 때문에, 우주론적 자연 선택 가설은 검증 가능한 동시에 잠재적으로 왜곡 가능성도 있다고 주장한다. 그는 자신의 이론을 검증할 수 있는 많은 방법에 대해 개략적으로 설명했다. 그런 검증 방법들로부터 나올 수 있는 결과는 두 가지일 텐데, 이 결과들이 가지는 의미에 대해 생각해보자. 먼저, 그의 이론이 검증을 통과한다고 가정해보자. 그의 이론의 배경 가정이 지나치게 추측에 의존하는 특징을 고려해볼 때, 여전히 이 이론은 우리가 옳다고 믿을 수밖에 없을 것이라 말하는, 일종의 과장과 왜곡처럼 보인다. 우리가 결론지을 수 있는 전부는, 그 이론이 왜 우리 우주의 기본 상수들이 각각 고유의 값을 가지고 있는지에 대한 가능한 설명 중 하나라는 것이다.

그러나 이런 하나의 가능한 설명이 있다는 것이 우리로 하여금 설계의 문제를 무시할 수 있도록 얼마나 영향을 미칠까? 그 영향이란 그리 크지 않아 보인다. 우주 기본 상수들의 가능한 대부분의 값은 생명의 존재는커녕 블랙홀의 형성조차도 전혀 허락하지 않을 것이라는 사실을 생각해보라. 그런데 어떻게 기본 상수들이 결정되는 과정이, 적어도 하나의 블랙홀을(즉 적어도 하나의 자손을) 만들어내는 우주를 가능하게 하는 변수 값들과 근접한 값에서 시작될 수가 있는가? 그리고 만일 튀어 오르는 것이 무작위적이라면 무엇이 그 값을 그 근접치에 계속 있게 해주는가? 여기에 설계의 문제가 잠복해 있다.

한편으로, 우주 생성에 대해 제안된 메커니즘을 생각해보라. 스몰린이 말한 우주 생성자로서의 블랙홀은 우주의 생성을 가능하게 하는 물리학 법칙들에 의해 지배를 받아야 한다. 만일 이 법칙들이 현재의 그 법칙이 아니었다면, 우주 생성자는 아마도 작용하지 못했을 것이며, 따라서 어떤 우주도 만들어질 수 없든지 아니면, 모든 우주가 존재 안정성이 없을 정도로 안정되지 못하는 결함이 있게 된다. 예를 들어, 중력의 법칙이 없었다면 질량을 가진 물체들은 인력을 갖지 못했을 것이며 결국 별도, 행성도, 생명도 존

　　　　　　　　　위대한 설계, 그 흔적들

재하지 못했을 것이다. 또는 파울리의 배타 원리(Pauli Exclusion Principle, 어떤 두 물질 입자도 동일한 양자 상태, 즉 동일한 에너지 상태를 취할 수 없다는 원리)가 옳지 않다면 전자들은 원자핵 안으로 충돌해 합쳐져버릴 것이며, 결국 원자들과 원자로 만들어지는 큰 물체도 존재가 불가능했을 것이다.

따라서 설명되어야 할 대상에는 단지 자연의 매개변수뿐만 아니라 법칙도 포함된다. 이것은 또 다른 설계의 문제이며, 이는 자연주의에 기초하더라도 원칙적으로 배제될 수 없다. 만일 우리가 어떻게 우주 생성자가 처음부터 그의 기능을 지배하는 미세 조정된 법칙과 함께하기 시작했는지를 묻는다면(그 법칙들에서 매개변수가 각 우주마다 달라진다 하더라도), 형이상학적 자연주의자는 어쩔 수 없이 우리가 놀랍도록 운이 좋았을 뿐이었다고 말하든지(사실 이것은 전혀 설명이 될 수 없다), 아니면 우주 생성자를 만들어내는 또 다른 생성자를 전제할 수밖에 없다. 만일 그가 후자의 반응을 선택한다면 그는 추론적 설명들의 무한 후퇴(어떤 사항의 성립 조건의 조건을 구하고, 다시 그 조건을 구하는 식으로 무한히 거슬러 올라가는 것―역자 주)의 길을 착실히 가는 셈이다. 한마디로 말해서, 설계의 문제는 결코 "사라지지 않을 것이다".

이번에는, 스몰린의 이론이 그가 제안한 검증 과정을 통과하지 못한다고 가정해보자. 앞에서 제시한 바와 같이, 어떤 가설이 왜곡(반증) 가능하다는 것은 어떤 요구되는 결론을 만들어내기 위해 필요한 보조 가정들(auxiliary assumptions)을 고정적으로 붙들고 있느냐의 여부에 달려 있다. 그렇지 않다면 중심 가설을 확증하지 못하는 것이 보조 가정들 중 하나에 반영될 수 있게 된다. 우주론적 자연 선택설의 경우에서 보면, 우리 우주가 블랙홀 생성을 위해 거의 최적화된 상태라는 주장이 검증되어야 할 중심 가설이 된다. 그러나 사실 우리 우주에 대한 이 주장은 스몰린의 이론 자체로부터 나온 결론이 아니다. 왜냐하면 스몰린의 이론이 요구하는 실제적인 요건은 대부분의 우주들이 블랙홀 생성에 거의 최적화된 상태라는 것이기 때문이다. 이 요구 조건에 따라 그의 이론이 우리 우주에서 검증되도록 하기 위해서 그는 우리 우주가 전형적인 본보기가 된다는 보조 가정을 도입해야만 했다. 그러나 이 보조 가정은 검증 가능한 것도 아니며 이론 자체에 의해 요구되는 것도 아니다. 다시 말해, 만일 우리가 특정한 근본 보편상수의 실제적인 값들이 변함으로써 실질적으로 블랙홀의 숫자가 늘어나게 된다는 것을 발견한다면, 우리는 이 우주가 전형적 본보기라는 보조가정을 쓰지 않고도 쉽게 스몰린의 이론이 옳음을 보여줄 수 있다. 물론 우리가 그렇게 한다면 우주론적 자연 선택설은 완전히 검증 불가능한 가설이 되고 만다. 따라서, 오버튼의 기준에 의한다면(그리고 스몰린 자신이 제안한 기준에 의하면) 스몰린의 이론은 전적으로 과학 이론이 될 수 없다는 결론에 이르게 된다. 마지막으로 한 방 더 먹인다면, 그 이론은 "우리" 우주의 상수들이 미세 조정되어 있는 것에 대한 설명으로서 더 이상 기능할 수 없게 된다.

방법론적 자연주의가 과학이 제시할 수 있는 범위를 벗어나 우주의 기원에 대한 궁극적인 설명을 제시하고 있다는 점을 고려할 때, 우리는 그 방법론적 자연주의를 어떤 상황에서는 설명들에 대한 제한 규범으로서 적절하다고 볼 수도 있고, 다른 상황에서는 바람직하지 않다고 볼 수도 있다. 결국 우리가 살펴본 것은, 형이상학적이며 방법론적인 자연주의의 배경 가정이 "과학적으로" 추측함에 있어 얼마나 터무니없는 일을 하도록 하는지를 보여주는 아주 생생한 예다. 우리가 이런 제약을 제쳐둔다면, 당연히 우리는 다른 직관적인 것들 즉 검증 가능성(testability)이라든지 가설의 성과 같은 것을 과학적 설명의 기준으로 유지할 수 있을 것이다. 비록 (우리가 앞에서 보았지만) 그런 기준들을 어떻게 적용할 것인가라는 문제가 남아 있지만 말이다.

그러나 방법론적 자연주의를 고려하지 않을 때 과학은 어떤 모습이 될까에 대해 추상적으로 추측하는 것은 소용이 없다. 여기서 구체적인 제안을

위대한 설계, 그 흔적들

한 가지 살펴보자. 이 제안은 하나의 연구 프로그램으로 고려될만한 것이기도 하다.

지적 설계론

최근 다양한 지식 분야에서 많은 학자에 의해 수행된 일련의 연구들은, 철저하고 분명하게 표현된 설계의 개념이 과학적 설명의 범주에 얼마든지 들어올 수 있음을 보여주고 있다. 이 연구들은, 설계의 개념이 언제 적용되는지를 결정하는 잘 정의된 기준들이 존재할 수 있다는 확신도 주고 있다. 그러면 최근 윌리엄 뎀스키가 연구한 내용부터 살펴보자. 뎀스키는 수학자이자 복잡성 이론가다.

» 설계 추론

뎀스키는 설계를 추론한다는 것이, 조작된 실험 데이터 탐지해내기에서 범죄수사과학, 암호해독법, 외계 지능 탐사에 이르기까지 이미 다양한 과학 활동에서 필수적이고 논란의 여지없는 한 부분을 차지한다는 사실에 관심을 집중시키고 있다. 그는 대중문화로부터 하나의 예를 들었는데, "컨택트"라는 영화에서 어떻게 SETI 연구원들이 외계로부터 온 신호를 지적인 존재로부터 나온 것이라고 구별해낼 수 있는지에 대해 언급했다. 이 연구원들은 2에서부터 101까지의 소수가 순서대로 배열되어 있다는 점에 근거하여 지적인 기원을 추론할 수 있었다. 이런 수학적 배열은 지적이지 않은 자연적 원천에서는 현실적으로 만들어질 수 없다. 이 신호는 뎀스키가 지성 또는 설계를 추론함에 있어 필요하고 충분한 조건으로 확인하는 두 가지 기준, 즉 복잡성과 특정성의 전형적인 예로 제시된다.

복잡성이란 어떤 사건이 우연으로 설명될 수 없을 만큼 단순하지 않음을 보증하는 기준이다. 이는 본질적으로 확률론적 개념이다. 특정성은 어떤 사건이 지적인 특징을 나타냄을 보증하는 기준이다. 특정성의 개념은 이렇다. 만일 확률이 낮은 어떤 사건이 있는데, 우리가 낮은 확률과는 관계없이 그 사건의 재현이 가능하도록 그 사건을 제한하거나 정의할 수 있다면, 그때 우리는 이 사건에 대한 타당한 설명 중에 우연을 배제할 수 있게 된다. 뎀스키는 이런 사건을 "낮은 확률의 특정화된" 사건이라고 부른다. 만약 낮은 확률의 사건이 특정화 기준을 만족시키지 못한다면, 그것은 여전히 우연에 의한 것이라 할 수 있다. 예를 들어 동전을 1,000번 던져서 얻어지는 앞면과 뒷면의 서열이 그러하다. 그러나 만일 어떤 사건이 진정으로 "특정화된" 낮은 확률의 사건이라면, 그 사건의 원인은 지적 행위자에 있다고 결론짓는 것이 타당하다(더 자세한 설명은 13장, "지혜의 흔적들"을 보라).

특정화된 낮은 확률의 개념은 진화론적 자연주의자 리차드 도킨스가 『눈 먼 시계공』에서 비꼬면서 제시하고 있는 몇몇 예를 가지고도 설명할 수 있다. 여기서 나는 이 예들을 사소한 부분만 조금 고쳐서 소개하고자 한다. 어떤 은행 금고 자물쇠의 가능한 번호 조합이 1,000조 개 있다고 가정해보자. 나올 수 있는 1,000조 개의 각 번호 조합은 동등하게 가능성이 낮은 것들이지만 사실 그들 중 하나는 자물쇠를 열 수 있는 조합이다. 그 금고를 열 수 있는 번호 조합은 특정화된 낮은 확률의 사건이라고 할 수 있다. 만일 어떤 사람에게 금고를 열 수 있는 단 한 번의 기회가 주어졌는데 그가 그 금고를 여는데 성공하였다면, 그는 설계에 의해 그 금고를 연 것이라고, 즉 옳은 번호 조합을 미리 알고 있었다고 결론짓는 것이 타당하다. 마찬가지로 금속, 플라스틱, 고무의 조각들로 이루어진 수조 개의 가능한 조합들 중에 날 수 있는 비행체가 되는 것은 극히 드물 것이다. 금속 조각들을 아무렇게나 쏟아놓고 헬리콥터나 비행기가 만들어져 나오기를 기대할 수는 없다. 날 수 있는 배열이 된다는 것은 이미 그 조각들이 각각의 기능에 따라 특정화되어 있음을 의미한다. 보잉 747을 구성하는 엄청난 수의 금속, 플라스틱, 고무 조각들의 조합은 하나의 특정화된 낮은 확률의 사건인 것이다. 만일 보잉 747이 고철 야적장에서 발견되었다 해도, 그 존재를 각 부속품들을 강한 바람으로 아무렇게나 퍼부은 결과 우연히 만들어진 결과라고 생각할 수는 없다. 이 예상 밖의 보잉 747의 나타남을 이해하기 위해서는 특정성에 대한 직관적인 이해만으로도 충분히 가능하다. 뎀스키의 중요한 기여는 바로 이 부분이다. 그는 특정성의 개념을 수학적으로 엄격하게 정립함으로써 설계 추론을 견고한 기초 위에 올려놓은 것이다.

» 지적 설계는 과학적 설명인가?

어떤 사건이 특정화된 낮은 확률의 사건인지를 결정하기 위해 사용되는 통계적 분석이 경험적 관찰에 기초하는 것이라 할지라도, 설계 추론 그 자체는 하나의 타당한 연역적 논증으로 표현될 수 있다. 그 전제들 중 하나는 뎀스키가 "낮은 확률의 법칙"이라고 부르는 수학적 법칙이다. 설계 추론이 이렇게 정확하게 논증으로 표현될 수 있는 적합성이 있다는 것은 상당히 의미 있어 보인다. 우리가 앞서 살펴본 과학적 설명에 대한 세 가지 모델은 각각 적합지 못한 것으로 확인되었지만, 그들 모두가 중요한 직관을 담아내고 있으며, 설계 추론은 각각의 요건들을 충족시키고 있음을 쉽게 알 수 있다.

우선, 설계 추론은 연역적-법칙론적 설명의 요건들을 따르고 있다. 이 모델이 요구하는 네 가지 기준 모두를 충족하기 때문이다.

1. 설계 추론이 제시하는 설명은 연역적 주장의 형태에 속한다.
2. 설계 추론은 적어도 하나의 일반적 법칙(낮은 확률의 법칙)을 포함하고 있으며, 이 법칙은 설명하고자 하는 대상(문제의 사건을 일으킨 원인의 본성)을 유도해내는 데 사용되고 있다.

3. 설계 추론은 경험적인 내용을 담고 있다. 왜냐하면 사건에 대한 관찰과 그것이 발생할 객관적 확률을 결정하는 경험적 요소들에 의존하기 때문이다.
4. 설명을 구성하고 있는 명제들이 참이다(우리 지식을 최대한 동원해볼 때). 왜냐하면 이 명제들은 우리가 설명하고자 하는 사건에 앞서서 원칙적으로 모든 관련된 요인들을 참작하기 때문이다.

다음으로, 설계 추론은 인과적-통계학적 모델이 요구하는 설명의 조건도 만족시키고 있다. 설계 추론의 과정을 통해 사건의 설명과 통계학적 관련성이 있는 요인들이 분리되기 때문이다. 그 분리는 다음과 같은 방법으로 이루어진다. 첫째는 문제의 사건이 낮은 확률의 사건임을 결정함으로써, 둘째는 특정성 판별 기준을 만족시킴을 확증함으로써, 마지막으로 그 결과 자연법칙과 우연을 가능한 설명의 범주에서 배제시킴으로써 관련 요인들을 분리시키는 것이다. 또한 설계 추론은 통계적 규칙성을 뒷받침하는 인과적 상호관계들을 분명하게 보여주어야 한다는 조건도 만족시킨다. 적절한 설명 인자(지적 행위자)를 사건의 발생과 인과적으로 연결시키고 있기 때문이다.

마지막으로 설계 추론은 실용적 모델이 요구하는 설명의 조건을 만족시킨다. 설계 추론은 왜인지 묻는 질문에 답을 말해주는 것이며, 이때 그 질문은 관심 대상 주제, 대조할 집합, 설명과의 관련성 조건들에 의해 확인될 수 있기 때문이다. 관심 대상 주제는 어떤 일어날 것 같지 않은 사건, 즉 일단은 특정성의 증거를 갖춘 사건이 발생했음을 관찰하는 것이다. 대조할 집합은 대안들의 집합으로 이루어지는데, 관심 대상 주제도 그 대안 중 하나가 된다. 예를 들면, 고려하고 있는 인과관계적 상황에서 좀더 일어나기 쉬운 다른 사건들이 발생하는 것도 대조 집합에 포함될 수 있고, 또는 그 상황에서 동일하게 일어날 것 같지 않은, 특정성 증거를 갖추지 못한 사건들이 발생되는 것도 포함될 수 있다. 설명과의 관련성 조건들이란, 물리적 시스템에서의 매우 특별한 초기 조건의 존재, 열역학적인 역류의 조짐들, 명백하게 지적인 정보 내용의 존재 등등이다. 이 모든 것은 상황에 의존적이다. 하지만 찾아야 할 것은 문제의 사건을 일으킨 원인에 대한 정확한 설명인 것이다. 그러므로 설계 추론에 의해 주어지는 반응이란 것은 실용적 모델의 기준들에 따라서 답을 말해주는 것이 된다. 왜냐하면 명백하게 낮은 확률의 특정한 사건이 일어난다면 그 상황은 설계론적 설명이 선호되는 상황이기 때문이다.

이처럼 설계 추론은 과학적 설명에 대한 세 가지 모델을 모두 충족시키고 있으며, 설계 추론이 과학적 설명의 한 형태로서 적합함을 부정할만한 하등의 이유가 없음을 알 수 있다. 실제로 암호 해독법이나 범죄수사과학에서 과학적 결론을 도출해낼 때 설계 추론은 전혀 논란거리가 되지 않는다. 문제 해결에 걸림돌이 되는 것은 바로 방법론적 자연주의의 철학적 쟁점이다. 설계 추론이 특정한 자연 현상에 적용되어 우리 우주를 초월하는 지적인 원인이 존재한다고 결론내릴 때 무슨 일이 일어나는가? 그런 결론을 금지하는 타당치 못한 이중 잣대가 적용되어, 얼마든지 과학적으로 받아들여질 수 있는 설계 추론의 결론을 막아서고 있는 것이다.

개별적인 결론들은 한 문제이고, 지적 설계의 일반 과학으로서의 가능성은 또 다른 이야기다. 지적 설계에 대한 대부분의 비판들은, 지적 설계가 자연과학 분야에서 적합한 설명으로 인정된다면, 과학 탐구가 억제되어 과학의 진보를 멈추게 할 것이라고 주장한다. 그러나 결국, 우리가 어떤 사건이 지적 행위자 또는 우리가 사는 시공간의 틀 내의 한 부분이 아닌 어떤 존재가 직접적으로 활동한 결과라고 설명한다면, 그 이상 무슨 말이 더 필요하겠는가?

지적 설계론은 연구 프로그램을 만들어낼 수 있을까?

그렇다면 정말 지적 설계론은 "과학을 망치는 존재"일까? 한 마디로 말해서 그렇지 않다. 모든 현존하는 연구 프로그램은 각각 그 자체의 일련의 질문을 가지고 있다. 과학에 대한 지적 설계론적 접근에서 제기되는 많은 질문은 진화론적 자연주의의 범주에서 다루어지는 것과는 다르지만, 그것들이 덜 과학적인 것은 아니며 덜 생산적인 것도 아니다. 또한 지적 설계론자들이 신다윈주의 또는 자기 조직화 복잡성 이론의 관점에서 연구되는 것들을 중지해야 한다고 주장하는 것도 아님을 인식하는 것이 중요하다. 설계 추론적 접근은 다른 것에 의존적이지 않고 그 자체로 상당히 흥미롭고 생산적이기 때문에, 그것들을 포기하는 것은 어리석은 일이 아닐 수 없다. 대체로 과학은 자율 조정적인 과정을 거치면서 진행되기 때문에, 세 가지 모델 모두가 상호작용함으로써 각각의 장점과 단점들이 강조되고 또한 서로 다른 설명 전략들이 가진 고유한 도전과 한계점들도 드러나게 된다. 이 세 가지 접근 방법은 서로가 배워야 할 것을 가지고 있다. 또한 자연 현상들에 대한 분명한 그림은 어느 한 가지 모델로부터 독립적으로 나올 수 있는 것이 아니라, 세 가지 모델 모두로부터 나오는 기여들이 융합되어 나오는 것이다.

» 환원 불가능한 복잡성 개념

지적 설계론의 중심 개념 중 하나는 "환원 불가능한 복잡성"(irreducible complexity) 개념이다. 이는 많은 연구의 관심 초점이기도 하기 때문에, 우리는 공식적인 것은 아니지만 환원 불가능한 복잡성에 대한 정의를 내릴 필요가 있다. 어떤 시스템이 서로 관계가 있는 여러 요소로 구성되며 그 요소 중 하나라도 제거했을 때 시스템의 기능이 완전히 무너지게 될 경우, 우리는 그 시스템을 환원 불가능하다고 말한다. 환원 불가능한 복잡성을 가진 시

위대한 설계, 그 흔적들

스템의 간단한 예는 쥐덫이다. 쥐덫은 나무판, 망치, 용수철, 잠금걸이, 고정 막대로 이루어진다(7장, "다윈의 몰락", 141-142쪽을 참조하라). 이 다섯 가지 구성 요소 중 어느 하나라도 제거된다면 쥐덫은 기능하지 못하게 된다.

환원 불가능한 복잡성과 대조되는 개념은 누적된 복잡성(cumulative complexity)이다. 어떤 시스템의 구성 요소들이 연속적으로 배열되어 있는데 이 요소들을 잇달아 제거하더라도 시스템 기능의 완전한 소멸을 초래하지 않는다면 그 시스템에 누적된 복잡성이 있다고 말할 수 있다. 무작위적 유전적 돌연변이에 대한 자연 선택을 주장하는 신다윈주의 모델은, 자기 조직화 복잡성 이론처럼 누적된 복잡성을 필요로 한다. 즉 시스템들의 평형 상태가 깨지고 복잡성이 점진적이고 순차적으로 증가한다고 주장하는 것이다. 다시 말해, 이 두 모델 모두가 유익한 구성 요소들이 부가되어 생명체가 덜 복잡한 상태에서 더 복잡한 상태로 옮겨가는 유기적 진화(organic evolution)를 제시하고 있다.

그러나 만일 환원 불가능한 복잡성을 가진 시스템이 존재한다면, 무작위적 신다윈주의 메커니즘이나 자기 조직화 메커니즘 어느 것도 선택 작용을 통해 그 시스템을 만들어내지는 못할 것이다. 만약에 선택 메커니즘이 미리 특정화된 목적과 관련되어 작용한다면, 그때 환원 불가능한 복잡성 시스템이 나올 수가 있을지도 모른다. 그러나 선택이라는 것은 방향성 없는 자연적인 과정들(목적이 없는 과정들)에 의존하기 때문에 그런 일은 일어날 수 없다. 따라서 신다윈주의 이론이나 자기 조직화 이론을 만드는 사람들은 그들의 프로그램이 종합적인 연구 전략으로 수립되어 진행되는 것이라면, 자연계의 "모든" 복잡성은 누적된 복잡성임을 고수해야 한다. 그 이유는, 환원 불가능한 복잡성을 가진 시스템에서는 모든 구성 요소가 자기 고유의 위치에 있을 때에만 그 기능이 나오기 때문이다. 만약 환원 불가능한 복잡성 시스템의 어떤 요소 하나라도 빠지게 되면 그 시스템은 완전히 기능을 상실하게 된다. 자연 선택은 오로지 이미 작동하고 있는 시스템만 선택할 수 있기 때문에, 복잡성을 누적시키는 방법으로는 이런 시스템을 만들어낼 수 없다. 환원 불가능한 복잡성 시스템을 만들어낼 수 있는 길은 갑자기 만들어지거나 결코 만들어질 수 없거나 둘 중 하나인 것이다. 그런 시스템 모두가 매우 적은 수의 구성 요소를 가진다면 가능할지도 모르겠지만, 문제는 그 시스템들이 그렇지 않다는 사실이다.

어떤 환원 불가능한 복잡성이 있는 시스템을 생각해보라. 그 시스템의 통합적인 복잡성은 그 불가능성의 척도가 되며, 그 시스템이 충분히 복잡하다면 그것이 존재하는 것은 확률이 낮은 사건이 된다. 또한 시스템의 기능성은 설계 추론의 두 가지 특정성(specifiability) 조건을 만족시키는 패턴을 보여준다. 즉 우연에 의해 존재하게 될 패턴의 확률로부터 분리될 수 있다는 점과, 그 시스템이 보여주는 기능에 대한 배경지식을 가지고 그 시스템을 구성하는 것이 가능하다는 점이다. 이것이 환원 불가능한 복잡성에 대한 최소한의 이론적인 설명이 되겠다.

이에 덧붙여 이해되어야 할 많은 구체적인 면이 있다. 즉 우주론적·물리학적·유전학적·생화학적·생체역학적 시스템에 대해 환원 불가능한 복잡성의 정의를 수학적으로 엄격하게 구성해낼 수 있어야 한다. 그 정의를 구성함에 있어서는 확률 이론, 복잡성 이론, 정보 이론, 추계적 과정(stochastic process) 이론, 회귀(recursion) 이론 등의 도구를 사용하여 실제적이고 명료하게 이루어져야 한다. 이 정의를 내리는 문제에 대해서는 수학자 데이비드 벌린스키(David Berlinski)와 윌리엄 뎀스키가 연구를 수행했다. 응용 연구도 여러 분야에서 진행되어왔는데, 생화학자 마이클 베히, 생물학자 폴 넬슨, 조나단 웰스, 지그프리트 쉐러(Siegfried Scherer), 자연인류학자 지그리트 하르트빅-쉐러(Hartwig-Scherer), 생물철학자 스티븐 마이어, 물리철학자 로빈 콜린스(Robin Collins)와 내가 이런 연구에 참여해왔다. 하지만 진행되어야 할 연구가 여전히 많다.

» 연구 프로그램의 기원

설계와 관련된 연구 프로그램은 광범위한 분야에서 구상되고 있는데, 크게 보면 세 가지 주요 분야로 나누어질 수 있다. 즉 설계를 과학적으로 판정하는 분야, 설계를 과학적으로 이해하는 분야, 설계가 가지고 있는 철학적·사회적 의미를 분석하는 분야로 나눌 수 있겠다. 설계에 대한 과학적 판정과 관련해서는, 앞에서 언급한 바와 같이, 설계를 수학적으로 정확하게 정의하기 위한 연구들이 남아 있다. 여기에는 다음과 같은 내용이 포함된다.

1. 뎀스키의 확률 및 복잡성 이론 모델을 더 발전된 형태로 표현하고 완전하게 다듬는 것과, 그에 부합되는 정보 이론적인 대응 형태를 개발하는 것.

2. 환원 불가능한 복잡성에 대한 정확한 정의를 내리되, 추계적 과정 이론, 확률 이론, 수학적 논리, 회귀 이론, 컴퓨터 과학 및 셀룰러 오토머턴[cellular automaton, 격자 상의 셀(cell)들로 이루어지는 셀 어레이로 단순한 규칙에 따라 계산하는 이산적(discrete) 계산 모델—역자 주] 이론 등 다른 것보다도 수학적 수단을 이용하여 정의를 내리는 것과

3. 물리적 시스템들에서 정보에 대한 정량화된 척도를 표현해내는 것, 그 상황에서 정보 이론적 보존 법칙들을 탐색해내는 것, 그리고 이런 관점에서 알려진 물리학 법칙들을 분석하는 것 등인데, 아마도 여기에는 피셔 정보량(Fisher information, 통계학과 정보 이론에서 나오는 양으로 확률변수가 모수에 대해 갖는 정보 양을 의미—역자 주)에 근거하여 개발된 모델들이 이용 가능할 것이다[예를 들어, B. Roy Frieden이 쓴 *"Physics from Fisher Information: A Unification"*(Cambridge University Press,

1998) 을 참고하라].

그러고 나면, 이 결과들은 설계를 탐지하기 위해 우주론적·생물학적 구조들에 대한 분석에 적용될 수 있을 것이다. 그리고 그러한 적용 시도들을 통해 추가적인 개선이 이루어질 것은 당연한 일이다.

설계를 탐지하는 것과 관련해서는, 잠재적으로 탐구의 대상이 될 수 없는 물리학적·생물학적 과학 분야는 없다. 물리법칙들의 구조, 물리학 기본 상수들에 대한 미세 조정, 우주론적·천문학적·천체물리학적·태양계적·행성계적·지질학적·기상학적·생태학적·동물학적·고생물학적·생물학적·유전학적·생화학적·분자생물학적·유기화학적·무기화학적·양자화학적·양자역학적 시스템들의 구조 등 이 모두가 설계론적 관점에서의 분석이 필요한 때가 되었다. 어쩌면 인지심리학적·언어학적·사회학적·정치적·경제적 시스템의 분석, 역사적 발달에 대한 질문, 심지어 자연과학 분야에서의 수학적·통계적 표현에 대한 실효성 분석 등에도 설계론을 적용할 수 있는 여지가 있을 수도 있다.

만일 설계가 물리학적·생물학적 시스템에서 탐지된다면, 그에 대한 과학적 이해는 다음과 같은 다양한 연구의 가능성을 자연스럽게 열어줄 것이다.

1. 역설계(reverse engineering)의 문제로서 시스템의 구성에 대한 구체적인 것들.
2. 시스템의 참된 기능들과 목적들에 대한 확인.
3. 어떻게 노이즈, 수명, 마찰, 그는 변형 등이 원래의 설계 계획을 모호하게 만들어버리며 정상적인 기능(목적)에서 벗어나게 만들었는지를 확인하기 위해 신호공학(signal engineering)의 관점에서 분석.
4. 원래의 설계 계획을 재구성.

5. 설계가 가지는 가변성의 한계들, 즉 시스템이 그 안에서는 잘 기능하지만 그 밖에서는 잘못 기능하거나 완전히 기능이 멈추어버리게 되는 제약들(예를 들면, 유전적 녹아웃 실험 등).

6. 시스템이 발전될 수 있는 여지(capacity), 즉 지적 정보의 유입 없이 얼마나 그 복잡성이 더 증대될 수 있는가의 정도.

7. 시스템의 다른 기능과 목적들에 의해 가해지는 여러 제약이 적용된 조건에서 설계의 최적성.

8. 시스템들 간의 상호작용이 보여주는 역학과, 이런 상호작용들 특유의 발전 가능성과 제약들.

9. 서로 다르지만 관련되어 있는 시스템들 간의 통합 및 상호지원의 관계들.

10. 특별히 의학, 환경과학, 시스템 이론에서의 관심사들에 대한 앞서 언급한 모든 것의 기술적 적용.

만일 그런 연구가 성공을 거둔다면, 그 결과들을 통해 자연 속의 다양한 구조와 과정에 대한 더 깊은 이론적 이해가 (그리고 아마도 새로운 것들을 발견하는 것도) 가능해질 뿐만 아니라, 질병에 대한 의학적 치료에 실제적인 유익을 주고, 선진국 문화를 괴롭히는 환경 문제를 다룰 전략들을 제공해주며, 정보 기술의 발전을 가져올 수도 있다. 이는 물론 이 진보들이 다른 연구의 관점에서는 가능하지 않다는 의미는 아니다. 설계 이론적 관점과 그에 수반되는 도구들이, 자연의 구조와 기능에 대해 다른 관점의 접근에 의해서는 발견되지 않거나 드러나지 않는 것들을 나타내 보일 수 있다는 의미다.

» 추가적인 영향

마지막으로, 설계는 과학적 관심사의 제한된 영역을 넘어서서 철학적·사회적 영향을 미치게 된다. 설계 이론적 관점은 우리가 살펴본 자연과 과학의 실천을 통해서 뿐만 아니라 존재론, 인식론, 윤리학, 공공정책의 일반적인 질문을 통해서도 확장되는 개념적 영향들을 가진다.

우주론적·생물학적 구조들에 나타나는, 어떤 설계를 만들어낸 지적인 힘이 과연 무엇인지에 대한 질문이 나오는 것은 당연하며, 또한 인간으로서 우리의 정체성과 우리가 사는 지구에 대한 질문도 이어질 것이다. 예를 들어 인간이 가진 인지 능력의 한계와 지식 습득의 과정을 고려할 때, 지적으로 설계된 인지 시스템들을 가짐으로써 생길 수 있는 인식론적 유익이 무엇일까 하는 질문이 나올 수 있다. 만일 우리의 인지 시스템이 방향성 없는 자연적인 과정으로 발생된 것이라면, 그것들을 작동하는 것이 진리를 발견하는 데 도움이 될 것이라고 보기는 어려울 것이며, 특히 생존에 직접적인 영향을 미치지 않는 이론상의 훈련에서는 더욱 그러할 것이다. 반면, 우리의 인지 시스템들이 설계된 것이라면, 그와는 다르고 보다 낙관적인 결론을 얻을 수 있다.[4]

또한 설계 이론은 자연 발생적인 윤리적 원칙들의 가능성에 대해서도 쉽게 검증할 수 있다. 즉 개인과 사회가 그 안에서 기능하도록 설계되어 있어서 그 범위 밖에서는 개인적·사회적 기능이 제대로 작동할 수 없도록 된, 일종의 제약으로서의 자연적인 윤리 원칙들이 과연 존재할 수 있는지를 검증할 수 있다는 것이다. 이 문제에 대해서는 인류학적·사회학적 연구의 도구가 적용될 수 있으며, 실증적이고 통계적으로 분석하는 것도 가능할 것이다. 마지막으로 앞서 말한 연구들의 결과를, 우리 사회와 문화와 행정 정부 등이 보다 원활하게 기능하도록 돕는 데 목적을 두는 공공정책 목표를 정립하는 데 적용시킬 수 있다.

위대한 설계, 그 흔적들

결론

이 글에서 나는 많은 중요한 것들이 독자에게 분명하게 제시되었기를 바란다. 정리하자면 다음과 같다. 첫째, 과학과 과학계는 현대 문화에서 막대한 역할을 담당하고 있기 때문에, 현대 과학의 방법론과 내용의 형태를 갖추도록 기여한 철학적 전제에 대해 시간을 들여 심사숙고하는 것은 중요하다. 둘째, 과학은 우리의 존경을 받을만하지만 그 방법론의 객관성은 물론 이론 및 결론의 근거는 우리가 믿는 것만큼 문제가 없지는 않다. 셋째, 방법론적 자연주의는 과학 이론을 세우고 과학적 실천을 함에 있어 만연해 있는 제약으로 작용해왔고, 받아들일만한 이론에 대한 선택 범위를 인위적으로 제한하고 있다. 넷째, 과학적 설명에 대한 여러 이론 모델과 각각의 한계를 살펴봄으로써, 설계 이론에 근거한 추론들이 과학적 설명에 필요한 기준 "요구 조건들"을 충족하고 있음이 확인된다. 방법론적 자연주의의 제약이 설계 추론 도구를 우주론적·물리학적·생물학적 구조에 적용하는 것을 훼방하고 있지만, 특정한 상황에서는 이런 제약 없이 과학을 수행하는 것이 가능하다. 마지막으로, 설계 이론은 견고한 연구 프로그램을 만들어낼 수 있으며 프로그램은 신다윈주의적 진화생물학과 자기 조직화 복잡성 이론의 기법들을 철저하고 유효한 방법으로 보완할 수 있다. 그렇게 함으로써 이 이론이 다루기 힘든 것으로 판명된 여러 어려운 문제에 대한 해답을 설계 이론으로부터 찾을 수 있는 가능성이 열리고 있다.

서론

1. Henry Petrosky, *Invention by Design: How Engineers Get from Thought to Thing* (Cambridge, Mass.: Harvard University Press, 1996), p. 30. Petrosky는 듀크 대학의 도시공학과 교수인 동시에 역사 교수다.

2. Gould의 최적에 근거한 설계의 반대에 대한 비평은 Paul Nelson, "The Role of Theology in Current Evolutionary Reasoning," *Biology and Philosophy* 11 (1996): 493-517을 보라.

3. 예를 들어, 척추동물의 망막에 역방향으로 설계된 것을 보라. 이것은 신경망의 앞이 아닌 뒤에 광수송체가 있어서 맹점을 가져오게 함으로 여러 세대의 다윈주의자들에 의하여 부적응의 사례로 알려졌다. 그러나 지금은 "척추동물 망막의 세포들이 필요로 하는 고에너지의 필요성은 목적론에 도전이 되는 것이 아니라, 오히려 척추동물 망막의 광수용체 세포들이 필요로 하는 매우 높은 에너지가 역방향으로 설계된 척추동물의 망막에 실로 풍부한 양의 산소와 영양소를 제공하는 문제를 해결하는 독창적인 해법을 보여준다." Michael Denton, "The Inverted Retina: Maladaptation or Pre-adaptation?" *Origins & Design* 19(2), 1995: p. 15.

4. Francis Darwin ed., *The Life and Letters of Charles Darwin vol.* II (New York: D. Appleton and Co., 1888), p. 105.

5. Charles Darwin, *On the Origin of Species*, facsimile 1st ed. (Cambridge, Mass.: Harvard University Press, 1964 [1859]), pp. 242-244.

6. Stephen J. Gould, *The Panda's Thumb* (New York: Norton, 1980), pp. 20-21.

7. *Loeb Classical Library*에 있는 Boethius의 *The Consolation of Philosophy* (Cambridge, Mass.: Harvard University Press, 1973), p. 153을 보라. Alvin Plantinga의 자유의지에 대한 변호는 종교철학자들로부터 많은 반향을 불러일으킨 악의 문제의 해결이다. 개요가 필요하면 Kelly James Clark, *Return to Reason* (Grand Rapids, Mich.: Eerdmans, 1990), ch. 2을 보라. 드디어 오늘날 상당한 수의 종교철학자가 전지전능한 하나님에 대한 전통적인 해

석을 부인함으로써 악의 문제를 해결했다. 과정신학자들은 한동안 이런 견해를 견지해왔다. 그러나 더 전통적인 철학자와 신학자들도 이런 노선을 취하고 있다. William Hasker, *God, Time, Knowledge* (Ithaca, N.Y.: Cornell University Press, 1989)를 보라.

8. Michael Behe의 *The Darwin's Blackbox*에 대한 James A. Shapiro의 "In the Details... What?", *National Review*, september 19, 1996: 62-65을 보라.

9. 예를 들면 John Haught는 지적 설계가 신학적으로 완전히 반대할 수 있다고 생각한다. *God after Darwin: A Theology of Evolution* (Boulder, Colo.: Westview Press, 2000)을 보라.

10. 참조. Larry Arnhart, "Conservatives, Darwin & Design: An Exchange," *First Things*, November 2000, pp. 23-31.

11. Richard Feyman, *"Surely You're Joking, Mr. Feyman!"* (New York: Bantam, 1986), p. 313.

12. Richard Dawkins, review of Donald Johnson and Maitland Edey's *Blueprints, New York Times*, April 9, 1989, sec. VII, p. 34.

13. Michael Ruse, *Darwinism Defended* (Reading, Mass.: Addison-Wesley, 1982), p. 58.

14. Michael Shermer, *Why People Believe Weird Things* (New York: W. H. Freeman, 1977) p. 148.

15. Ronald Numbers, *Darwinism Comes to America* (Cambridge, Mass.: Harvard University Press, 1998), pp. 9, 11을 보라.

16. Daniel Dennet, *Darwin's Dangerous Idea* (New York: Simon & Schuster, 1955), p. 519.

17. Robert Penock, *Tower of Babel: The Evidence Against the New Creationism* (Cambridge, Mass.: MIT Press, 1999).

18. 또한 Kenneth Miller, *Finding Darwin's God* (New York: Harper Collins, 1999)도 보라

19. Pennock, *The Tower of Babel*, p. 295.

20. 이것은 F. H. Sandbach의 책에서 아주 분명하다. *The Stoics*, 2d ed. (Indiannapolis: Hackett, 1989), 특히 ch. 4.

21. Richard Dawkins, *The Blind Watchmaker* (New York: W. W. Norton & Co., 1987), pp. 85-86.

22. Alan Guth, *The Inflationery Universe* (Reading, Mass.: Addison-Wesley, 1977); Lee Smolin, *The Life of Cosmos* (New York: Oxford University Press, 1977); Peter Atkins, *Creation Revisited* (Harmondsworth: Penguin, 1994)를 보라.

23. Jacques Monod, *Chance and Necessity* (New York: Vintage, 1972); Dawkins, *The Blind Watchmaker*; Stuart Kaufman, *At Home in the Universe* (New York: Oxford University Press, 1995)를 각각 보라.

24. Moshe Sipper and Edmund Ronald, "New Species of Hardware," *IEEE Spectrum* 37(4), April 2000: 59에서 인용.

25. Sandbach, *The Stoics*, pp. 14-15을 보라. 또한 앞으로 출판될, Ben Wiker, *The Christians and Epicureans*, InterVarsity Press를 보라.

26. Richard Swinburne, *The Existence of God* (Oxford: Clarendon, 1979), ch. 8, "Teleological Arguments."

27. Paul Davis, *The Mind of God* (New York: Touchstone, 1992), ch. 8, "Designer Universe."

28. Richard Lewontin, "Billions and Billions of Demons," review of *The Demon-Haunted World: Science as a Candle in the Dark* by Carl Sagan, *New York Review of Books*, January 9, 1997: 31.

29. 복잡한 자기 조직화에 관한 정평 있는 책의 목록을 참조하라. 다음 책을 예로 들 수 있다. Peter Conveney and Roger Highfield, *Frontiers of Complexity* (New York: Fawcett, Columbine, 1995).

30. Dawkins, *The Blind Watchmaker*, p. 1.

1장_ 지적 설계 운동

1. p. viii-ix.

2. p. 4.

3. Judith Hooper, "A New Germ Theory," *Atlantic Monthly*, 283 (2): 41-53.

4. Jonathan Weiner, *The Beak of the Finch* (New York: Knopf, 1994).

5. Jerry A. Coyne, "Not Black and White," *Nature* 396 (1998): 35-36.

6. Edward Wilson, *Consilience* (New York: Knopf, 1998).

7. Michael Behe, *Darwin's Black Box: The Biochemical Challenge to Evolution* (New York: Free Press, 1996).

8. William A. Dembski, *The Design Inference: Eliminating Chance through Small Probabilities* (Cambridge University Press, 1998).

2장_ 지적 설계와 분별력 있는 대중

1. Percival Davis and Dean H. Kenyon, *Of Pandas and People: The Central Question of Biological Origins* (Dallas, Texas: Haughton Publishing Co., 1993).

2. Wheaton, Ⅲ.: Crossway Books, 1994.

3. Wheaton, Ⅲ.: Tyndale House Publishers, 1999.

4. Phillip Johnson, *Reason in the Balance: The Case against Naturalism in Science, Law, and Education*, (Downers Grove, Ill.: InterVarsity Press, 1998. 『위기에 처한 이성』(IVP 역간).

5. Francisco J. Ayala, "Darwin's Revolution," in John H. Campbell and J. William Schopf, eds., *Creative Evolution!?* (Boston: Jones & Bartlett Publishers, 1994), p. 5.

6. Daniel C. Dennett, *Darwin's Dangerous Idea: Evolution and the Meaning of Life* (New York: Simon & Schuster, 1995), p. 63.

7. Richard Dawkins, *The Blind Watchmaker : Why the Evidence of Evolution Reveals a Universe Without Design*, (New York: W. W. Norton & Co., 1996), p. 6.

8. Cited in Gertrude Himmelfarb, *Darwin and the Darwinian Revolution* (Garden City, N.Y.: Doubleday Anchor Books, 1959), pp. 329-30.

9. Jacques Barzun, *Darwin, Marx, Wagner: Critique of a Heritage*, 2nd ed. (Chicago: University of Chicago Press, 1981), pp. 11, 36.

10. 이 비디오의 제목은 "Darwinism: Science or Naturalistic Philosophy?"다. http://www. arn.org.

11. Johnson, *Reason in the Balance*, pp.46-7.

12. Walter L. Bradley, Charles Thaxton, and Roger L. Olsen, *The Mystery of Life's Origin* (Dallas: Lewis and Stanley), 1993.

13. Nancy R. Pearcey "The evolution Backlash: Debunking Darwin," *World* 11 (38) March 1, 1997: 12-15.

3장_ 오만한 장애물들과 합리적인 희망

1. Jay Wesley Richards and William Dembski, *Unapologetic Apologetics: Meeting the Challenges of Theological Studies* (Dowvners Grove, Ill.: InterVarsity Press, 2001).

2. Richard Lewontin, "Billions and Billions of Demons."

3. J. Gresham Machen, "Christianity and Culture," in *What is Christianity? And Other Adresses*, ed. Ned Stonehouse (Grand Rapids: Eerdmans, 1951), p. 162.

4장_ 과학과 문화의 회복

1. John G. West Jr., *The Politics of Revelation and Reason* (St. Lawrence: University Press of Kansas, 1996).

2. John G. West Jr., Jeffrey P. Schults, Ian MacLean, George Kurian, ed., *The Encyclopedia of Religion in American Politics* (Phoenix: Orys Press, 1999).

3. Jack London, *The Call of the Wild* (New York: MacMillan Co., 1903).

4. Washington Gladden, *Present Day Theology,* 3d ed. (Columbus: McClelland and Company, 1913), pp. 36-7.

5. Marvin Olasky, *The Tragedy of American Compassion* (Washington D.C.: Regnery Publishing, 1995).

6. Ludwig Büchner, *Force and Matter*, 4th ed. (New York: Peter Eckler, Publisher, 1891).

7. 위의 책, p. 376.

8. 위의 책, p. 378.

9. Nathaniel F. Canter, *Crime, Criminals, Criminal Justice* (New York: Henry Holt and Company, 1932), p. 265-66.

10. Peter Singer, "Sanctity of Life or Quality of Life?" *Pediatrics* (July 1983): 128-9.

11. Robert Wright, *The Moral Animal* (New York: Random House, 1995).

12. Richard Dawkins, *Unweaving the Rainbow* (Boston: Houghton Mifflin, 1998).

13. John O. McGinnis, "The Origin of Conservation," *National Review* (December 22, 1997):

31.

14. James Q. Wilson and Larry Arnhart, *Darwinian Natural Right: The Biological Ethics of Human Nature* (Albany: State University of New York Press, 1998).

15. C. S. Lewis, *The Abolition of Man* (New York: MacMillan Publishing Company, 1955), p. 90.

5장_ 텍스트로서의 세계

1. William A. Dembski, ed., *Mere Creation: Science, Faith and Intelligent Design* (Downers Grove, Ill.: InterVarsity Press, 1998).

2. David C. Lindberg, *The Beginning of Western Science* (Chicago: University of Chicago Press, 1993).

3. Lynn White, *Medieval Technology and Social Change* (Oxford: Clarendon Press, 1966).

4. Henri Cardinal de Lubac, *Medieval Exegesis*, trans. Mark Seganc (Grand Rapids: Wm. B. Eerdmans, 1998).

5. 위의 책, p. 76f.

6. Roger Lundin, *Emily Dickinson and the Art of Belief* (Grand Rapids: Wm. B. Eerdmans, 1998).

6장_ 하나님께 입장권 드리기

1. John Mark Reynolds and J. P. Moreland, eds., *Three Views on Creation and Evolution* (Grand Rapids: Zondervan, 1999).

2. J. B. Morris and W. H. Simcox, trans., *The Homilies of St. John Chrysostom on the Epistle of St. Paul the Apostle to the Romans*, revised by George B. Stevens in *Nicene and Post-nicene Fathers*에 First Series, ed. P. Schaff (Peabody, Mass.: Hendrickson, 1994) p. 352.

3. J. P. Moreland, *Christianity and the Nature of Science* (Grand Rapids: Baker Books, 1989).

4. Phillip Johnson, *Darwin on Trial* (Washington D.C.: Regnery Publishing, Inc., 1991).

7장_ 다윈의 몰락

1. *Science* 277(1997): 892

2. Joseph Ratzinger, *In The Beginning: A Catholic Understanding of the Story of Creation and the Fall* (Grand Rapids: Wm. B. Eerdmans, 1986).

3. 위의 책, pp. 54-6.

4. Charles Darwin, *Origin of Species*, 6th ed. (New York University Press, 1988), p. 154.

5. James Shreeves, "Design for Living", *New York Times*, August 4, 1996, sec. 7, p. 8.

6. J. A. Shapiro, "In the Details...What?" *National Review*, September 16, 1996, 62-5.

7. J. A. Coyne, "God in the Details" *Nature* 383 (1996): 277-8.

8. A. Pomiankowski, "The God of the Tiny Gaps", *New Scientist*, September 14, 1996, 44-5.

8장_ 글자 맞추기 게임

1. Gary B. Ferngren, Edward J. Larson, Darell W. Amundsen, eds., *The History of Science and Religion in the Western Tradition* (New York: Garland Publishing, 2000).

2. Jon Buell and Virginia Hearn, eds. *Darwinism: Science or Philosophy* (Richardson, Tex.: Foundations for Thoughts and Ethics, 1944).

3. Percival Davis and Dean H. Keynon, *Of Pandas and People.*

4. J. P. Moreland, ed., *The Creation Hypothesis* (Downers Grove, Ill.: InterVasity Press, 1944).

5. Jitse M. van der Meer, ed., *Facets of Faith and Science* (Lanham, Md.: University of America Press, Inc., 1996).

6. *Cell*, 92(3).

7. A. G. Cairns-Smith, *The Life Puzzle* (Edinburgh: Oliver and Boyd, 1971), P. 95.

8. Dean H. Kenyon and Gary Steinmann, *Biochemical Predestination* (New York: McGraw-Hill Book Co., 1969).

9장_ 생물학의 의미 이해하기

1. Jonathan Wells, *Charles Hodge's Critique of Darwinism* (Caredigion, Wales, Edwin Mellen Press, 1988).

2. Jonathan Wells, *Icons of Evolution*, (Washington D.C.: Regnery Publishing, 2000).

3. William Paley, *Nautral Theology* (London: Wilks and Taylor, 1802).

4. Richard Dawkins, *The Blind Watchmaker*, p. 287.

5. Theodosius Dobzhansky, "Nothing in Biology Makes Sense Except in the Light of Evolution", *The American Biology Teacher*, 35 (1379): 125-9.

10장_ 생존을 위한 부적응

1. Paul A. Nelson, "The Role of Theology in Current Evolutionary Reasoning," *Biology and Philosophy* 11 (1996): 493-517.

2. Jacques Monod, *Chance and Necessity* (New York: Vintage Books, 1971).

3. 위의 책, p. 7.

4. 위의 책, p. 17.

5. Charles Darwin, *On the Origin of Species* (London: Harvard University Press, 1964), p. 3.

6. Richard Lewontin, "Adaptation," *Scientific American* 239: 212-30.

위대한 설계, 그 흔적들

7. Darwin, *On the Origin of Species*, pp. 4-5.

8. J. Hodge, "The Development of Darwin's General Biological Theorizing," in *Evolution from Molecules to Men*, D. S. Bendal ed. (Cambridge: Cambridge University Press, 1983), p. 45.

9. Darwin, *On the Origin of Species*, p. 48.

10. 위의 책, p. 61.

11. Robin Dunbar, "Adaptation, Fitness, and the Evolutionary Tautology," in *Current Problems in Sociobiology*, King's College Sociobiology Group ed. (Cambridge: Cambridge University Press, 1982), p. 10.

12. Ronald Brady, "Natural Selection and the Criteria by Which a Theory Is Judged," *Systematic Zoology* 28: 600-21.

13. Ronald Brady, "Dogma and Doubt," *Biological Journal of the Linnean Society* 17: 79-96.

14. J. G. Ollason, "What Is This Stuff Called Fitness?" Biology and Philosophy 6: 81-92.

15. Lewontin, "Adaptation," p. 122.

16. Peter Saunders and M. W. Ho, "Is Neo-Darwinism Falsifiable—And Does It Matter?" *Nature and System* 4 (1982): 179-196.

17. Brady, "Natural Selection," p. 606.

18. Saunders and Ho, "Is Neo-Darwinism Falsifiable," p. 182.

19. Ollason, "What Is This Stuff Called Fitness?" p. 92.

20. Leigh Van Valen, "Three Paradigms of Evolution," *Evolutionary Theory* 9: 1-17.

21. Elliott Sober, *The Nature of Selection* (Cambridge, Mass.: MIT Press, 1984), p. 61.

22. Stephen Stearns and Paul Schmid-Hempel, "Evolution Insights Should Not Be Wasted," *Oikos* 49: 118-125.

23. Bruce Naylor and Paul Handford, "In Defense of Darwin's Theory," *BioScience* 35: 473-484.

24. Donn Rosen, "Darwin's Demon," *Systematic Zoology* 27: 370-373.

25. Joel Cracraft, "The Use of Function and Adaptive Criteria in Phylogenetic Systematics," *American Zoologist* 21: 21-36.

26. Sober, *Nature of Selection*, p. 62.

27. Darwin, *On the Origin of Species*, p. 6.

28. George Williams, *Adaptation and Natural Selection* (Princeton: Princeton University Press, 1966), p. 251.

29. T. Dobzhansky, F. Ayala, G. Stebbins, and J. Valentine, *Evolution* (San Francisco: W. H. Freeman, 1977), p. 504.

30. John Maynard Smith, *The Theory of Evolution* (New York: Penguin), 1975.

31. Richard Dawkins, *The Extended Phenotype* (San Francisco: W. H. Freeman, 1982), p. 19.

32. Ernst Mayr, Foreword to M. Ruse, *Darwinism Defended* (Reading, Mass.: Addison-Wesley, 1982), p. xi-xii.

33. John Endler, *Natural Selection in the Wild* (Princeton: Princeton University Press, 1986), pp. 46, 248.

34. 위의 책, p. 3.

35. 위의 책, p. 4.

36. 위의 책, p. 46.

37. Richard Dawkins, "Replicators and Vehicles," in *Current Problems in Sociobiology*, Kings College Sociobiology Group ed. (Cambridge Univ. Press, 1982), p. 45.

38. C. Gans and R. Northcutt, "Neural Crest and the Origin of Vertebrates: A New Head," *Science* 220: 268-274.

39. 위의 책, p. 272.

40. Darwin, *On the Origin of Species*, p. 108.

41. Endler, *Natural Selection in the Wild*, p. 248.

42. Soren Løvtrup, "Semantics, Logic, and Vulgate Neo-Darwinism," *Evolutionary Theory* 4: 157-172.

43. Michael Bradie and Mark Gromko, "The Status of the Principle of Natural Selection," *Nature and System* 3: 3-12.

44. Arthur Caplan, "Say It Just Ain't So: Adaptational Stories and Sociobiological Explanations of Social Behavior," *Philosophical Forum* 13: 144-160.

45. 위의 책, pp. 149-150.

46. Gerhard Müller, "Experimental Strategies in Evolutionary Embryology," *American Zoologist* 31: 605-615.

47. Løvtrup, "Semantics, Logic, and Vulgate Neo-Darwinism," *Evolutionary Theory* 4: 178.

11장_ 캄브리아기 대폭발

1. John L. Wiester, *The Genesis Connection*, 2nd ed. (Nashville: Thomas Nelson Publishers, 1983).

2. Committee for Integrity in Science Education Staff, *Teaching Science in a Climate of Controversy* (Ipswich, Mass.: American Science Affiliation, 1989).

3. John L. Wiester and Robert C. Newman, *What's Darwin Got to Do with It?* (Downers Grove, Ill.: InterVarsity Press, 2000).

4. *Creative Evolution!?*, ed. J. H. Campbell and J. W. Schopf (Sudburg, Mass.: Jones and Bartlett, 1994) p.4-5에서 재인용.

5. *The Triumph of Evolution and the Failure of Creationism* (New York: W. H. Freeman & Co., 2000) p. 42.

6. Thomas Henry Clark and Colin William Steam, *Geological Evolution of North America* (New York: Ronald Press Co., 1960).

7. 위의 책, p. 43.

1. William Paley, *Natural Theology* (London: Wilks and Taylor, 1802).

2. Johannes Kepler, *Defundamentis Astrologiae Certioribus*, Thesis XX (1601).

3. Morris Kline, *Mathematics: The Loss of Certainty* (New York: Oxford University Press, 1980).

4. 위의 책, p. 52.

5. Eugene Wigner, "The Unreasonable Effectiveness of Mathematics in the Physical Sciences," *Communications on Pure and Applied Mathematics* 13 (1960): 1-14.

6. Alber Einstein, *Letters to Solovine* (New York: Philosophical Library, 1987), p. 131.

7. Richard Courant, *Partial Differential Equations*, vol. II of R. Courant and D. Hilbert, *Methods of Mathematical Physics* (New York: Interscience Publishers, 1962) pp. 765-766.

8. John Barrow and Frank Tipler, *The Anthropic Cosmological Principle* (Oxford: Clarendon Press, 1988).

9. John Leslie, *Universes* (New York: Routledge, 1989).

10. Paul Davies, *The Accidental Universe* (Cambridge: Cambridge University Press, 1982).

11. Paul Davies, *Superforce* (Portsmouth, N.H.: Heinemann, 1984).

12. Paul Davies, *The Cosmic Blueprint* (Portsmouth, N.H.: Heinemann, 1988).

13. John Gribbin and Martin Rees, *Cosmic Coincidences* (New York: Bantam Books, 1989).

14. Reinhard Breuer, *The Anthropic Principle*, trans. Harry Newman and Mark Lowery (Boston: Birkhäuser, 1991).

15. Gilles Cohen-Tannoudji, *Universal Constants in Physics*, trans. Patricia Thickstun (New York: McGraw-Hill, 1993).

16. J. P. Moreland, ed., *The Creation Hypothesis* (Downers Grove, Ill.: InterVarsity Press, 1994).

17. Lawrence M. Krauss, "Cosmological Antigravity," *Scientific American*, January 1999: 53-59.

1. William A. Dembski, *Intelligent Design: The Bridge Between Science and Theology* (Downers Grove, Ill.: InterVarsity Press, 1999).

2. Jacques Monod, *Chance and Necessity* (New York: Knopf, 1971).

3. Eliot Marshall, "Medline Searches Turn Up Cases of Plagiarism," *Science* 279 (January 1998): 473-74.

4. Charles Darwin, *On the Origin of Species* (Cambridge, Mass.: Harvard University Press, 1963), p. 482.

1. G. Brittan and K. Lambert, *Philosophy of Science* (Montreal: McGill-Queen's University Press, 1992).

2. M. Salmon, *et al.*, *Introduction to the Philosophy of Science* (Upper Saddle River: Prentice-Hall, Inc., 1992).

3. Lee Salmon, *The Life of the Cosmos* (Oxford: Oxford University Press, 1997).

4. 이런 견해에 대해 심층적으로 살펴보기 위해서는 *Warrant and Proper Function* (Oxford: Oxford University Press, 1993)과 *Warranted Christian Belief* (Oxford: Oxford University Press, 2000)를 참고하라.

위대한 설계, 그 흔적들

자연과학에 대한 지적 설계론의 이해

Copyright ⓒ 새물결플러스 2014

1쇄 발행_ 2014년 3월 14일

지은이_ 필립 존스·마이클 베히·낸시 피어시 외
옮긴이_ 현창기·도명술
펴낸이_ 김요한
펴낸곳_ 새물결플러스
편 집_ 강예림·노승수·노재현·박규준·왕희광·유가일·정인철·최율리·한재구
디자인_ 이혜린
마케팅_ 이성진
총 무_ 김명화

홈페이지 www.hwpbooks.com
이메일 hwpbooks@hwpbooks.com
출판등록 2008년 8월 21일 제2008-24호
주소 (우) 158-718 서울특별시 양천구 목동동로 233-1(목동) 현대드림타워 1401호
전화 02) 2652-3161
팩스 02) 2652-3191

ISBN 978-89-94752-63-1   03230

책값은 뒤표지에 있습니다.

이 도서의 국립중앙도서관 출판시도서목록(CIP)은 서지정보유통지원시스템 홈페이지(http://seoji.nl.go.kr)와 국가자료공동목록시스템(http://www.nl.go.kr/kolisnet)에서 이용하실 수 있습니다(CIP제어번호: CIP2014006465).